李计忠解《周易》系列

易界名家 独门首传

周易

家居环境入门

李计忠 著

团结出版社

图书在版编目（ＣＩＰ）数据

周易家居环境入门 / 李计忠著 . -- 北京：团结出
版社，2010.7（2022.12 重印）
　　（李计忠解周易系列）
　　ISBN 978-7-80214-479-8

Ⅰ . ①周… Ⅱ . ①李… Ⅲ . ①周易－研究②住宅－风
水－研究 Ⅳ . ① B221.5 ② B992.4

中国版本图书馆 CIP 数据核字 (2010) 第 134753 号

出　　版：团结出版社
　　　　　（北京市东城区东皇城根南街 84 号　邮编：100006）
电　　话：（010）65228880　65244790（出版社）
　　　　　（010）65238766　85113874　65133603（发行部）
　　　　　（010）65133603（邮购）
网　　址：http://www.tjpress.com
E-mail：zb65244790@vip.163.com
　　　　　tjcbsfxb@163.com（发行部邮购）
经　　销：全国新华书店
印　　装：三河腾飞印务有限公司

开　　本：170mm×230mm　　16 开
印　　张：26
字　　数：334 千字
版　　次：2010 年 7 月　　第 1 版
印　　次：2022 年 12 月　　第 3 次印刷

书　　号：978-7-80214-479-8
定　　价：59.00 元

自伏羲画卦、文王演易以来，《易经》就被看成经典中的经典，哲学中的哲学，智慧中的智慧。道学专家萧天石先生曾说：《易经》"由无入有，由简入繁，由无极而太极、而阴阳、而四象、而八卦、而六十四卦、三百八十四爻，以至于无穷之象，无穷之数，无穷之变，无穷之理，均可推而得之，借而用之。由一本而万殊，由万殊而复归一本；本一而无穷"（萧天石：《道德经圣解》）。不仅如此，《易》还是中华民族几千年文明的根源，为诸子百家之所祖。对中国文化影响最大的儒道两家，其中心思想无不以易为体，仅法易有别而已。儒法乾，道法坤。易之要在乾坤，以乾坤为门户。《系辞上传》曰："乾坤其易之门邪。乾，阳物也；坤，阴物也。阴阳合德，而刚柔有体。以体天地之撰，以通神明之德；其称名也，杂而不越，于稽其类，其衰世之意邪？"儒法乾，乾为纯阳之卦，法乾之"天行健"，而主"自强不息"，主先、主动、主上、主刚、主强、主进取，主张积极作为，是入世之学；道法坤，坤为纯阴之卦，法坤之"地势坤"，而主"厚德载物"，主后、主静、主下、主柔、主弱、主顺应，主张消极无为，功成身退，为出世之学。也就是说，儒家学说以周易中的第一卦乾卦为自己的逻辑起点，立论乾卦刚健特性，以此推演出自己对人生、社会、国家以至于万事万物的看法；而道家学说以坤卦为自已的逻辑起点，立论坤卦厚德品性，以此推演出对人生、社会、国家以至于万事万物的看法。然乾阳极而阴生，泰极而否至，物不可极，极则必反；坤阴极而阳生，无为而无所不为。儒道虽立论不同，然异曲而同工。"两家思想之所以相反而又能终相合者，不穷通乎《易》，便无以得其几微矣"（萧天石：《道德经圣解》）。及至现代，中国科学教育最权威高校之一——清华大学的校训"自强不息""厚德载物"也出自《周易》乾坤两卦卦辞，即"天行健，君子以自强不息"（乾卦），"地势坤，君子以厚德载物"（坤卦）。意谓：天（即自然）的运动刚强劲健，相应于此，君子应刚毅坚卓，奋发图强；大地的气势厚实和顺，君子应增厚美德，容载万物。"自强不息，厚德载物"精辟地概括了中国文化对人与自然、人与社会、人与人之间关系的深刻认识与辩证的处理方法。中华民族历经几千年的时间考验和兴衰变化，而一直能稳固地凝聚在一起，并保持一个伟大民族的生机与活力，是同这种深刻认识分不开的。事实上，"自强不息，厚德载物"已构成中华民族的民族精神与民族性格的重要表征。（徐葆耕：《关于校训的解释》）。由此可见，《易经》对中华文化影响之巨大、之深远！

古有三《易》，曰"连山易"、曰"归藏易"、曰"周易"。连山易属神农（也有认为属伏羲），归藏易属黄帝，周易属周。前二易已失传，独周易仅存，经孔子等人发扬光大而更加流光溢彩。周易是一部集理、象、数为一体的特殊的哲学著作。虽"《易》本为卜著而作"（《朱子语类》），其中却包含了深邃的哲学思想，其卦形、卦爻辞无不渗透着深刻的哲学道理，经孔子（孔子对周易的哲学提升主要见诸"十翼"，即《彖上传》《彖下传》《象上传》《象下传》《系辞上传》《系辞下传》《文言传》《序卦传》《说卦传》《杂卦传》)、王弼、朱熹、程颐等人的发展，已上升为体系完整的哲学著作，由此产生了专以阐释周易哲学大义为主要内容的"易理派"。而周易之要在理、象、数，其奇特之处、运用之妙几尽在其象数。离开象数，周易就不再是周易，而仅仅是一部普通的哲学著作了。因此，只有"易理""象数"相互参用、才能辨明周易大旨。南怀瑾先生也曾说："理、象、数通了，就能知变、通、达，万事前知了。"（南怀瑾：《易经杂说》）就易理而言，可以说，各有各的理，正理只有一条，歪理可有千条（南怀瑾语，见《易经杂说》）。正如《系辞传》所说："仁者见之谓之仁，知（智）者见之谓之知（智）。"然而周易的象数，却是科学，科学只有真理与谬误之分。

周易的魅力在于其蕴涵的深刻哲理性，周易的哲理性又依附在卦画的无穷变化上，而卦画的变化又是基于数的严密推演。因此，作为一部博大精深的哲学著作，周易中还包含着其他哲学著作没有的以象、数为基本要素的特殊逻辑推演体系。《系辞上传》中就有专门阐释"大衍之数"的内容。辞曰："大衍之数五十，其用四十有九。分而为二以象两，挂一以象三，揲之以四以象四时，归奇于扐以象闰，五岁再闰，故再扐而后挂。天一地二，天三地四，天五地六，天七地八，天九地十。天数五，地数五，五位相得而各有合。天数二十有五，地数三十，凡天地之数五十有五。此所以成变化而行鬼神也。"这是对周易著筮推演程序的介绍，但具体如何断卦，则没有说明。其实，古今易学专家皆精于象数和筮法。孔子及其周易传人梁丘贺、丁将军、孟喜，以及西汉的焦延寿、京房等，都是以善占而名流史册。仅以孔子为例，孔子晚年酷爱周易，常爱不释手，读《易》韦编三绝，还说"假我数年，若是，我于《易》则彬彬矣"。意思是说，再给我几年时间，就能够把周易融会贯通了。不仅如此，孔子还常常自筮。《孔子家语·好生》中就记载孔子自筮情况。原文如下：

孔子常自筮其卦，得贲焉，愀然有不平之状。子张进曰："师闻卜者得贲卦，吉也，而夫子之色有不平，何也？"孔子对曰："以其离耶！在周易，山下有火谓之贲，非正色之卦也……"

意思是孔子常常自己占卦。有一次占得贲卦，脸色变得很难看，显示出不高兴的样子。孔子的弟子子张，走上前来问道："我听说占卜得贲卦，十分吉利。老师，您的脸色为什么显得不高兴呢？"孔子回答说："因为它偏离我意。在《周易》上，山下有火叫贲卦，不是正色的卦。"贲卦，内离外艮，《象·贲》曰："文明以止"，也就是说内离明而外艮止。孔子本打算行道于天下，没有遇见乾龙等卦而得到贲卦，止以《诗》《书》，所以不高兴。这一案例说明，孔子晚年学易以后非常看重占卦。

周易象数及占卦方法随着历史的发展而不断丰富完善，并派生出了门类繁多、异彩纷呈的各种流派，诸如八卦六爻、四柱命理、梅花易数、奇门遁甲、大六壬、小六壬、紫微斗数、铁板神数、手相、面相等。这些流派虽各具特色，各有自己的逻辑体系和预测技法，其皆根源于周易八卦。近代易学专家尚秉和先生曾总结不同历史阶段周易占卦方法的区别，说："盖《易》之用代有阐明，而其别有三：伏羲以来察象，周用辞而兼重象，至西汉乃推本辞象而益以五行。五行明而筮道乃大备矣。是以汉之焦、京，魏晋之管、郭，唐之李淳风，宋之邵尧夫，其筮法之神奇，有非春秋太史所能望见者。则以春秋太史局于辞象，后之人能兼用五行也。"（尚秉和：《周易古筮考自叙》）也就是说，伏羲时期，占卦主要看卦象，以卦象推吉凶；周朝时期，虽也兼用卦象，但已重视根据卦爻辞判断吉凶；到西汉时期，已经把八卦和五行配合起来，按照一定的逻辑关系进行推演预测。所以，才出现西汉焦延寿、京房，魏晋管骆、郭璞，唐朝李淳风，宋朝邵尧夫等人的神奇占筮技法。这些技法是春秋时期专管占筮的太史们所无法企及的。

先生曾对我说："要想进入易学的殿堂，八卦是必修课。只有学好了八卦，才能起卦断事，明辨吉凶祸福。"还指出："学好手面相，可以识人面而知人心，又是为人排忧解难最快捷、最方便的门径；四柱命理易学难精，但必须要掌握，因为四柱和八卦是打开一切术数大门的两把钥匙，要为人解灾就离不开事主的四柱八字；奇门三式可学可不学，但要成为易学专家，至少要弄懂奇门遁甲术。易学专家的必精之术是地理风水，但要切记，十年之内不可研习风水之术，必须待到有一定生活阅历后，才可以深研风水，而且必须在研读十年风水之后，把玄空、三合、八宅等几个大门派的风水技法综合掌握，才能进行独立操作。因为风水术不同于其他术数，应用其他术数稍有误差只是误事，而应用风水术出了差错会损人家性命，甚至会损害人家的子孙后代。切记！"从此以后，我一直沿着恩师指导的这条道路往前走。如今，已过知天命之年的我，深感周易八卦之精妙，习之愈深，愈感其"洁静精微"，妙不可言、神不可言。

在长期的断卦实践和总结前人的基础上，我首创了"一卦多断"独门技法，并创新发展了"八卦断风水""八卦配十二宫""大小限断流年""三飞""一卦断终生"等技法，以化煞、解灾、调理、改运等方法为人化解灾难，常有奇妙效果。断卦和化解灾难的实践使我深信周易八卦的科学价值。然而，易学知识博大精深、易学典籍浩如烟海，使人如站在易学殿堂之外，遥望宫殿的锦楼翠阁而望洋兴叹。

长期以来，我希望把自己几十年来学习积累的这些宝贵的周易八卦断卦技法公之于众，献给社会，造福于百姓，使中华民族易道发扬光大。2010年1月，我出版了《周易·一卦多断入门》《周易·一卦多断点窍》《周易·一卦多断精解》《周易与家居环境》四部著作，深受广大读者的喜爱，在4个月内销售一空，5月又再次印刷。

之后，我又整理撰写了《周易·家居环境入门》《周易·家居与人生》《周易·家居与调理》《周易·环境与建筑》《周易·玄空大卦例解》《周易·八卦与阵法》《周易·八卦健康案例精典》《周易·八卦案例通解》八部易学著作，以飨读者。这些书以周易八卦为理论基础，结合现代社会现实情况进行创新，源于古法而不拘于古法；在学理分析上，力求由浅入深、层层剖析、循序渐进、通俗易懂。

当然，周易之用，圆融活泼、运舞无休，由于本人才学有限、时间仓促，在撰写过程中难免有错漏之处，欢迎广大读者批评指正。

李计忠

庚寅年壬午月于海口

目 录

第一章

风水学基础知识与风水流派

第一节　风水学的基础知识

一、阴阳五行学说

阴阳五行学说，是我国先民在接触各种事物与现象的过程中，通过观察和思考而建立起来的一种朴素的辩证唯物主义思想的哲学观念。阴阳与五行相结合的结果，产生了阴阳五行学说，它强调阴阳五行的平衡与协调，成为中国古代风水学、自然科学与社会科学等学科的总原则，例如中医学、天文学、地理学、经济学，以及军事、政治等学科的研究和运用，都离不开阴阳五行学说。

1. 阴阳

阴阳学说，将宇宙间的万事万物分为阴与阳两大类，认为一切事物的产生、发展和变化，都归于阴阳两气的运动与转换。阴阳观念，最早只表现为阳光的向与背，物体向阳的一面为阳，背阴的一面为阴，后来经过不断引申，用于解释自然界与人类社会中的各种现象。

阴阳的划分原则是：凡是明亮的、上面的、外面的、热的、动的、快的、雄性的、刚健的及单数的，均属于阳；凡是黑暗的、下面的、里面的、寒的、静的、慢的、雌性的、柔弱的及双数的，均属于阴。

自然界的万物万象，其内部同时存在着相反的两种属性，即存在

1

着互相对立的阴阳两个方面。如，电流的正负极与磁场的阴阳极（即南北极），建筑物的阴面和阳面，山体的南为阳而北面为阴等。阴面以阳面作为自己存在的前提条件，阳面以阴面作为自己存在的前提条件，即没有阴就没有阳，没有阳也就没有阴。阴阳两种属性，处于动态平衡之中，此消彼长，彼进此退，而且在一定条件下可以向着对立面转化。

2. 五行

五行学说，把客观世界的一切事物归纳为金、水、木、火、土五种最基本的物质属性，认为任何事物都是由金、水、木、火、土这五种最基本的元素构成的，并且五行之间存在相生相克的关系。

五行相生关系：指水能生木，木能生火，火能生土，土能生金，金能生水。古人认为：水能滋润树木，故水能生木；木燃烧后能产生火焰，故木能生火；物体受火燃烧后能生成灰土，故火能生土；土地里面储藏着大量的金属与矿物，故土能生金；金属表面润泽，而且五行中唯有金属遇热熔化后能变成液体状态，故金能生水。这样，五行相生关系就形成了一个周而复始的循环链：金→水→木→火→土→金。

五行相克关系：指水能克火，火能克金，金能克木，木能克土，土能克水。古人认为：水性寒冷向下，火性焰热向上，二者性质相反，故水能够灭火；火具有强烈的焰热性质，金属遇到烈火会熔化成液体状态，故火能克金；金属制品能够砍伐树木，故金能克木；树木制作的农具能够穿透坚硬的土层，天然生成的树根能够破土穿行地下，故木能克土；土壤能够吸收水分使之减少或消失，土坝可以堵截水流使之聚蓄或改向，故土能克水。在古人的想象中形成的五行相克关系，已经构成了一个周而复始的循环链：水→火→金→木→土→水。

二、天干与地支

天干和地支简称干支，源于古代历法，它是中国古人用来记录年、月、日、时的符号。后来，被科学文化所采用，作为时空的参照系统，特别是中国风水学广泛采用干支来分辨自然界中的细微方位。古人把干支比作树干和树枝，因此干支又称为"干枝"。干强枝弱，以干为主，枝为辅助。

1. 天干和地支名称

（1）十天干：甲、乙、丙、丁、戊、己、庚、辛、壬、癸。

（2）十二地支：子、丑、寅、卯、辰、巳、午、未、申、酉、戌、亥。

2. 天干和地支的五行

（1）十天干五行属性：

甲乙属木、丙丁属火、戊己属土、庚辛属金、壬癸属水。

（2）十二地支五行属性：

子属水、丑属土、寅属木、卯属木、辰属土、巳属火、午属火、未属土、申属金、酉属金、戌属土、亥属水。

3. 天干和地支的阴阳

（1）十天干阴阳属性：

甲丙戊庚壬属阳，乙丁己辛癸属阴。

（2）十二地支阴阳属性：

子包藏癸，癸属阴，故子为阴；

丑包藏己癸辛，己癸辛均为阴，故丑为阴；

寅包藏甲丙戊，甲丙戊均为阳，故寅为阳；

卯包藏乙，乙为阴，故卯为阴；

辰包藏戊乙癸，阴多阳少，故辰为阴；

巳包藏丙戊庚，丙戊庚均为阳，故巳为阳；

午包藏丁己，丁己均为阴，故午为阴；

未包藏己丁乙，己丁乙均为阴，故未为阴；

申包藏庚壬戊，庚壬戊均为阳，故申为阳；

酉包藏辛，辛为阴，故酉为阴；

戌包藏戊辛丁，阴多阳少，故戌为阴；

亥包藏壬甲，壬甲均为阳，故亥为阳。

简而言之，四正子午卯酉和四库丑辰未戌为阴，四长生寅巳申亥为阳。

4. 六十甲子纳音表

十天干与十二地支相配，就构成了六十甲子。我们平常说的一个花甲，就是指一个甲子，共60年。如下表：

六十甲子干支次序表

	1	2	3	4	5	6	7	8	9	10
1	甲子	乙丑	丙寅	丁卯	戊辰	己巳	庚午	辛未	壬申	癸酉
2	甲戌	乙亥	丙子	丁丑	戊寅	己卯	庚辰	辛巳	壬午	癸未
3	甲申	乙酉	丙戌	丁亥	戊子	己丑	庚寅	辛卯	壬辰	癸巳
4	甲午	乙未	丙申	丁酉	戊戌	己亥	庚子	辛丑	壬寅	癸卯
5	甲辰	乙巳	丙午	丁未	戊申	己酉	庚戌	辛亥	壬子	癸丑
6	甲寅	乙卯	丙辰	丁巳	戊午	己未	庚申	辛酉	壬戌	癸亥

三、河图与洛书

市面上有许多解释《易经》的书籍，曾有描述龙马出河的句子。其实，世间上没有龙和马混合体的生物，文中的龙马就是指传说中出现过两次的那只灵龟。

龙马曾经出现过两次，但背上呈现的图形是有差别的，古代圣贤依据不同的图形绘制出河图和洛书图，后人把这两个图形作为风水经典的基础。玄空飞星的运行轨迹和河图洛书有着密切的关系，如果熟悉河洛数理，那么学习风水就会较为容易了。

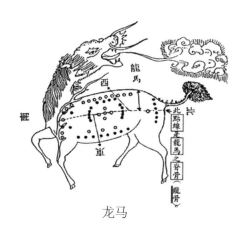

龙马

神龟

1. 河图

龙马第一次出现的时候，头顶出现七个白点、两个黑点；尾部呈现一个白点、六个黑点；左方足旁出现三个白点、八个黑点；右方足旁出现四个黑点、九个白点。古代圣人以此绘出了河图，如右图所示：

河图有以下特点：河图中一、三、五、七、九属阳，故以白色圆圈

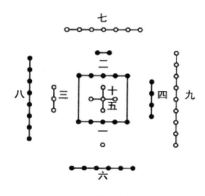

河图生成数的排列

代表；二、四、六、八、十属阴，故以黑色圆点代表。每一个方位都有两个数，一阴一阳，并且大的数减去小的数所得的差均为5。如北方有两个数一和六，一为阳，六为阴。

河图生成数：

北方（下方）：一六属水，此为一六共宗。天一生水，地六成之，一为阳，六为阴，故一六同宗而居北。

南方（上方）：二七属火，此为二七同道。地二生火，天七成之，二为阴，七为阳，故二七同道而居南。

东方（左方）：三八属木，此为三八为朋。天三生木，地八成之，三为阳，八为阴，故三八为朋而居东。

西方（右方）：四九属金，此为四九为友。地四生金，天九成之，四为阴，九为阳，故四九为友而居西。

中宫（中央）：五十属土，此为五十同途。天五生土，地十成之，五为阳，十为阴，故五十同途而居中。

2. 洛书图

龙马第二次出现的时候，身上的符号发生了很大的变化。头上的点数变成了九，尾部只带一点，左右两肩各带四点和二点，右足有六点，而八点在左足。圣人据此绘制了洛书图形，如右图所示：

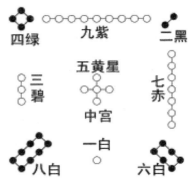

洛书图形

洛书图有两个特点：第一，洛书是一个神奇的数字魔幻方阵，横（二四九、三五七、一六八），直（二六七、一五九、三四八），斜（二五八、四五六），三组数字的和都是15；第二，洛书是依着数字由小到大的次序，由中央五立极处起飞，先飞排到六，然后从六到七，七到八，八到九，九到一，一到二，二到三，三到四，四又飞排到中央五，周而复始。这就是玄空飞星的轨迹。

为了便于记忆洛书图，请大家记住下面口诀：戴九履一、左三右七、二四为肩、六八为足。

四、八卦

1. 八卦的产生

八卦是推断风水学吉凶的一个重要依据。

我们先看一下古人眼里八卦产生的过程。《易经·系辞》中记载："易有太极，是生两仪；两仪生四象，四象生八卦。"现将八卦产生的过程图解如下：

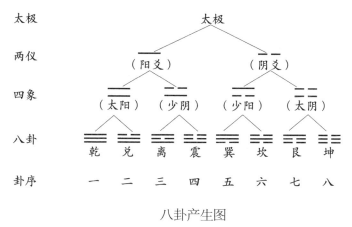

八卦产生图

太极是万物之源，表示混沌不分的原始状态。后分出天地（阴阳），阴阳相配（结合）而分出四时，四时演变成为四象，进而演变成为天、地、风、雷、水、火、山、泽八种自然现象（或称八种地理环境）。这就是八卦。

用易理来解说，太极之后分出阴阳两仪，以阳爻 ▬ 代表阳仪，阴爻 ▬▬ 代表阴仪。

在阴阳爻上面各加阴爻和阳爻，一画阳爻加一画阳爻成 ▬，叫太阳；一画阳爻加一画阴爻成 ▬▬，叫少阳；一画阴爻加一画阳爻成 ▬▬，叫少阴；一画阴爻加一画阴爻成 ▬▬，叫太阴。太阳、少阴、少阳，太阴称为四象。

太阳加阳爻成 ☰，为乾卦，卦序为一。

太阳加阴爻成 ☱，为兑卦，卦序为二。

少阴加阳爻成 ☲，为离卦，卦序为三。

少阴加阴爻成 ☳，为震卦，卦序为四。

少阳加阳爻成 ☴，为巽卦，卦序为五。

少阳加阴爻成 ☵，为坎卦，卦序为六。

太阴加阳爻成 ☶，为艮卦，卦序为七。

太阴加阴爻成 ☷，为坤卦，卦序为八。

上述就是八卦的产生过程。乾、兑、离、震四原卦是由阳爻衍化出来的，为阳卦；巽、坎、艮、坤四原卦是由阴爻衍化而成的，为阴卦。由此产生了八卦第一组数，即八卦序数：乾一、兑二、离三、震四、巽五、坎六、艮七、坤八。

快速记忆八卦的卦象的口诀如下：

乾三连　坤六断　震仰盂　艮覆碗　离中虚　坎中满　兑上缺　巽下断

☰　　☷　　☳　　☶　　☲　　☵　　☱　　☴

2. 先天八卦

八卦方位的分配有先天和后天之别，主要是通过先天八卦图和后天八卦图体现出来。

相传伏羲氏创造先天八卦。伏羲氏仰观日、月、星宿的分布，俯瞰地球的自然环境，画八卦以配河图，成为先天八卦。

先天八卦依天尊而地卑的原则，天居上位于南方，地居下位于北方。以乾配天、兑配泽、离配火、震配雷、巽配风、坎配水、艮配山、坤配地。阳自左边转，阴从右边转。阳爻组成的乾、兑、离、震四卦在左边，按逆时针方向依次由乾到兑、兑到离、离到震排列出来；阴仪产生的巽、坎、艮、坤四卦在右边，按顺时针方向依次由乾到巽、巽到坎、坎到艮、艮到坤排列出来，形成了先天八卦图。右上图所示。

先天八卦图

把洛书数装入先天八卦图中，得先天八卦配洛书图。由此产生了八卦第二组数，即先天八卦数：坤一、巽二、离三、兑四、艮六、坎七、震八、乾九。如右图所示。

先天八卦配洛书图

3. 后天八卦

后天八卦是由先天八卦演变出来的，后天八卦图与先天八卦图不同。如左下图所示：

把洛书数装入后天八卦，得后天八卦配洛书图。如右下图所示：

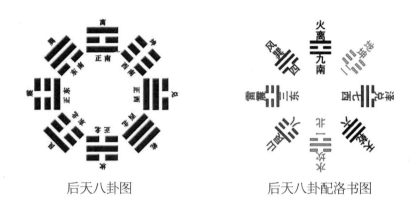

后天八卦图　　　　　　　后天八卦配洛书图

由此产生八卦第三组数，即后天八卦数：坎一、坤二、震三、巽四、乾六、兑七、艮八、离九。

玄空风水的飞星断事，就是运用紫白九星来判断吉凶，而紫白九星，就是源于后天八卦配洛书图。后天八卦配洛书图是理气基础部最重要的一个图表。把后天八卦装入洛书图中，所得到的后天八卦配洛书图，又叫洛书九宫图。玄空飞星盘，就是根据洛书九宫图推演而得出来的。如下图所示：

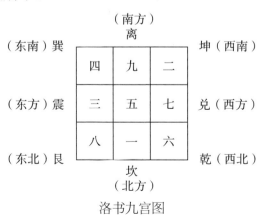

洛书九宫图

周易·家居环境入门

古人标记方位与现代人的做法刚好相反。现代人标记方位是上北下南，左西右东，而古人则是上南下北，左东右西。从洛书九宫图中，我们可以看出数、卦、方位的——对应关系。

一代表坎卦，位居正北方。

二代表坤卦，位居西南方。

三代表震卦，位居东方。

四代表巽卦，位居东南方。

五代表中宫，位居中央。

六代表乾卦，位居西北方。

七代表兑卦，位居西方。

八代表艮卦，位居东北方。

九代表离卦，位居南方。

4. 八卦三组数

（1）八卦序数。八卦序数主要用于周易预测（即八卦六爻功能性预测），在风水中没有运用。

（2）先天八卦数。先天八卦数主要用于玄空太易卦风水学，其他风水派别没有运用。

（3）后天八卦数。后天八卦数为各门风水所使用，特别是玄空风水普遍运用后天八卦数。

第二节　风水流派

古代风水学中的理论派别很多，但从大体上划分，也只有峦头和理气两大流派。

一、峦头派

　　所谓峦头，是指山川形势，即由太祖山、少祖山、父母山、星峰、穿帐、过峡、青龙、白虎、来水与去水等所组合成的格局。峦头分为龙、穴、砂、水四大部分。堪舆家为了追求优美意境，因地制宜、因形就势，观察来龙去脉，分析地表、地势、地形、地气、土壤和方位，以此来判断出穴地的吉凶，把住宅或坟墓修建于山清水秀之处，这就形成了峦头派。

　　峦头派，重点着眼于地理形势，注重以山川形势的特征来论藏风聚气，把藏风聚气归结于地形，因此主要分析龙脉、穴位、砂峰、流水等的吉凶情况。峦头派风水理论，主要应用于宅墓穴地的选址。

　　最早的峦头派是以形势、形法和形象论吉凶的，因此峦头派又分为形势派、形法派与形象派三个小流派。峦头派属于人们选择居住环境的一门高深的学问，从明末清初形成的风水行话"一等先生观星斗（指砂峰山体），二等先生看水口，三等先生满山走"中可以看出，峦头派中的神秘内容具有相当高的科学价值。

　　峦头派的祖师是管辂和郭璞。

　　唐朝末期，杨筠松在继承管辂和郭璞的风水理论基础上，发展和完善了峦头派理论，创立了三合派风水理论，使他成为后世研习地理者十分崇拜的峦头派宗师。传说杨筠松祖籍为窦州（现广东信宜），是个怪人才子，他所传授的风水理论被当地人说成"邪端学说"。于是迁往江西，授三弟子，弟子才华出众，成为当地才子。三弟子极力吹捧师父之学，便使杨公名声大振。但杨公的风水书记载的地理景观图，大多数是两广、福建和江西的龙脉山水，在平原地区、三角洲与高原地带是找不到的。

二、理气派

　　所谓理气，是指点穴的具体方法，分为元运、立向、消砂、纳水三个方面。

理气派以福建派最为出名。传说福建人到江西求学风水术，江西风水祖师知其私利心太强，不予传授。于是，福建人就寻找江西派所点的风水宝地，偷偷摸摸地用指南针观测其方向，然后结合当时流行的易学数术，独自创立了另一大流派风水学——理气派。理气派将阴阳五行、八卦、河图、洛书、星象、神煞、纳音、奇门、六壬等几乎所有的五术理论观点，统统都纳入并作为立论原理，形成了一门十分繁杂的风水学说。

由于理气派的理论过于繁杂，分出了许多小的门派，使学习风水学的人难辨真伪。希望风水爱好者，在学习过程中善于区别真假，特别注意选择，否则不但学不到好的东西，还有可能做出凶祸的风水来。下面对一些较为流行的风水门派理论作简单的介绍：

1. 八宅派

八宅是指房屋的八种格局，也就是用房屋所坐的八个卦山给住宅命名。综合起来八宅派只有两点：一是将坐山配游星论吉凶。所谓游星就是指生气、天医、延年、伏位四吉星和绝命、五鬼、六煞、祸害四凶星。以住宅的坐山为伏位，将此八颗游星按顺时针方向分布，分别配在房屋的后天八卦方位上，配吉则吉，配凶则凶。二是根据住宅八卦坐山，将住宅分为东四宅与西四宅二大类，又将人的命分为东四命和西四命，然后宅命结合论吉凶，即是东四命居住东四宅为吉，西四命居住西四宅为吉，反之以凶论。

八宅派风水理论的运算方法，八宅与九宫方位的关系是以住宅坐山起伏位，以房屋的坐山来确定八宅性质，以房屋所坐的八个卦山的卦名来给房屋命名的。例如，房屋坐子向午，子在北方属于坎卦，因此坐子向午的房屋属坎宅；坎卦管壬、子、癸三山，凡是坐壬、子、癸这三个方位上的房屋都算为坎宅。又如，房屋坐卯向西，卯在东方属震卦，因此坐卯向西的房屋属震宅；震卦管甲、卯、乙三山，凡是坐甲、卯、乙这三个方位上的房屋都算为震宅。

　　关于八宅派风水的运算方法，有些风水书上是以房屋大门所在的卦山来给房屋确定八宅名称，即是以房屋大厅朝向的八个卦山的卦名给房屋命名，八宅与九宫的关系也以房屋大门朝向的卦山起伏位。这种方法有不妥之处，特别是城市中大厦里的单元套房，房屋大门实际上只是代表一个进出口，却不能代表房屋的朝向、采光与纳气，因此建议仍然以房屋的坐山卦名来确定八宅性质，八宅与九宫的关系仍然以坐山起伏位。

　　八宅派讲究命宅相配的原因是与游星有关，八颗游星中有四颗吉星和四颗凶星，不论门、房、灶、床，都宜安在吉星方位，忌安在凶星方位。八宅派运用四吉星与四凶星布局阳宅风水，除了会受流年的暂时影响外，其吉凶是没有较长时间性的限制的，只要布局下来，住宅便可以不论年期地居住下去了。这就是八宅派风水理论的局限之处。

2. 玄空飞星派

　　玄空飞星风水，是根据房屋或坟墓建造的元运配合山向阴阳挨排星盘，以九星在二十四山不同方位的飞布情况，看山水配合及室内布局分析旺衰与吉凶的。

　　玄空飞星风水理论，把元运分为三元九运，每运占二十年，每六十年为一元，共有上、中、下三元。上元分为一、二、三运；中元分为四、五、六运；下元分为七、八、九运。三元九运共有一百八十年，上、中、下三元一百八十年是永远不断地循环的。每个方位在不同的元运，其吉凶情况也是不同的，二十年后的风水吉凶便会发生质的改变，在此运是吉方或凶方，随时间的变迁进入下运后就会相反地变为凶方或吉方。

　　玄空飞星派十分注重元运的旺衰，其最重要的是讲究住宅（或坟墓）风水有没有运，有运则以旺财催丁论，没运则以丁财两败论。飞星派除了讲究元运的旺衰外，也非常讲究命主与住宅的配合，即是根据1—9这九个飞星数五行的生克制化与宅主命局中的喜忌配合，为人调整室内风水。注意：凡习玄空者，非经名师指点，莫能洞悉其妙！

3.三合派

三合风水的学理源于河洛理数，研究的内容涉及龙、穴、砂、水、向地理五诀，是古今风水学派中较权威的一门风水理论。它是以阴阳宅向上配水和十二长生水的来去及其周围的山峰或建筑构成的五行生克关系配以十二长生位论吉凶。十二长生是指命理学中的长生、沐浴、冠带、临官、帝旺、衰、病、死、墓、绝、胎、养。三合派风水独特的风格，在于它很讲究穿山透地（即来龙的宫位），同时也很讲究山与水的配合。

三合风水罗盘，共有三层二十四山圈层，分别是地盘正针、人盘中针和天盘缝针二十四山。地盘正针子午方位与天池子午线是一致的，子午方向是表示地球磁场南北极方位；人盘中针子午位置是地盘正针子午位逆时针旋转7.5°得来的，子午方向是表示北极星方位；天盘缝针子午位置是地盘正针子午位顺时针旋转7.5°得来的，子午方向是表示日影（即太阳）方位。

※ 一层为地盘正针二十四山。地盘正针是用来决定阴阳两宅的坐向，从坐向去判断阴阳宅的衰旺。地盘子午位置是以地球磁场为依据来反映地磁方位的，因为地磁的南北极与罗盘中的子位正中点和午位正中点是一致的，地盘子方指向地磁的北极，午方指向地磁的南极。地盘正针的称法就源于此。

地盘正针是以地球磁场为依据，用于阴阳建筑物的定位、立向和格龙（即确定建筑的坐向分金度和来龙的方向）。

※ 二层为人盘中针二十四山。人盘中针主要是以北极星为依据，用于测度和判断阴阳建筑物周围环境中的砂峰方位及建筑物之间构成

的吉凶关系。

※　三层为天盘缝针二十四山。天盘缝针主要是以太阳为依据，用于测度和判断阴阳宅朝堂水的吉凶情况，即城市、乡村住宅或坟墓周围的朝堂水的吉凶情况，以及阴阳两宅周围附近来去水对阴阳二宅构成的吉凶关系。

一般来说，人盘中针掌管人丁，天盘缝针掌管财禄。测定阴宅坐向的方法有两种：一是内分金法，即以棺椁首尾的中心点连线定坐向方位；二是外分金法，即以坟墓的碑碣朝向定坐向方位。

4. 其他风水流派

除了八宅风水、玄空飞星风水与三合风水外，还有翻卦、玄空大卦、九星飞泊、过路阴阳、奇门、三元等风水派别。其中三元风水和玄空大卦风水，笔者已分别在《风水学的运用与调整》和《玄空大卦实例解》两本专著中做了论述，本书重点介绍民间较为流行的八宅、玄空飞星和三合风水理论。因版面有限，其他风水流派在此免做介绍。

严格地说，风水只有峦头与理气两大流派，虽然其他小流派的理论各具特点，但它们的理论都遵循天地人三者合一和阴阳五行平衡的基本原则，其内涵是彼此渗透和互相融通的。笔者希望广大风水爱好者，在研究和学习风水时，要对两大派别的精华内容兼收并蓄，既要精通理气派，又要吸收峦头派的精髓。在繁杂的风水理论中，有用的和无用的东西混杂一起，学习者一定要善于区别，去伪存真、去粗取精，这样才不会走入风水学的误区。

第二章 八卦宫位与二十四山

第一节 八卦宫位与立极方法

一、八卦宫位

学习风水首先必须学会分辨方位。八卦宫位以八个卦名代表东、南、西、北、东北、东南、西北、西南八个大方位，即震宫主东，巽宫主东南，离宫主南，坤宫主西南，兑宫主西，乾宫主西北，坎宫主北，艮宫主东北。

罗盘以卯代表正东方，以午代表正南方，以酉代表西方，以子代表正北方，以巽代表正东南，以坤代表正西南，以乾代表正西北，以艮代表正东北。这是每卦的主位。主位的两旁便是偏向另一卦的方位，例如"辰、巽、巳"属东南，"巽"为正东南，而"辰"属东南内之偏向东方，称为东南偏东，而"巳"属东南内之偏向南方，称为东南偏南，其余二十四山都是这样的。

二、立极方法

在风水操作中，立极的方法十分重要。立极是风水学上一个重要的专用名词，一般代表两个含义：一是指推算房屋（或坟墓）坐向的方法；二是指找出房屋的中心点，分割九宫方位。

勘察阳宅风水，首先要确定住宅的立极点，然后在立极点处放置罗盘确定住宅的坐向和放射飞线分割九宫方位，比对飞星盘上的数据推算宅内各个方位的吉凶。至于立极点，就是指在一个空间中找出一个中心点，不同的风水派系对立极点的确定方法是不同的，但其作用都是一样。当立极点被确定后，就在这个点上放置罗盘，放射飞线分辨八方的范围并推断各方位的吉凶；同时，还可以从这一点放射飞线到其他出入口或宅里摆设重要对象的位置推断吉凶。

根据"物物一太极"原理，风水上运用的立极点一般可以分为以下四种：

1. 大太极，即全屋的中心点；

2. 小太极，房屋中各个小空间的中心点；

3. 一元极，即指房屋中与各个气口之间的关系均达到和谐的某个重点；

4. 混元极，即从房屋中各个气口位置推算出来的关系点。

家居住宅风水的布局，一般是以大太极配合小太极定吉凶，其他立极方法可根据用途作为参考。

第二节　二十四山

一、二十四山

罗盘圆周上分布着八个卦，每一个卦包含三个方位，八个卦共计二十四个方位。二十四山把圆周的360°分成二十四个等份，每山就占15°。正北为0°，亦为360°的刻度处；正东为90°的刻度处；正南为180°的刻度处；正西为270°的刻度处。

八卦与二十四山方位的关系是：坎卦位于北方，包含壬、子、癸三山；艮卦位于东北方，包含丑、艮、寅三山；震卦位于东方，包含甲、卯、乙三山；巽卦位于东南方，包含辰、巽、巳三山；离卦位于南方，包含丙、午、丁三山；坤卦位于西南方，包含未、坤、申三山；兑卦位于西方，包含庚、酉、辛三山；乾卦位于西北方，包含戌、乾、亥三山。

风水操作中，除了用八卦宫位判断吉凶外，还要结合二十四山方位判断吉凶。具体做法是：找到屋内立极点后，在立极点上置盘放射飞线，分割出屋内二十四山方位。

二、二十四山方位图

要运用二十四山方位判断吉凶，首先要熟悉二十四山方位图，才能在立极点上置盘放射飞线，分割出屋内二十四山方位。二十四山方位图：

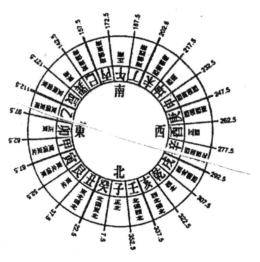

二十四山方位图

第三节　飞线定中宫的方法

中宫是代表住宅坐向轴线的中心点及宅的性质，如住宅坐西向东，宅的中宫即代表兑宅之意，还代表宅的中心点。每个风水师在勘察风水时，首先要做的一件事就是找出房屋的中宫，无论是运用哪一种学派的理论去勘察住宅风水，都要找出中宫，在堪舆学上称为"立极"。在古代，立极是比较容易的，因为古时的房屋大都是四方四正的，只要在屋内画上对角线，便可找出中宫立极的位置。但是，现在的楼宇设计大多不是长方形或正方形的，以不规则形的居多。

一般来说，房屋的中宫指的是整体房屋的中心点。乡下农村的连栋式房屋的中心点比较容易确定，因为农村连栋式房屋是沿用古代方形格局布置的，其中心点在正屋梁下的中央处。由于时代的变迁，农村连栋式房屋的建筑格局，也打破了在正屋安置正梁的传统方法，改用钢筋混凝土盖屋顶，对于这种情况必须用飞线定中宫的方法确定房屋的中心点。城市中房屋的形状较为复杂，确定中心的方法存在很大的差异。

现将各种不同形状房屋确定中宫的方法图解如下：

（1）没有缺角的正方形和长方形房屋，以四角连线的交叉点为中宫。如下图：

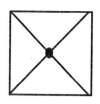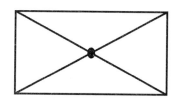

（2）存在缺角情况的正方形和长方形房屋，首先应在意念上把缺角部分补齐（如虚线部分），然后对角画上直线，以对角线的交叉点为中宫。如下图：

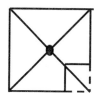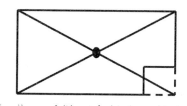

（3）曲尺形状的房屋，应把曲尺看作两个长方形的合体，在两个长方形的中央各画一条直线，两直线的交点即为中宫。如下图：

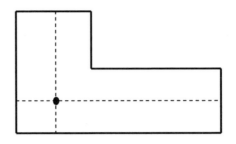

（4）凹形房屋定中宫的方法与缺角房屋的定法一样，即是在意念上把凹进去的部分（虚线部分）补齐，再画对角连线，连线的交叉点就是中宫。如下图：

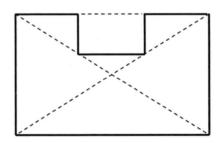

（5）凸形房屋定中心的方法比较特殊，不是补齐，而是将凸出部分从意念上锯掉，不计入房屋平面内，用四角飞线交叉点定中宫。如下图：

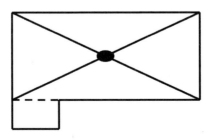

（6）钻石形房屋叉线定中宫的方法。如下图：

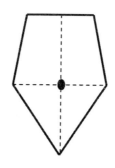

　　飞线定中宫的方法简明易懂，对初学者很有帮助，如能勤于学习和运用，便能像有经验的地理师一样，很快就可以用肉眼在屋内找出房屋的中宫位置。

　　找到中宫后，在中宫位置用罗盘或指南针确定房屋的坐向。在全屋中宫位置度量整体住宅的坐向，在宅内各个房间的中宫位置只能度量该房间的坐向。

第四节　罗盘的运用方法

　　最初的罗盘只有南北两极，即指南针的南北两端，分别用午、子两字表示。后来加入了东、西两个方位，分别用卯、酉两字表示，才有东、南、西、北四个大方位。再在东南西北之间分割八个方位，用丑、寅、辰、巳、未、申、戌、亥八个字表示，一共有了十二个方位，这是最早的罗盘格式。罗盘发展至今，盘面上一共有二十四山。

　　一般罗盘的外围（底盘）是正方形的，代表地，而罗盘的内盘是圆形的，代表天，这是取天圆地方之意。内盘可以转动，其中不同的层数是代表不同流派判断宅运的不同方法。罗盘上有两根鱼丝交叉而成的十字线，十字线是用来量度坐向和验证四正方位的。罗盘正中央放置磁针的地方称为天池，天池底有一红色线段，红色线段的两头是指向南北二方的。红线段的一端两边有两个红点，两个红点之间为子方（正北），另一端为午方（正南）。磁针的红色尖头所指的方向为南方，针鼻一端好像一对小牛角，将小牛角摆移至天池底盘的两个小红点中间，那就是正北方的位置。在使用时，要让磁针和天池底的红线段互相重叠。

《易经》中有八个卦象 ☰ 、☷ 、☳ 、☶ 、☲ 、☵ 、☱ 、☴ ，分别对应的八卦名称乾、坤、震、艮、离、坎、兑、巽。乾卦代表西北方，坤卦代表西南方，震卦代表东方，艮卦代表东北方，离卦代表南方，坎卦代表北方，兑卦代表西方，巽卦代表东南方。罗盘上有易经八卦卦象代表的八大方位，每个八卦方位包含三个小方位，一共有二十四个方位，每一个方位代表一个山向。即：

坎卦：代表北方，管壬、子、癸三山。

艮卦：代表东北，管丑、艮、寅三山。

震卦：代表东方，管甲、卯、乙三山。

巽卦：代表东南，管辰、巽、巳三山。

离卦：代表南方，管丙、午、丁三山。

坤卦：代表西南，管未、坤、申三山。

兑卦：代表西方，管庚、酉、辛三山。

乾卦：代表西北，管戌、乾、亥三山。

运用二十四山向判断房屋风水的吉凶，首先要用罗盘测量出房屋的坐向，然后依据二十四山中地支与天干的不同情况判定住宅的吉凶。假如房屋坐于正东（卯）、正南（午）、正西（酉）、正北（子）四个方位上，吸纳的气场能量最强，只要乘时合运建造，就可以判断是吉利的风水方位了。因为地球的东南西北四个正位，代表着宇宙中金、水、木、火四股强大的磁场能量，影响着人们的吉凶祸福和身体状态。其他地支和天干方位，吸纳的气场能量较弱。

运用罗盘测量房屋坐向的时候，风水师要站在房屋的大门外，距离大门口大约两米的地方，面对着大门口去测量。要准确地度量一所房屋的坐向，在测量时必须将罗盘放在胸前，处于胸与腹之间的位置，用双手托平罗盘，让罗盘的外盘边沿与大门口平面互相平行，才能准确地测量出房屋的坐向。古时候，人们大都住在独立的住宅中，测定房屋的准确坐向十分容易，但是现代人大多居住在高楼大厦里，大厦中地面一层至五层楼的单位住宅受地面磁场的影响较大，因此勘察大厦里的住宅风水必须参考整座大厦的坐向线度。测量大厦坐向时，要站立在大厦正门外距离门框不远的地方去测量；测量住宅坐向时，要站立在住宅正门外距离门框不远的地方去测量。

第三章　八宅风水

八宅风水也称为易卦风水。所谓八宅就是根据房屋坐山所属的后天八卦方位名称确定的八种宅，即坐震卦向兑卦的住宅称为震宅、坐巽卦向乾卦的住宅称为巽宅、坐离卦向坎卦的住宅称为离宅、坐坤卦向艮卦的住宅称为坤宅、坐兑卦向震卦的住宅称为兑宅、坐乾卦向巽卦的住宅称为乾宅、坐坎卦向离卦的住宅称为坎宅、坐艮卦向坤卦的住宅称为艮宅。每种住宅都分布着生气、天医、延年、伏位、祸害、六煞、五鬼、绝命八种气场，又把生气、天医、延年、伏位四种气称为吉气，而把祸害、六煞、五鬼、绝命四种气称为凶气。八宅风水最讲究宅命相配，把八种宅分为东四宅与西四宅，把人的命分成东四命与西四命，每个人按照自己的命属去选择适合自己命运的住宅，就可以趋吉避凶。

八宅派风水的理论根据是变易（即八卦的抽爻换象）演化而来的，并不是北斗七星向地球发射信息而形成的影响人间居屋的八气。

第一节　八宅游年星

一、古代八宅游年歌诀

勘察住宅的衰旺，不同的风水派别会用不同的风水法则。八宅派运用的飞星及星盘，其星曜（游星）是经由易卦抽爻换象而演变出来的，其理较深，属于比较深奥的风水理论，因此古人以《游年星曜歌》作为口诀来帮助编排星盘和记忆。《游年星曜歌》口诀：

乾——六天五祸绝延生。　巽——天五六祸生绝延。

坎——五天生延绝祸六。　离——六五绝延祸生天。

艮——六绝祸生延天五。　坤——天延绝生祸五六。

震——延生祸绝五天六。　兑——生祸延绝六五天。

歌诀中每行开始的第一个字是易卦名，也是伏位星，代表"主人之命卦"或"住宅之福元"。福元即是坐，第一个字为卦名，也代表住宅的坐山。例如，阳宅坐西北向东南，西北属于乾卦，便运用"乾"字开始的一句游年诀"乾——六天五祸绝延生"，这是以乾卦为伏位，然后依顺时针方向编排游星。即先以乾卦（西北）定为伏位，按顺时针编排游星，北方为六煞、东北为天医、东方为五鬼、东南为祸害、南方为绝命、西南为延年、西方为生气。游年歌诀中只用一个简写字代表游星，但在编星盘时要填写全名。如下表：

八星曜简表

八星曜简称	星曜全称
生	生气
延	延年
天	天医
伏	伏位
绝	绝命
五	五鬼
六	六煞
祸	祸害

在排星盘时，不可缺九宫格（即九宫图），而九宫格的方位必须符合下列格式。如果一个九宫格没有标明方位，那么它的上方必定代表南方，而下方必定代表北方。这与地图没有指示时，图的上方代表北方，而下方代表南方的情况刚好相反。九宫格图式如下：

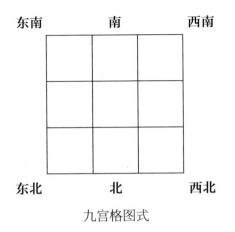

九宫格图式

九宫图中的九个空格是用来填写游星的。例如，乾宅（坐西北）九宫图，西北填上伏位、北方填上六煞、东北填上天医、东方填上五鬼、东南填上祸害、南方填上绝命、西南填上延年、西方填上生气。如下图：

祸害	绝命	延年
五鬼	乾宅命	生气
天医	六煞	伏位

乾宅星盘图

二、八宅游星盘

八宅风水理论，将住宅分为八个方位（卦位），每个方位各配上一个星名，这个星称为游年星。八宅派风水就是用游年星来论方位吉凶的。

（一）八个游年星五行与吉凶

八宅游年星五行与吉凶表

星名	生气	天医	延年	伏位	绝命	五鬼	六煞	祸害
五行	木	土	金	木	金	火	水	土
吉凶性质	第一吉星	第二吉星	第三吉星	第四吉星	第一凶星	第二凶星	第三凶星	第四凶星

　　根据上表，生气、天医、延年及伏位为四吉星，其飞临的方位为四吉方；绝命、五鬼、六煞和祸害为四凶星，其飞临的方位为四凶方。由于四吉星与四凶星中，每一颗星的吉凶程度不一样，其对人的影响力度也有明显的区别。现将八星吉凶性质简要记述如下：

1. 四吉星

　　生气星——生气星为八方之内第一吉星。凡得生气星，必大富大贵，儿子出官，人口兴旺。大门开此第一吉星方，主升官发财。最利财运，也利升职和思维，所以生气星飞临的方位除了可以作财位外，又可作文昌位。

　　天医星——天医为第二吉星。若夫妇命合得天医，来路、房、床、灶口向得之，可生三子，富有千金，家人无病，人口兴旺。大门开在天医方，最利健康，也主事业有成，财运也旺。天医星的特性，最利招贵人及医治疾病。

　　延年星——延年为第三吉星。凡男女命合得延年，来路、房、床、灶口向得之，主有四子，中富高寿，日日得财，夫妻和睦。延年星最利寿元，大门开在延年方，主长寿，也主夫妻恩爱，也利催桃花运。尤利公务员，主权力和地位。延年星位除了可以作财位外，又为延寿位和桃花位。

伏位星——伏位为第四吉星。凡男女命合得伏位，或房、床安于伏位，或灶口向之，可得小富中寿，日进小财，多女少男。大门开在伏位者，主财运平稳、工作顺利。

注：四吉星方位，宅内宜安床开大门、房门（宜合元运），宅外宜安香火、土地、祖祠等。阳宅三要门、房、灶，大门要开在四吉方，若再得当运旺气，则可大发特发。

2. 四凶星

绝命星——绝命为天下第一凶星，主伤子绝嗣，又主无寿、疾病、退财、败田畜、伤人口。凡大门开在绝命星位，主破大财多病，易招疾病，短寿，又难生育。尤不利公务员，自己日渐无情，且主血光之灾、手术等症。

五鬼星——五鬼为第二凶星。凡犯五鬼凶星，主奴仆、逃走，连连失盗五次，又见火灾、患病、口舌、退财。大门开在五鬼方，易发生火灾，家人多病，常招口舌是非、财帛破耗、部下忤逆等。尤不利公务员，主破财，身边多小人，也主血光之灾、神经衰弱、胡思乱想。

六煞星——六煞为第三凶星。凡犯六煞凶星，主失财、口舌、败田畜、伤人口。凡大门开于六煞方，主家人常破财，多是非，多病，还容易损失田地、楼宇等。公务员用之，主退财，容易因异性而招致损失，自己也日渐神经紧张。

祸害星——祸害为第四凶星。凡犯祸害星，主有官非、疾病、败财、伤人口。凡大门开于祸害方，主家人容易招惹官非、疾病、破财、伤灾等。公务员走祸害星门位，主破小财，也容易招惹官灾是非。

注：凡本命四凶星位，宜安厕坑、粪缸（即现今坐厕）、灶座烟道（即烟囱）等，可以镇压本命凶神，不但无灾，反而能邀福。

（二）排游年星盘

星盘有两种：一是宅主自己的命卦星盘，二是住宅的坐向星盘。大游年歌诀是挨排八宅星盘的重要理论依据，适用于挨排房屋的宅盘及宅主的命盘。宅盘根据坐山卦起伏位来推算，命盘则以命卦起伏位来推算。

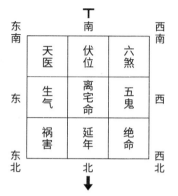

坐南向北（离命人）星盘

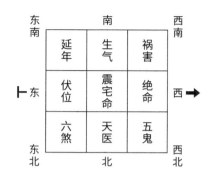

坐东向西（震命人）星盘

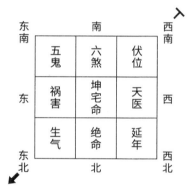

坐西南向东北（坤命人）星盘

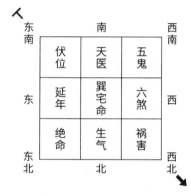

坐东南向西北（巽命人）星盘

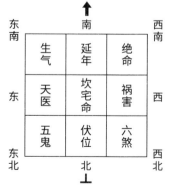

坐北向南（坎命人）星盘

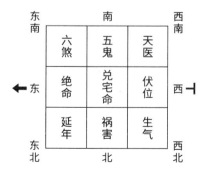

坐西向东（兑命人）星盘

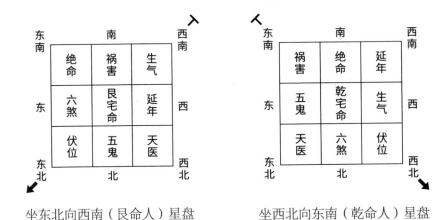

坐东北向西南（艮命人）星盘　　　坐西北向东南（乾命人）星盘

现将八卦宅命星曜图全部列出，以供大家参考：

（三）抽爻换象原理

抽爻换象原理，是通过八卦的三爻阴阳变化来推算的，即八个本卦的阴阳卦爻排列，是由初、中、上三爻不同的阴阳组合而成的。若能熟悉这套原理，则可以随时将八宅星盘排列出来。

本卦名：震卦　巽卦　离卦　坤卦　兑卦　乾卦　坎卦　艮卦

卦　爻：☳　　☴　　☲　　☷　　☱　　☰　　☵　　☶

口　诀：震仰盂　巽下断　离中虚　坤六断　兑上缺　乾三连　坎中满　艮覆碗

变爻就是将原本卦的阴爻变成阳爻，或将阳爻变阴爻。变爻之法，是以本卦为宅卦或命卦主体，将原本卦的阴爻变阳爻，或阳爻变阴爻。每卦随着三爻阴阳的不同变化，可以变出另外七卦，而每种变爻方式则可决定所变出星的性质而定吉凶。

变爻原理是：凡变上爻者为生气木。

凡变中爻者的绝命金。

凡变初爻者为祸害土。

凡变中上爻者为五鬼火。

凡变初上爻者为六煞水。

凡变初中爻者为天医土。

凡三爻皆变者为延年金。

凡三爻不变者为伏位木。

现以乾卦为例加以说明。乾卦，即代表坐乾向巽的乾宅或乾卦命人，根据变爻原理定出的八方飞星分别是：

乾卦 ☰ 变上爻为兑卦 ☱，即兑方为生气。

乾卦 ☰ 变中爻为离卦 ☲，即离方为绝命。

乾卦 ☰ 变初爻为巽卦 ☴，即巽方为祸害。

乾卦 ☰ 变中上爻为震卦 ☳，即震方为五鬼。

乾卦 ☰ 变初上爻为坎卦 ☵，即坎方为六煞。

乾卦 ☰ 变初中爻为艮卦 ☶，即艮方为天医。

乾卦 ☰ 三爻皆变为坤卦 ☷，即坤方为延年。

乾卦 ☰ 三爻不变为乾卦 ☰，即乾方为伏位。

乾卦变爻图

卦的变爻之法，是将后天八卦与宅卦或命卦相比较，根据卦爻的变化便能定出八方的游年飞星。乾卦变爻图就是乾命人或乾宅的游星盘了。

第二节　宅卦与命卦

传统八宅风水学理是从易经八卦发展出来的，又名易卦风水，它是现时民间最为流行的理气派风水之一。八宅派风水是一派较为注重宅命相配的风水学理论，如果深入研究下去，便可发现八宅风水是颇为高深的学理，其理论的最高境界是奇门。

一、宅卦

1. 八卦与八方的对应关系

八卦与八方的对应关系，即震卦代表东方，巽卦代表东南方，离卦代表南方，坤卦代表西南方，兑卦代表西方，乾卦代表西北，坎卦代表北方，艮卦代表东北方。现以图表说明如下：

易卦	方位
震	东方
巽	东南方
离	南方
坤	西南方
兑	西方
乾	西北方
坎	北方
艮	东北方

八卦与方位对应表

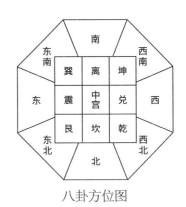

八卦方位图

八宅的名称是以坐山卦来命名的，如果房屋坐东向西便称为"东宅"或"震宅"；如果坐西向东便称为"西宅"或"兑宅"；如果房屋坐东南向西北，就称为"东南宅"或"巽宅"；如果房屋坐西北向东南，就称为"西北宅"或"乾宅"；如果房屋坐南向北，就称为"南宅"或"离宅"；如果房屋坐北向南，就称"北宅"或"坎宅"；如果房屋坐东北向西南，就称为"东北宅"或"艮宅"；如果房屋坐西南向东北，就称为"西南宅"或"坤宅"。

2. 八卦配二十四山方位图

八宅风水将八卦震、巽、离、坤、兑、乾、坎、艮配二十四山，即震卦包括甲、卯、乙三山，巽卦包括辰、巽、巳三山，离卦包括丙、午、丁三山，坤卦包括未、坤、申三山，兑卦包括庚、酉、辛三山，乾卦包括戌、乾、亥三山，坎卦包括壬、子、癸三山，艮卦包括丑、艮、寅三山。下面是八卦配二十四山方位图：

八卦配二十四山方位图

八宅就是以八个卦分别代表八种住宅，用宅的坐方为伏位来配八卦方位而定出宅卦。如坐子向午的阳宅，就称坎宅；坐卯向酉的阳宅，就称震宅。如下图：

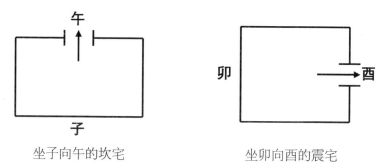

坐子向午的坎宅　　　　　　坐卯向酉的震宅

现列出八个宅卦配二十四山坐向，供读者参考：

震宅——坐东方甲、卯、乙向西方庚、酉、辛的住宅。

巽宅——坐东南方辰、巽、巳向西北方戌、乾、亥的住宅。

离宅——坐南方丙、午、丁向北方壬、子、癸的住宅。

坤宅——坐西南方未、坤、申向东北方丑、艮、寅的住宅。

兑宅——坐西方庚、酉、辛向东方甲、卯、乙的住宅。

乾宅——坐西北方戌、乾、亥向东南方辰、巽、巳的住宅。

坎宅——坐北方壬、子、癸向南方丙、午、丁的住宅。

艮宅——坐东北方丑、艮、寅向西南方未、坤、申的住宅。

3. 东四卦与西四卦

八卦各有五行属性，震卦与巽卦属木，离卦属火，坤卦与艮卦属土，兑卦与乾卦属金，坎卦属水。

根据八卦五行的生克情况，可将八卦分为两大类。在乾兑艮坤四卦中，乾兑五行属金比和，艮坤五行属土比和，乾艮、兑坤、乾坤、兑艮皆是土生金，在这四卦的五行组合中，不管如何搭配组合，其五行总是互相生助的，这一组卦称为西四卦。至于坎离震巽四个卦，其五行配合也是互相生助的，坎水生震巽木，震巽木生离火，这一组卦称为东四卦。即：

（1）东四卦：坎卦、震卦、巽卦、离卦。

（2）西四卦：乾卦、艮卦、坤卦、兑卦。

4. 东四宅与西四宅

由于八个卦震、巽、离、坎、乾、兑、艮、坤之间的五行互相克制，自然地形成了东四卦和西四卦两个系统。因此，八个宅卦也自然地分为东四宅和西四宅两个系统了。震、巽、离、坎四宅称为东四宅；乾、兑、艮、坤四宅称为西四宅。

为了便于记忆，可以按八卦的五行划分，即：宅卦五行是水、木、火的为东四宅，如：坎卦为水、震卦为木、巽卦为木、离卦为火；宅卦五行为土、金的为西四宅，如：坤卦为土、艮卦为土、兑卦为金、乾卦为金。

根据住宅所坐的卦位来命名：

（1）东四宅：坎宅、离宅、震宅、巽宅。坎、离、震、巽是一家，西四宅中莫犯它；若逢一气修成象，子孙兴旺定荣华。

（2）西四宅：乾宅、坤宅、艮宅、兑宅。乾坤艮兑四宅同，东四卦爻不可逢；误将他卦装一屋，人口伤亡祸必重。

东四宅不混西四宅，俱以水木相生、木火通明，尽合游年上的生气、延年、天医三吉星。西四宅不混东四宅，俱是土金相生、比和，凡富贵之家没有不合三吉而发福的，若东四宅混入西四宅，西四宅混入东四宅，非木克土，就是火克金。以游年论，金克木不是犯六煞、祸害，就是犯五鬼、绝命，克阴即伤妇女，克阳即伤男人，无一幸免。

二、命卦

1. 东四命与西四命

玄空大卦风水把人的命分成六十四个命卦，而八宅派风水则将人分成八种命卦。其法同宅卦一样，根据东四卦和西四卦两个系统，把人的命卦归纳为东四命和西四命两大类。

（1）东四命：坎卦命、震卦命、巽卦命、离卦命。

（2）西四命：乾卦命、艮卦命、兑卦命、坤卦命。

2. 命卦计算公式

八宅派推算人的命卦，是根据每人出生的年份套于公式去定每个人所归属的八卦，将人命分为八组，同宅卦一样归纳为两大类，即东四命与西四命。男性与女性有阴阳之分，故推男女的命卦计算公式是不一样的。

下面，笔者将一种既简单又实用的计算方法教给读者，供大家参考。

（1）男性命卦计算公式：

[100- 出生年份（后两位数）]÷9，其余数为命卦。

如：1936 年出生的男性：（100－36）÷ 9 = 64÷ 9 = 7 ……1, 余数为 1，1 属坎卦。

（2）女性命卦计算公式：

[（出生年份（后两位数）-4]÷9，余数为命卦。

如：1938 年出生的女性：（38-4）÷ 9 = 34÷ 9 = 3 ……7, 余数为 7，7 属兑卦。

利用上述两个公式，可以获得一个余数，该余数即为命卦。如果刚好被 9 整除，没有余数，就把这个命卦数视为 9。就是说，凡是没有余数者均视为 9，9 属于离卦。

请注意：上述公式所说的出生年份是取后两位数，即个位数与十位数。如：1945 年生的人，出生年份取 45；1936 年生的人，出生年份取 36。把余数所属的卦象，视为该人的命卦。1 属坎卦、2 属坤卦、3 属震卦、4 属巽卦、6 属乾卦，7 属兑卦、8 属艮卦、9 属离卦。若余数为 5，则男性为坤卦，女性为艮卦（五黄命：男寄坤，女寄艮）。

3. 男女命卦对照表

前面提供的男女命卦计算公式虽浅白易懂，但必须计算准确才能有效。为防止初学者计算错误，给风水造作带来差错，在此再列出 100 年的男女命卦，供初学者查阅。读者不必计算，只要核对命卦中的每一条，便能知道什么人属于什么命卦，非常方便。

下面是 100 年男女命卦对照简表：

男女命卦对照表

公元	年份	男命卦	女命卦	公元	年份	男命卦	女命卦
1901	辛丑	离	乾	1921	辛酉	兑	艮
1902	壬寅	艮	兑	1922	壬戌	乾	离
1903	癸卯	兑	艮	1923	癸亥	坤	坎
1904	甲辰	乾	离	1924	甲子	巽	坤
1905	乙巳	坤	坎	1925	乙丑	震	震
1906	丙午	巽	坤	1926	丙寅	坤	巽
1907	丁未	震	震	1927	丁卯	坎	艮
1908	戊申	坤	巽	1928	戊辰	离	乾
1909	己酉	坎	艮	1929	己巳	艮	兑
1910	庚戌	离	乾	1930	庚午	兑	艮
1911	辛亥	艮	兑	1931	辛未	乾	离
1912	壬子	兑	艮	1932	壬申	坤	坎
1913	癸丑	乾	离	1933	癸酉	巽	坤
1914	甲寅	坤	坎	1934	甲戌	震	震
1915	乙卯	巽	坤	1935	乙亥	坤	巽
1916	丙辰	震	震	1936	丙子	坎	艮
1917	丁巳	坤	巽	1937	丁丑	离	乾
1918	戊午	坎	艮	1938	戊寅	艮	兑
1919	己未	离	乾	1939	己卯	兑	艮
1920	庚申	艮	兑	1940	庚辰	乾	离
1941	辛巳	坤	坎	1961	辛丑	震	震
1942	壬午	巽	坤	1962	壬寅	坤	巽
1943	癸未	震	震	1963	癸卯	坎	艮
1944	甲申	坤	巽	1964	甲辰	离	乾
1945	乙酉	坎	艮	1965	乙巳	艮	兑
1946	丙戌	离	乾	1966	丙午	兑	艮
1947	丁亥	艮	兑	1967	丁未	乾	离
1948	戊子	兑	艮	1968	戊申	坤	坎
1949	己丑	乾	离	1969	己酉	巽	坤
1950	庚寅	坤	坎	1970	庚戌	震	震
1951	辛卯	巽	坤	1971	辛亥	坤	巽
1952	壬辰	震	震	1972	壬子	坎	艮
1953	癸巳	坤	巽	1973	癸丑	离	乾
1954	甲午	坎	艮	1974	甲寅	艮	兑
1955	乙未	离	乾	1975	乙卯	兑	艮
1956	丙申	艮	兑	1976	丙辰	乾	离
1957	丁酉	兑	艮	1977	丁巳	坤	坎
1958	戊戌	乾	离	1978	戊午	巽	坤
1959	己亥	坤	坎	1979	己未	震	震
1960	庚子	巽	坤	1980	庚申	坤	巽

周易·家居环境入门

公元	年份	男命卦	女命卦	公元	年份	男命卦	女命卦
1981	辛酉	坎	艮	2001	辛巳	艮	兑
1982	壬戌	离	乾	2002	壬午	兑	艮
1983	癸亥	艮	兑	2003	癸未	乾	乾
1984	甲子	兑	艮	2004	甲申	坤	兑
1985	乙丑	乾	离	2005	乙酉	巽	艮
1986	丙寅	坤	坎	2006	丙戌	震	离
1987	丁卯	巽	坤	2007	丁亥	坤	坎
1988	戊辰	震	震	2008	戊子	坎	坤
1989	己巳	坤	巽	2009	己丑	离	震
1990	庚午	坎	艮	2010	庚寅	艮	巽
1991	辛未	离	乾	2011	辛卯	兑	艮
1992	壬申	艮	兑	2012	壬辰	乾	乾
1993	癸酉	兑	艮	2013	癸巳	坤	兑
1994	甲戌	乾	离	2014	甲午	巽	艮
1995	乙亥	坤	坎	2015	乙未	震	离
1996	丙子	巽	坤	2016	丙申	坤	坎
1997	丁丑	震	震	2017	丁酉	坎	坤
1998	戊寅	坤	巽	2018	戊戌	离	震
1999	己卯	坎	艮	2019	己亥	艮	巽
2000	庚辰	离	乾	2020	庚子	兑	艮

以上是一个命卦表，不同的人都可归纳在其中一个命卦内。知道了一个人的命卦，便可确定其东西四命之分别。

东四命——震、巽、离、坎。

西四命——乾、坤、艮、兑。

假设在 1998 年戊寅年出生的男女，查男女命卦对照表，男性为"坤命"人，而女性为"巽命"人，坤命属于西四命，故男性为西四命人；巽命属于东四命，故女性为东四命人。

假设是 1956 年出生的男性，查男女命卦表，便可知道自己属于"艮卦命"，也即"艮命"人。艮命星盘图如下：

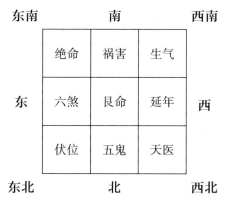

東南　　　　　南　　　　　西南

绝命	祸害	生气
六煞	艮命	延年
伏位	五鬼	天医

东　　　　　　　　　　　　西

东北　　　　　北　　　　　西北

艮命人走西南方生气门，可以旺财。若厕所再安在东南方绝命位，以压绝命凶方煞气，不但不凶，反能招吉。

4. 命宅相配

八宅风水讲究命宅相配，东四命人要住东四宅，西四命人要住西四宅；东四命人忌住西四宅，西四命人忌住东四宅。掌握了自己的命卦，就知道属于自己的星盘，这样就可以判断自己适合居住东四宅或西四宅了。

八宅派宅命相配理论，就是东四命的人住东四宅，西四命的人住西四宅。只有做到宅与命相合，才能使家运兴旺，人口平安，万事大吉。反之，若东四命的人住西四宅，或西四宅的人住东四宅，就是命与宅不相配，以凶论。房子的门以向论，院子的门以方位与向共论。

要做到宅命相配，东四命的人应居住于震、巽、离、坎东四宅。而西四命的人，应居住于乾、兑、艮、坤西四宅。人的命卦在人出生后就定下来了，是先天的，不能改变的，因此要做到宅命相配，只能选择适合的住宅去配合人的命卦了。

一个家庭中有好几个人，每个人的命卦各有不同，有些是东四命，有些是西四命，应该怎样去配合住宅，才能达到宅命相配呢？八宅派的理论是以一家之主的命卦为准，即以家庭里掌握主要经济来源的那一位为主。道理很简单，因为一家之主是全家经济收入的支柱，若住宅风水有利于他，则全家均受益。相反，倘若住宅风水不利于他，那么就会给整个家庭带来不顺，连带家人也会遭殃。因此，宅命相配的命卦应当以一家之主的命卦为准。

倘若东四命的人住进西四宅，或西四命的人住进东四宅，宅与命不相配，这就要退一步而求其次，选择住宅大门方位（大门卦位）与命相配。就是说，若东四命的人住在一幢西四宅的大厦里，宜选择单位住宅的大门开在震、巽、离、坎这四个东四卦的方位上；若西四命的人住在一幢东四宅的大厦里，宜选择单位住宅的大门开在乾、兑、艮、坤这四个西四卦方位内。换一句话说，假如不能做到宅命相配的话，就用门命相配的方法来解救凶局，这样也会有所帮助的。《八宅明镜》云："阳宅三要门、房、灶。"门为一所阳宅的气口，是阳宅吸纳外气的主要渠道，如果大门开在人命卦的吉方，就会吸纳吉气，自然会对宅内人产生吉利的影响。现代城市中的大厦或住宅楼里的单元住宅，大门大多都是不能更改的，倘若真的不幸，一个东四命的人住进了一间西四宅，而且大门又开在西四卦内，这是非常凶险的。八宅派理论提出了一个比较次要的解救方法，就是选择东四卦内的房间居住，当然房门为东四门，床头又在东四卦内就更好了。

总之，命卦配合宅卦为大吉，如果不能做到宅命相配，就以大门卦位配合命卦；如果仍不可能做到门命相配，就用居住的房间、房门、床头配合命卦，这是凶中求吉的方法。

震、巽、离、坎为东四命人的吉利方位；乾、兑、艮、坤为西四命人的吉利方位。东四命人的吉位必定在震（东方）、巽（东南）、离（南方）、坎（北方），东四命人的凶位必定在乾（西北）、坤（西南）、艮（东北）、兑（西方）。西四命人的吉位必定在乾（西北）、坤（西南）、艮（东北）、兑（西方），西四命人的凶位必定在震（东方）、巽（东南）、离（南方）、坎（北方）。

第三节　住宅大门趋吉避凶布局法

房屋在凶位开门，不仅会使家人不顺、败财，还会遭受病伤灾、官非口舌等等。因此若发现自己的住宅大门开在凶位上，就应尽快地改换门位，把大门改开于宅卦的吉位上。改门不是一件轻而易举的事情，农村乡下农民的简陋房屋，可以由自己控制或改变，但大城市中的大厦楼宇却不同。因为大厦楼宇的格局已规定，住宅大门是不容改动的，屋开凶门是无法改变的，所以只能借助风水物品来改变宅运。

农村阳居风水是可以利用门、房、灶去迁就的，不需要摆放风水用品也能获吉，但城市大厦楼宇中的单元住宅不容改动太多，又不能完全利用门、房、灶来改变住宅里面的气场，最好的方法是利用风水物品来催吉。下面介绍利用星曜的吉凶性质配合风水物品，对住宅大门实施趋吉避凶的方法。

一、绝命星

绝命星是一颗损丁的星曜，不仅损丁，而且还会破财，严重者人财两失，家宅不宁。门开绝命位或房灶在绝命位，主身体日渐衰弱，久住便会发生血光之灾。可依下列方法化解：（1）放一瓶安忍水；（2）挂两个铜葫芦。

二、五鬼星

五鬼星在四大凶星中排行第二，其凶性不能忽视。大门或炉灶安在五鬼方，便会使家庭发生凶事，如血光之灾、阴灵骚扰、火灾等，亦主破财。化解五鬼星的风水物品如下：

（1）摆放一只开光过的铜葫芦，可以制住阴灵，避免怪事的发生。

（2）若家人出现燥毒之症，如暗疮、肿瘤、皮肤病等，就摆放八粒白玉或两个铜葫芦，化解五鬼星的煞气。

三、六煞星

在四大凶星中，六煞星排行第三位。若住宅大门、房间与炉灶设在六煞宫位，可摆放下列风水物品化解：

（1）摆放一些水种植物。

（2）挂两个铜制化煞葫芦。

四、祸害星

祸害星的凶性较低，它在四大凶星中排行最后的位置。若门、房、灶安在祸害位，是最容易招惹是非的，特别要留意与他人相处的问题。可用下列方法化解：

（1）挂一幅铜版画。

（2）放一条金龙。金龙可避是非小人。

（3）可以摆放铜麒麟。

第四节　星曜吉凶应期

八颗游星虽有吉凶，但也有应验的周期，并不是吉星什么时候都吉，凶星什么时候都凶。有很多风水学者曾产生误会，认为八宅风水没有时间性的吉凶，只要在生气星等吉星方位开门、安床、置灶等便能长期获吉，而在绝命等凶星方位开门便长期凶论。其实，这种认识是错误的，因为八颗游星都各具五行属性，而时间上的流年、流月与日时的干支五行对游星的吉凶性质都会产生影响。

八颗游星吉凶性力量，在当令时期发挥得最大，在失令时会自然减弱。换一句话说，吉星在当令时吉力倍增，失令时吉力减小；凶星在当令时凶性倍增，失令时凶性减少。现列出各星当令时期表，供大家学习时参考：

星曜当令时期表

星名	生气	延年	天医	伏位	绝位	五鬼	祸害	六煞
阴阳	阳	阳	阳	阳	阴	阴	阴	阴
五行	木	金	土	木	金	火	土	水
当令年月日干支	甲乙亥卯未	庚辛巳酉丑	戊己辰戌丑未	甲乙亥卯未	庚辛巳酉丑	丙丁寅午戌	戊己辰戌丑未	壬癸申子辰

根据表格记录的信息，可以这样判断：若一所住宅在生气吉位开门，生气星五行属木，在干支为甲乙亥卯未的年月日时便有应吉；若一所住宅在绝命星凶位开门，绝命星五行属金，在干支为庚辛巳酉丑的年月日时，其凶性便会相应增强，凶星引发的事故通常在凶性增强的年、月、日、时内。

除了上面论述的年、月、日、时干支五行对吉凶星有影响力外，每颗星还会受宫位五行的影响。根据游星盘，每颗星均可挨到八个宫位，每个宫位均有五行所属，这是依后天八卦方位五行定性的，即震宫与巽宫五行属木，离宫属火，坤宫与艮宫属土，兑宫与乾宫属金，坎宫属水。如八宫五行图：

依据五行生克制化原理，每颗星受所在宫位五行的影响，本身的吉凶特性便会有所增强或减弱。例如，乾宅或乾命人，生气吉星排到兑宫，生气星五行属木，兑宫五行属金，生气吉星被宫位五行克制，因而吉性被减弱；又如，坤宅或坤命人，绝命凶星在坎宫，绝命凶星五行属金，坎宫五行属水，绝命金星被泄，其凶性力量便减少了。

总的来说，吉星在其得势的宫位，就会被生旺增吉，反之在失势的宫位，就会被克泄减吉；凶星在得势的宫位，就会被生旺，便增加其凶性，反之在失势的宫位，就会被克泄减吉。

从上面的论述可知，八宅派风水并不简单，其亦受时间和空间所影响。现举两例，供大家参考研究：

例一：一所坎宅开巽门。坎宅的巽方为生气木星排到，巽方五行属木，生气吉星得其位，故其吉性增强。尤其在甲乙亥卯未为干支的年月日时，定有加薪升职等喜庆吉事发生。如图：

巽	离	坤
生气	延年	绝命
震 天医		祸害 兑
五鬼	伏位	六煞
艮	坎	乾

坎宅巽门八宅星盘

例二：一所乾宅开离门。乾宅的离方为绝命凶星排到，离方五行属火，绝命星五行属金，离方之火克制绝命金星，绝命金星的凶性就会减弱，可断此宅虽会有绝命凶星特性的事情发生，但并不太严重。

到了干支为庚辛巳酉丑的年月日时，就要分外小心，因为庚辛巳酉丑干支的金五行会助旺绝命金星的凶性，将其凶性引发出来。如图：

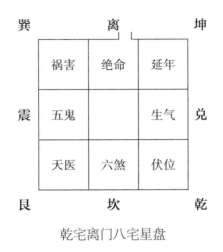

巽　　　　离　　　　坤

祸害	绝命	延年
五鬼		生气
天医	六煞	伏位

震　　　　　　　　　兑

艮　　　　坎　　　　乾

乾宅离门八宅星盘

第五节　确定阳宅坐向

确定阳宅坐向，也就是立极定向的方法，这是阳宅风水操作中最为重要的一环。若给房屋定向错误了，那么挨排的星盘也是错误的，依星盘上的游星来布局及推断房屋的吉凶是不会准确的。怎样测定一所阳宅的坐向，《阳宅三十则》上曾有记载："屋向门向——凡新造之宅，屋向与门向并重。先从屋向断外六事之得失，倘不验，再从门向断之。若屋向既验，不必参门向；反之，验在门向，亦可不问屋向也。"

屋向与门向的分别：一所阳宅，屋向只有一个，而门向则可以定在任何方位。如下图，根据地势的格局，阳宅屋向是坐西向东，但门向却是坐南向北。

如果该阳宅的大门开在西方，那么门向就会变成向西了，但屋向始终不变，还是坐西向东的。

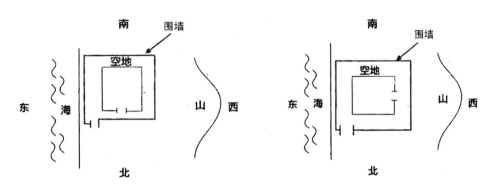

屋向为坐西向东而门向北   屋向为坐西向东而门向西

至于门向，大致上没有什么大问题，比较容易理解，但对于屋向这个问题，各风水派系之间是存在分歧的。八宅派勘察阳宅风水，是以大门的方向作为屋向，相背的方位便为坐。例如，一所住宅的大门向离方，则住宅必坐坎卦；一所住宅大门向坤方，则住宅必坐艮卦。如下图：

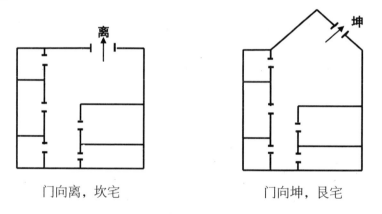

门向离，坎宅   门向坤，艮宅

第六节　古代大游年方位论宅屋吉凶

一、星曜兴废年限诀

生气辅弼亥卯未。

延年绝命巳酉丑。

天医禄存四土宫。

五鬼凶年寅午戌。

六煞应在申子辰。

二、游星祸福诀

伏位天医无祸殃，生气延年见吉祥。

五鬼廉贞必凶险，定损人口见灾殃。

六煞文曲壬癸水，宅中六畜不一存。

绝命必定损人口，祸害临之定不祥。

三、游星总断诀

贪狼清高富贵，　　身荣广置田庄，

妻贤子孝有余粮，　子孙聪明俊爽，

儿孙及第状元郎，　辈辈为官出相。

巨门美貌端正，　　妻贤敦厚文章，

田蚕万倍有余粮，　文官良工巧匠，

也出高僧高道，　　牛羊骡马成行，

堪堪金榜选名扬，　直至为官拜相。

禄存暗哑疯痴，　　头秃眼瞎残疾，

人丁离散走东西，　家产钱财不聚，

遭刑自缢离祖，　　肿病腰腿难医，

舍居守寡受孤危，　小房渐渐逃去。

文曲逃移疾病，　　事乱落水交杂，

田蚕败绝根芽，　　不免妻儿守寡，

遭刑自缢离祖，　　钱财一似风沙，

生灾小口不荣华，　累年渐渐消乏。

廉贞出贼癫疯，　　长房在外作凶，

投军不止更迁民，　妇女离乡外聘，
吐血瘟癀疾病，　　田宅破散无踪，
赌钱吃酒不顾身，　累年渐渐逃奔。
武曲子孙大旺，　　辈辈文章聪明，
妻贤子孝敬双亲，　男女个个端正，
小房荣华到老，　　为官渐渐高升。
破军少亡苦死，　　田宅却与别人，
长房小房受饥贫，　疠癫疔疮残疾，
军寇盗贼不止，　　更迁别处为民，
义儿女婿拜坟茔，　奔井投河缢刃。
辅弼二星作乱，　　阴人寡妇当家，
更兼盗贼定生涯，　师婆端公邪法，
田宅祖业不守，　　父南子北离家，
外郡迁居乱如麻，　祸福阴阳造化。

四、游星断分房吉凶诀

六煞阴人死，走狗火焚庄，
官事六畜损，阴人不久常，
相生贼火有，犯克也不祥。
天医是福神，建宅三子生，
相克死二子，置田三段成，
善人家中有，念佛好看经，
花蛇入宅吉，百事称心情。
五鬼乱火贼，阴人少有伤，
家中小口命，见死五口人，
贼火伤五次，点点暗三场，
赤蛇号头公，家中见不祥。

祸害阴人死，　见死有三人，
风病兼秃瞎，　家中怪梦惊，
弟兄多不和，　虫蛇入宅中，
相生祸事少，　相克定见凶。
绝命生凶星，　长房有灾屯，
明五暗六盗，　三火九伤人，
红花蛇虫见，　家内不安宁。
延年号武曲，　小房多发积，
白蛇入宅中，　刺猬多大吉，
生产必是男，　遇克多受制，
其家渐渐兴，　小口多灾病。
生气贪狼星，　五子在宅中，
其家人口有，　青蛇入宅中，
万事多大吉，　生财渐渐兴，
相生多称意，　相克半中平。

五　游星五行论疾病

金木凶死癫狂病，　水土相犯不和亲，
木土定知伤脾胃，　水金痨蛊祸来侵。

六、游星断子孙

贪生五子巨三郎，　武曲金星四子孙；
独火廉贞见二个，　辅弼知是半儿郎；
文曲水星多一子，　破军绝败守孤孀；
禄存土宿人延寿，　生克休囚仔细详。

七、宫星相克应凶论

火入乾宫，乾金受克，主损老翁。

土入坎宫，坎水受克，主伤中男小口。

木入艮宫，艮土受克，主伤少男。

金入震宫，震木受克，主伤长男。

水入离宫，离火受克，主伤女人。

木入坤宫，坤土受克，主伤老母，又伤少妇。

火入兑宫，兑金受克，主伤幼妇。

金入巽宫，巽木受克，主伤长妇。

八、宫星断分房吉凶

贪兴长子巨兴中，武曲小房必定隆；

文败中房禄败少，破廉长子受贫刑。

九、宫星五行生克断吉凶

（一）金入木宫

金入震巽，金为星，震巽为宫，金在上，木在下，是星克宫。金入震宫伤长男，金入巽宫伤长妇，金木相战生癫狂之疾，筋骨疼痛、腰腿生疾。金克震木多喘痨、男多凶死；金克巽主咳嗽，妇人眼患，不论武曲破军均然。

（二）金入水宫

金入坎，金为星，坎为宫，金在上，水在下，是星生宫。金能生水，主兴隆，人口平安，福禄增，资财进盛，六畜茂，儿孙繁衍，此指"武曲"而言，若是"破军"凶多吉少。

（三）金入火宫

金入离，金为星，离为宫，金在上，火在下，是宫克星，发凶尤甚。根身受克，资财速退，家业空虚，子孙败绝。乾金与武曲俱伤阳，兑金与破军俱伤阴。主生痼疾、咳嗽、喘闷、妇人产痨血崩。

（四）金入土宫

　　金入坤艮，金为星，坤艮为宫，金在上，土在下，是宫生星。土能生金，家业兴，人财两兴隆，生男有四，儿孙茂，后代兴旺百千春。

（五）金入金宫

　　金入乾兑，武曲破军为星，乾兑为宫；武曲入乾兑二宫是比肩，资财增盛，六畜繁衍，人口平安；武曲入乾兑多生男；破军入乾兑，多主凶事，财帛退散，六畜损伤，田蚕虚耗，绝嗣覆宗，子孙败亡，寡妇当家多疾。

（六）木入金宫

　　乾兑为宫，贪狼木为星，木入于乾兑，是木在上而金在下，乃宫克星。根身受克，木入乾宫伤阳，木入兑宫伤阳。先吉后凶，相克，半中平之谓也。三十年后人财退散，男女主先疾滞、咽喉病痛、心胸膨闷或自缢或吐血。

（七）木入木宫

　　震巽为宫，贪狼为星，木入木宫，是贪狼入木宫。其家兴旺，广进田庄，子孙繁衍，家道茂盛，人口平安，百事顺利。

（八）木入水宫

　　坎为宫，贪狼为星，贪狼入于坎宫，木在上，水在下，是宫生星。水养木，根身茂盛，主生五个儿郎，钱财大旺，六畜兴旺，田蚕倍收，粟米盈仓。贪狼木是福星，又逢坎水必亨通。

（九）木入火宫

　　离为宫，木为星，木入离宫，是木在上而火在下，乃星生宫。田蚕兴旺，人口平安，赀财茂盛，六畜盈栏。木虽生火，又恐火旺，盖是木上火下则必烧尽木根而绝嗣。

（十）木入土宫

坤艮为宫，贪狼为星，贪狼入于坤艮宫，是木在上，土在下，乃星克宫，主财物渐退。土被木克，脾胃相伤，人多瘦弱面黄，六畜不旺，田蚕不收，又主疖癞之疾。

（十一）水入金宫

乾兑为宫，文曲为星，文曲入于乾兑宫内，水在上，金在下，是宫生星。六煞虽凶，其宫相生，资财六畜始顺利而终绝败。

（十二）水入木宫

震巽为宫，文曲为星，文曲入于震巽宫，水在上，木在下，是星生宫，六煞虽凶，宫星相生，六畜亦旺，资财亦兴，人口亦安，田蚕亦盛，但尔后不免寡妇当家。

（十三）水入水宫

坎为宫，文曲为星，文曲入于坎宫，是水入水宫，壬癸太重，家业飘零，男早丧，子孙稀，水蛊疾病，肚肠肿，面皮黄，子孙漂蓬，六畜倒死，田客虚耗。

（十四）水入火宫

离为宫，文曲为星，文曲入于离宫，水在上，火在下，是星克宫，名为水火相煎。官司口舌，邪鬼为殃；贼盗火光，六畜倒死；家业空处，人口灾害；先伤中男中女，后死小儿老母；眼目昏火遭水克，多主肾冷、心痛、血崩、咽喉、暗哑、绝妻损子。

（十五）水入土宫

坤艮为宫，文曲为星，文曲交入坤艮宫中，水在上，土在下，是宫克星。根身受克，六畜倒死，钱财不旺，田蚕不收，官司贼盗，人离财散，百灾竞起。文曲交入坤宫，主伤妇女；交入艮宫，主伤男子。

（十六）火入金宫

乾兑为金宫，廉贞为火星，廉贞入于金宫，是火在上，金在下，乃星克宫。火入于兑宫先伤少女，五鬼势恶，主有心痛、咳嗽、血光、肺痨之患，面色黄干，产痨死；火入于乾宫多伤家长，官司刑罚，血光横死。金被火伤，又主口舌是非。

（十七）火入木宫

震巽为木宫，廉贞入于震巽中，火在上，木在下，是宫生星；但廉贞势大，木虽生火，不见吉祥，反招凶，主田宅退散，盗贼连连、忤逆凶徒、资财耗散、老幼不安、官司口舌，吃酒行凶。

（十八）火入水宫

坎为水宫，火入水宫，火在上，水在下，是宫克星。如同一点飞雪入红炉即化一般，主资财大散，家业破。

（十九）火入火宫

离为火宫，廉贞为火星，廉贞星入于离宫，火焰腾发，凶尤速。六畜田蚕不旺，阴人寡妇当家，火烧家，疥癫疾难化，中女阴人多病，家长痨病交杂。此合鬼星管事，人人破财、离家，寅午戌年绝根芽，此是鬼星造化。

（二十）火入土宫

坤艮为土宫，廉贞星入于坤艮宫中，火在上，土在下，是星生宫，但火为五鬼凶星，多凶少吉，火星入坤，老母先亡；火星入艮，少男辞世，瘫痪缠身，疮痢多移。庄田退散，六畜逃失，奴走难寻，家业凌替。

（二十一）土入金宫

乾兑为金宫，巨禄为土星，巨门和禄存入于乾兑宫中，土在上，金在下，是星生宫。但土有不同，禄存为阴土，土虽生金，戊己多，终必埋没，田蚕不旺，财帛不兴。祸害入兑，阴人夭；祸害入乾，阳人亡；若是巨门星入于乾兑宫中，资财大旺，六畜繁兴，田蚕茂盛，子孙振振。

（二十二）土入木宫

震巽为木宫，土星入于木宫，土在上，木在下，是宫克星。根身受克，灾害必重，禄存受克伤阴人，巨门受克伤男子，家业零替，牛羊倒死，田蚕不收，人口灾害。巨土受克，肿蛊病盲，脾土不和，胃气冲心。禄存受克，风病难动履，耳聋兼秃瞎。

（二十三）土入水宫

坎为水宫，土入坎宫，土在上，水在下，是星克宫。星宫不顺，家业飘零，子孙亡败，六畜倒死，田蚕虚耗；土克水宫，风病之灾，面色黄瘦，失言暗哑，脚痛腿疼，耳聋伤肾。

（二十四）土入火宫

离为火宫，土入火宫，土在上，火在下，是宫生星。星宫相顺，富贵资财旺，六畜茂兴，田蚕倍收，米谷盈仓。火能生土，福禄绵长，牛羊孳畜遍山冈，人口平安常吉庆，后代儿孙俊。此指巨门土而言。若禄存土，凶多吉少。

（二十五）土入土宫

坤艮为土宫，巨禄星到坤艮，是土入土宫。巨土到艮，伤少男；巨土到坤，伤老母；禄存到坤艮俱伤阳。土入土宫重土埋，资财耗散，人多病，少年老母立见灾。土多必主有残疾之病。

十、五行断疾病

金则咳嗽气喘，虚层瘦瘠，或臆疠血疮，筋骨疼痛。

木则四肢不利，疯气胆肝左瘫右痪，或口眼歪斜。

火则头疼脑热，三焦口渴，狂言诞语，阳症伤寒，心腹疼痛，恶疮眼疾。

水则沉涸冷疾，遗精白浊，腰肾淋沥，吐泻呕逆，痨蛊杂疾。

土则脾肾软弱，发胀黄肿，虚浮瘟疫，时气等症。

金木凶死癫狂病，水土相犯不和亲，木土定知伤脾胃，金水痨蛊祸来侵。

十一、游星与宫位论断

六煞（文曲水）须损一人，五鬼（廉贞火）当年见火侵，祸害（禄存土）阴阳均不利，绝命（破军金）人口见遭屯。天医（巨门土）广进万箱米，延年（武曲金）安乐无灾氛，生气（贪狼木）百事遂，儿孙富贵世无论。

（1）贪狼不宜乾兑宫

贪狼木入金乡（乾兑）被克，主人财两耗。

贪狼若入乾兑宫，长子（震为长子）先死，老公亡，家中财宝无人管，寡妇夜夜守空房。

（2）巨禄不宜震巽宫

星土、宫木、巨禄临木宫克，主人财两耗。

巨禄若入震巽宫，先伤财物后伤人。巨门到震，长男死；禄存到巽损阴宫。

（3）文曲不宜坤艮宫

星为水，宫为土，文曲入坤艮，则土克水，主伤财物。

文曲若入坤艮宫，主伤妇女和少男，有水性好荡倾向。入艮必主少男死（艮属少男）；入坤定然损妇女。

（4）廉贞不宜坎宫

星火、宫水、火星入水宫，主妇人不利。

坎鬼投河奔井伤，或时游荡（水性漂流）走他乡，男儿多主双目瞽，妇女必定产后亡。

（5）武破不宜中女宫

中女乃离火，武破为金，二星入离，为火所制，主人亡财散。

武破若入离火宫，主伤财物定家破。武曲入离，男子死；破军入离，女损花。

（6）贪狼不入坤艮宫

星为木，宫为土，木星入坤艮两土宫，必伤老妇与少男，不振脾胃虚。

坤宫木克，阴人厄；艮宫木克，子孙稀。更兼残疾、黄肿病，太岁加临定祸危。

（7）巨门不入坎水宫

星为土，宫为火，文曲水星入离宫，必损中女。

巨门入坎伤夫主，禄存入坎灭儿郎；更有浮黄、眼疾病、盗贼常招。

（8）文曲不入离火宫

星为水，宫为火，文曲水星入离宫，必损中女。

离宫最忌文曲水，三妻四妾必无疑；生女三四方能养，生男可育定然期。

（9）廉贞不入乾兑宫

星为火，宫为金。廉贞火星入乾宫，损老翁；入兑宫必伤少女。

五鬼入乾夫逝早，火临兑位妇先亡；更兼伤明及火烛，寅午戌年定遭殃。

（10）武破不入震巽宫

星为金，宫为木，武破金星入震巽二宫，必伤长男与长女。

金入巽宫母亡廉长妇，阴衰阳盛子孙颠；

金克震宫夫亡伤长子，房中寡妇受熬煎。

宫星相克固然是不吉，但也有宫星相生而反凶者。譬如，震巽二宫逢文曲星，震巽五行属木，文曲星五行属水，这种相生会使男子浮华不实，中年方可成家，此是水浮木泛的缘故；又如，乾兑二宫逢文曲星，乾兑五行属金，这种相生会使男子游荡，此为金生水而水旺的缘故。经曰：宫星比和，凡事皆吉，然文曲入坎，五鬼入离，又主不利。其因在于水性好荡又居坎宫，财源何由得聚？火性本烈，况居离宫，祸孽怎能不生？是以水火不宜生旺在此。

十二、古代星宫断宅歌

鬼入雷门伤长子。火见天门伤老翁。

离侵西兑翁伤女。巽入坤位母离翁。

兑妨震巽伤儿女。艮离阴妇揽家风。

艮坎小口多疾病。坤坎中男命早终。

注解：

1. 鬼入雷门伤长子

乾方大门克震方房床为五鬼伤长子，是以宫克宫而论。五鬼者是廉贞火，震为雷，应长男。乾方大门，正东震方起造高房屋主有凶，这是以大门方位为主而论房高方位。乾门运用大游年歌诀：乾——六天五祸绝延生，顺轮至五鬼，以乾金克震木而伤长子，如震方安床亦忌。乾门是西四宅之门，与东四命不合，故东四命人居住皆凶。乾命人，灶口向震，亦伤长子，若造震方房子，长子必伤，用震方来路亦有凶应。

2. 火见天门伤老翁

意思为：离火大门克乾方房床为绝命，亦指宫克宫。

3. 离侵西兑翁伤女

意思为：正南大门克酉辛房床，与火见天门同，而兑为少女也。

4. 巽入坤位母离翁

意思为：巽木门克坤土房床，与震坤老母寿短之局相同。

5. 兑妨震巽伤儿女

意思为：兑方大门，而震方屋高大，损长男；巽屋高，伤长女。

6. 艮离阴妇揽家风

意思为：艮方大门，而离方房高大，或安床于此，然禄存星阴家火生，主阴旺阳衰，故云阴揽家风。

7. 艮坎小口多疾病

意思为：艮方大门，而坎方屋高大，犯五鬼廉贞火，而小口必多疾病。

8. 坤坎中男命早终

意思为：坤方大门，而坎方房高大，犯破军坤土克坎水，应伤仲子。

第七节 八宅风水学的应用

一、论门与房吉凶法

八宅派讲究宅命相配，主要是以个人的命卦为中心，以命卦配合门、房、灶，来推断吉凶以及论述婚姻、子息、疾病等事项。

《八宅明镜》云："宅之坐山为福德宫，人各有所宜，东四命居东四宅，西四命居西四宅，是为得福元。"宅命相配为得福元，宅卦是以宅之坐山来定，得福元便是东四命人宜选择震、巽、离、坎东四宅居住，而西四命人宜选择乾、兑、艮、坤西四宅居住。相反，若东四命人居西四宅，西四命人居东四宅，就为不得福元，不得福元就不能邀福。

1. 门的吉凶
（1）门位

传统的门，分为围门、门楼、大门、中门、总门、房门、便门等。现代的阳宅较为简单，大多只有住宅的大门及房门。大门是全宅通往外边的门，最为重要，故大门最宜安在本命的四吉方。

《八宅明镜》对大门有以下的论述：宅无吉凶，以门路为吉凶。大门吉，则全宅皆吉。大门当安于本命四吉方，不可安于本命四凶方。

八宅派论大门吉凶：东四命的人，大门宜开在东四卦方位内；西四命的人，大门宜开在西四卦方位内。再深一层，大门最宜开在生气吉星方，次选延年方，皆主财运亨通，丰衣足食，贵人扶助；若想健康长寿，则宜选择天医位开门，住宅开天医门，家人有病也会很快痊愈，且多得贵人扶助；若住宅开伏位门，亦为小吉论。

（2）门向

在八宅派风水造作中，有一点很难使人注意到，就是门向的吉凶问题。其实，大门不单要开在四个吉方才算全吉。如果大门安在四吉卦内，但门向却是向着四凶方，则是美中不足。例如，一个乾命人，住宅的大门开在艮方，艮方为天医吉星排到，故开艮方门，主家人健康长寿。可惜门向却向着坎方，坎方为乾命人的六煞凶星位，主破财多灾。总的来说，这样开门对乾命人不尽理想，但只要把门向改斜向着艮方，就可收足艮位天医星气，就会招贵人扶助之力。总之，最吉的配合是大门方位吉，门向也要吉；倘若门位凶，门向也凶，则为大凶之论。如右图。

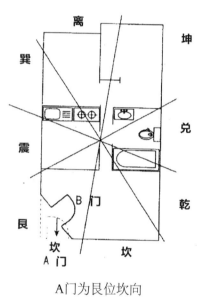

A门为艮位坎向
B门为艮位艮向

2. 房间吉凶

房间是指睡房（卧房），睡房的吉凶对睡在房间里的人存在极大的影响力。住宅及其大门的吉凶能影响全宅各人，但睡房的吉凶则只能影响在房间内休息的人。

依八宅派的理论，睡房的分配讲求房命相配。所谓房命相配，是指睡房宜在本命的四吉方，即东四命人宜睡东四房，西四命人宜睡西四房。分房是以住宅的大太极来确定方位的，具体操作方法为：在住宅的大太极点（中心点）安罗盘测定八方，然后定出东四方及西四方，勘定各睡房所在的宫位，东四命人宜选择东四房居住，西四命人宜选择西四房居住。

睡房的位置是以住宅的大太极来确定的，主要用于配合个人的命卦，宅卦反而不是那么重要，当然若能配合宅卦则更好。

二、论床位吉凶法

1. 普通床位的安置

人的一生，大约有三分之一时间在床上度过，床对人的影响很大，因此安床的位置是很重要的。虽然，古书中只指出门、房、灶三者的重要性，但笔者认为床的安置方位也是十分重要的。床是休养生息的地方，应当把配合人的命卦安置床位作为重点，依八宅派理论，东四命人的床适宜安于东四卦，西四命人的床适宜安于西四卦。

现代城市楼宇中的单元住宅，睡房面积往往会跨越两个不同的卦位，而且睡房的面积非常小，很难把整张床体全部安置在吉位上，对于这种情况应以床头方位为准，即把床头安在本命的吉位上。东四命人床头宜安在东四卦吉位上，西四命人床头宜安在西四卦吉位上，当然整张床体都能安在吉位内更好。床命相合，主旺财旺丁；床命不配，则破财损丁。

2. 夫妇床位的安置

如果夫妇二人同属东四命卦或西四命卦，就很容易安置床位；但如果丈夫是东四命，而妻子是西四命，或丈夫是西四命，而妻子是东四命，这样配合命卦安床的确是一个难题。原因是东四命的吉位却是西四命的凶位，而西四命的吉位却是东四命的凶位。要解决这个夫妇命卦不同的问题，请大家首先要弄懂先天八卦与后天八卦的关系。如下图：

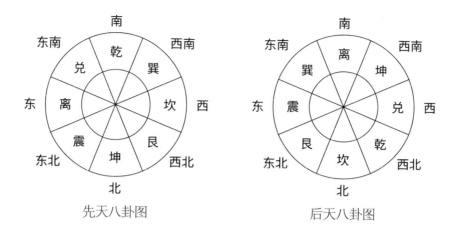

先天八卦图　　　　　　　　　　　　后天八卦图

　　先天为体，后天为用。八宅派风水理论是以后天八卦为用，再配合先天八卦。假若给一对夫妇安床，丈夫是巽卦命，而妻子是乾卦命，即一位是东四命，一位是西四命，应选择哪个方位给二人安床才适合呢？方法是：首先，丈夫为巽卦命，安床的吉位是震、巽、离、坎四个东四位，而巽的先天卦位在后天卦的坤位，因此坤卦对巽命人来说不作凶位论，亦不作吉位论，是属平平之性。坤位本属于西四命人的吉位，所以夫妇二人宜安床在坤位上方为吉断。另从妻子角度来

先、后天卦位图

（内圈为先天卦位图，外圈为后天卦位图）

论，妻子乾卦命的四吉位是坤、兑、乾、艮四个西四位，而乾的先天卦位在后天的离卦，离卦本属东四命人的吉位，因此在离方安床对夫妻二人来说亦以平稳论。总之，若夫妇二人，一方为东四巽卦命人，一方为西四乾卦命人，安床在坤方与离方是没有冲突的，不会对二人中的任何一人造成不良影响，这可算是两全其美的做法。

　　假若丈夫是东四卦的巽命，妻子是西四卦的坤命。从丈夫方面来说，西四卦坤亦可安床，因为巽的先天卦位在后天的坤位；从妻子方面来说，妻子为西四卦坤命，坤的先天卦位在坎卦，对妻子来说，坎卦可以安床。因此，丈夫为巽卦命，妻子为坤卦命，夫妇床宜安在坤方与坎方。

　　假若丈夫是巽卦命，妻子却是西四卦的艮命，艮卦的先天卦在乾位，仍是西四卦，因此只有西南坤位宜安床，其他七个方位必定对夫妇其中一人有不良的影响，不能选择安床。

　　假若丈夫是巽卦命，妻子却是西四卦的兑命，除了坤位可以安床外，妻子兑卦的先天位在后天的巽卦，巽卦为东四命人的吉位，因此在巽卦方位安床，对妻子来说不作凶论。总之，丈夫是巽卦命，妻子为西四卦的兑卦命，这种夫妻命卦组合，宜选择坤位或巽位安置夫妻床。

　　假若夫妇二人，一个为东四卦的离卦命，一个为西四卦的艮卦命，这种命卦组合的情况，确定安床方位最为困难。唯一勉强可用的就是离卦与艮卦，因为离卦为离命人的伏位，是艮命人的祸害位，而艮卦为艮命人的伏位，是离命人的祸害位。从吉凶程度上来说，皆为影响力最小的星位，因此可勉强作为两人避凶的安床方位。

　　通过上面的分析，阐明了安置夫妻床位的原理，倘若丈夫与妻子二人，属于不同类命卦的，都可以依照上述方法去选择安床的吉利卦位，以达到趋吉避凶的目的。下面列出夫妇六十四个不同命卦组合的安床吉位表，供大家学习参考。

卦命＼吉利床位＼卦命		东四命				西四命			
		震	巽	离	坎	坤	兑	乾	艮
东四命	震	东四卦位：震、巽、离、坎				艮坎	艮巽	艮离	艮
	巽					坤坎	坤巽	坤离	坤
	离					坎	巽	离	○
	坎					兑坎	兑巽	兑离	兑
西四命	坤	坎艮	坎坤	坎	兑坎	西四卦位 坤、兑、乾、艮			
	兑	巽艮	巽坤	巽	兑巽				
	乾	离艮	离坤	离	离兑				
	艮	艮	坤	○	兑				

三、论灶位吉凶法

炉灶的安置是非常重要的一环，炉灶为煮食之处，对家人的身体健康有着重大的关系，可以说炉灶是疾病祸福的根源。

八宅派对炉灶的摆设方法与其他风水派别有着明显的区别。八宅派不单只论灶坐方位，更重视灶向（即灶口方向）。灶坐只论位置而不论方向，灶向则只论方向而不论炉灶所在的位置。古时的灶，是用柴枝起火煮食的，虽然炉灶本身没有吉凶可言，但因炉灶长期煮食，会产生油烟浊气等影响人体的污脏东西，因此炉灶的位置与灶口的方向便成为决定炉灶吉凶的重要因素。炉灶须安于宅主本命的凶方，灶口是吸纳空气中的氧气进入之口，应向宅主本命的吉方。

八宅派安放炉灶的主要原则是：坐凶向吉。即东四命人宜在西四卦位安灶，而灶口须向着东四卦方位；西四命人宜在东四卦位安灶，而灶口须向着西四卦方位。

现代社会中，大多数家庭是使用煤气炉或石油气炉，这些气炉就相当于古籍中所说的炉灶，燃气开关可比拟为灶口，应向着主人命卦的吉方。

灶向宜向宅主本命的四吉方。向生气方主发财发丁，向天医方主无病除灾，向延年方主进财健康，向伏位方主诸事顺利。

现列出炉灶坐本命八方之吉凶应验情况，以供大家学习研究中作为参考。

灶坐方位吉凶表

灶坐方位	吉凶应验
绝命	健康长寿、丁财两旺
五鬼	横发资财、无火灾、盗贼
六煞	发丁发财、无病无讼
祸害	无灾无病、不退财伤人
生气	人丁不旺、财产受损
延年	婚姻难成、夫妇不合
天医	久病卧床、体弱多病
伏位	无财无寿、终身贫苦

四、合婚法

八宅派风水是以东四卦与西四卦的理论，分析人与人之间交往得失关系的。根据不同的命卦，将人分成东四命人与西四命人两大类，东四命以震、巽、离、坎四种命卦作为一组，西四命以乾、兑、艮、坤四种命卦作为一组。在同一组内，各卦五行都是互相生助的，卦与卦之间都有连扣力；但是不同组别之间，各卦五行却是互相克制的，卦与卦之间形成排斥现象。因此，东四命人与东四命人交往，或西四命人与西四命人交往，他们的关系都会很好的，可以发展成亲近知己。相反，东四命人与西四命人交往，他们的关系就不会表现得很好，一般情况下只能成为表面之交。运用八宅派风水论婚姻，可以从上面所述的人际关系引申分析。同一类命卦的夫妇，其婚姻关系会较好；相反，不是同类命卦的夫妇，其婚姻关系较差。

八宅派有一套推断婚姻好坏的合婚法，其原理是从命卦与命卦的组合来配八星，若配得生气星、天医星与延年星的为上婚；若配得伏位、祸害星与六煞星的为中婚；若配得五鬼星、绝命星的为下婚。

现将各命卦配婚吉凶情况列表如下：

命卦配婚吉凶表

男命卦 女命卦		东四命				西四命			
		震	巽	离	坎	坤	兑	乾	艮
东四命	震	伏位	延年	生气	天医	祸害	绝命	五鬼	六煞
	巽	延年	伏位	天医	生气	五鬼	六煞	祸害	绝命
	离	生气	天医	伏位	延年	六煞	五鬼	绝命	祸害
	坎	天医	生气	延年	伏位	绝命	祸害	六煞	五鬼
西四命	坤	祸害	五鬼	六煞	绝命	伏位	天医	延年	生气
	兑	绝命	六煞	五鬼	祸害	天医	伏位	生气	延年
	乾	五鬼	祸害	绝命	六煞	延年	生气	伏位	天医
	艮	六煞	绝命	祸害	五鬼	生气	延年	天医	伏位

例一：西四卦乾命人配婚吉凶情况

1. 乾命人配兑命人为得生气，配坤命人为得延年，配艮命人为得天医。这三种命卦组合皆为配得上婚，主夫妻恩爱，白头到老，儿孙满堂。

2. 乾命人配乾命人为得伏位，配巽命人为得祸害，配坎命人为得六煞。这三种命卦组合皆为中婚，主夫婚和顺平稳，虽偶有争执，亦终能偕老。

3. 乾命人配震命人为得五鬼，配离命人为得绝命。这两种命卦组合皆为下婚，主夫妻二人各有异心，同床异梦，子女有刑克，离婚率较大，平时应尽量忍让。若二人同心，也可白头到老。

例二：东四卦离命人配婚吉凶情况

1. 离命人配东四卦的震命人为得生气，配坎命人为得延年，配巽命人为得天医。这三种命卦组合为上婚，主夫贵妻贤，儿女孝顺。

2. 离命人配东四卦的离命人为得伏位，配西四卦的艮命人为得祸害，配坤卦命人为得六煞。这三种命卦组合为中婚，主夫妻乍离乍合，晚境顺利。

3. 离命人配西四卦的兑命人为得五鬼，配乾命人为得绝命。这两种组合为下婚，主夫妻缘分薄，难偕到老，儿女不得力。

总之，命卦属东四命者，婚姻对象宜配东四命；命卦属西四命者，配婚对象宜找西四命。命卦配婚，东西四命不能相混杂，这样才婚姻完美，夫妻和顺，儿女孝顺，多福少灾。若东西四命交配，则主夫妻不和，刑克子女，福薄缘薄。八宅派配婚原理，出自《易经》的八卦变化，希望大家大胆实践，统计印证。

人的姻缘来得迟早，除了受本命先天性因素影响外，阳宅风水也有一定的影响力。在八宅派的八颗星曜中，有一颗婚姻桃花星，这就是延年星。若某人的姻缘来得很迟，可在延年星所到之处下功夫，能使姻缘早成。这里要提醒大家注意，婚姻是个人的事情，当然应以个人的命卦为依归，即以个人命卦为伏位去找延年星的位置。

现将《八宅明镜》记载各命卦求婚姻的方法公布如下，以供读者参考：

乾命人——求婚难成，宜安床或改灶口向坤位延年方易成。

兑命人——求婚难成，宜安床或改灶口向艮位延年方易成。

离命人——求婚难成，宜安床或改灶口向坎位延年方易成。

震命人——求婚难成，宜安床或改灶口向巽位延年方易成。

巽命人——求婚难成，宜安床或改灶口向震位延年方易成。

坎命人——求婚难成，宜安床或改灶口向离位延年方易成。

艮命人——求婚难成，宜安床或改灶口向兑位延年方易成。

坤命人——求婚难成，宜安床或改灶口向乾位延年方易成。

希望姻缘早结良缘的人士，可将床位移到自己本命延年方的位置上，亦可将灶口朝向本命的延年方。

五、断子息法

子息特指儿子，原因是古时以男子为主，女子没有社会地位的，故只以生儿为风水重点，各家庭都不希望育女。八宅派论子息，主要是从以下两个方面来判断：一是配婚法，从夫妇命卦配合来定子息的多少与吉凶；二是从命卦与灶向的配合去推断子息的数量与吉凶。

1. 以配婚断子息法

夫妇间命卦的配合，可影响日后子息的数目，未勘察风水之时，亦可以一对夫妇的命卦断定子息。

《八宅明镜》中对兑命人的子息论述是：兑命人得乾妻有五子，得艮妻有四子，得坤妻有三子，得兑妻只有女儿，犯震绝嗣。详细地论，就是说：丈夫是西四卦的兑命人，配西四卦的乾命妻子为生气上婚，主有五子；配西四卦的艮命妻子为延年上婚，主得四子；配西四卦的坤命妻子为天医上婚，主得三子；配西四卦兑命妻子为伏位中婚，主女多子少；配东四卦的坎命妻子为祸害中婚，主得二子且有刑克；配东四卦的巽命妻子为六煞中婚，主有二子且带刑克；配东四卦的离命妻子为五鬼下婚，主只有一子，且刑克很重；配东四卦的震命妻子为绝命下婚，主无子绝嗣。

东四卦的震命人配婚断子息：震命人配东四卦的离命妻子为生气上婚，主得五子；配巽命妻子为延年上婚，主得四子；配坎命妻子为天医上婚，主得三子；配震命妻子为伏位中婚，主女多子少；配西四卦坤命妻子为祸害中婚，主得二子；配艮命妻子为六煞中婚，主有二子且有刑克；配西四卦的乾命妻子为五鬼下婚，主有一子；配得兑命妻子为绝命下婚，主无子绝嗣，如有子亦是刑克颇重。

读者可以举一反三，其余六个卦的推断原理是一样的。下面是男女配婚得子数量吉凶表：

男女配婚得子数量吉凶表

合婚档次	合婚类别	子息数量与吉凶
上婚	生气	五子
	延年	四子
	天医	三子
中婚	伏位	女多子少
	祸害	二子，有刑克
	六煞	二子，有刑克
下婚	五鬼	一子，刑克重
	绝命	无子、有子而刑克甚重

2. 以灶向断子息法

子息的多寡不仅可以由配婚定出，还可以从灶向的吉凶判断子息的多少。

灶向法判断子息原理是：以本命卦配合八方灶向来推断子息的数量及吉凶。运用灶向法断子息，只注重灶口的向方，灶坐反而没有多大影响力，但炉灶以坐本命的四凶方为主。

例：西四卦乾命人。乾命人，灶口向兑方为得生气，主得五子；灶口向坤方为得延年，主得四子；灶口向艮方为得天医，主得二子；灶口向乾方为得伏位，主女多子少；灶口向离方为绝命凶方，主无子，若有子也带刑克很重；灶口向震方为五鬼，主得一子，刑克重；灶口向坎方为六煞，主得二子且有刑克；灶口向巽方为祸害，主得二子而有刑克。乾命星盘如右图。

巽　　　　　　　　离　　　　　　　　坤
	祸害	绝命	延年	
震	五鬼	乾命	生气	兑
	天医	六煞	伏位	
艮　　　　　　　　坎　　　　　　　　乾

以上是乾命人灶口所向八方之吉凶情况，其余七个卦命依此类推。

命卦配灶向得子吉凶表

灶向本命八方	子息数量、吉凶
生气	五子
延年	四子
天医	三子
伏位	女多子少
祸害	二子有刑克
六煞	二子有刑克
五鬼	一子刑克重
绝命	无子、有子而刑克重

古籍《八宅明镜》中记载的催丁法："以灶台压本命之凶方，灶之火门向本命的生气吉星方，主生贵子，百事吉祥。"在八宅派风水理论中，灶是管人丁旺衰的，因此催丁便要在灶位上着手，大原则是坐凶向吉，才能旺丁催丁，反之坐吉向凶，便主损丁绝后了。以上所说的坐凶向吉，是以个人的命卦来论的。

六、推断疾病法

生、老、病、死是人生必须经过的四个阶段，尤其是疾病，对人类生命、生活有着很大的威胁。健康是非常重要的，每一个人都想拥有健康的身体，俗语云："金钱是万能的，却买不到健康。"

有的人一生很少生病，即使生病，也只不过是一些小毛病，如伤风感冒等。但有些人却长年累月地生病，甚至突然间患上危及生命的恶疾。不管是哪种情况，人类的疾病基本上是与人的命运及住宅风水有关联的。一位合格的命理预测师，可以从人出生的四柱八字判断其人容易患上哪类疾病；一位合格的地理师，亦可以根据住宅风水的峦头和理气的配合，去推断宅内之人容易患上何种疾病。

1. 八卦五行与疾病的关系

八宅派的八颗游星的五行、吉凶与人体疾病息息相关，在学习以游星论疾病的知识之前，先了解八卦五行与疾病的关系。这一点非常重要，因为八宅派风水推断人体疾病，全以八卦五行作依归的，希望读者要牢牢记住。

八卦与身体部位疾病关系表

八卦	身体部位	疾病
震	足	肝胆、脚、关节炎
巽	肝、股	肝胆、抽筋、伤风感冒
离	心、目	小肠、心脏、白内障、灼伤
坤	腹、脾胃	十二指肠、脾胃病
兑	肺、口、舌	肺、牙、咽喉、口舌
乾	头、骨	头痛、肺病、骨病
坎	肾、耳、血	肾、血液、耳、子宫
艮	脾胃、手、鼻	脾胃、鼻疾、手指

五行与身体部位疾病关系表

五行	疾病
金	肺、大肠、咳嗽、气喘
木	肝、胆、四肢
水	肾、膀胱及生殖器官
火	心、小肠、头与眼
土	脾、胃及皮肤

八宅派风水是以易卦为依据，视五行的配合来论断疾病的，其推断疾病的法则是以人的命卦作为中心，看哪方犯煞来推算疾病。疾病的发生，通常由以下几个方面情况引起：（1）宅坐与人命不配合；（2）灶口之向犯本命四凶方；（3）来路及门开在本命的四凶方；（4）睡床安在本命的四凶方。

2. 推断人体疾病的方法

推断人体疾病，主要是从犯煞卦位（方位）与本命卦五行相生相克论定的，不是依据凶星的五行性质判定的。在民间，很多人都认为，如果在四凶星绝命金、五鬼火、六煞水和祸害土所到之方开门、设灶或安床，便会有四凶星五行所代表的疾病发生。例如，有人认为犯五鬼火星，便会患有头、眼、心的疾病，其实这种断法是错误的。因为四颗凶星中没有五行木，如果依据凶星的五行性质论疾病，那么就可说五行木所代表的肝胆不存在了，这从原理与逻辑上都说不过去的。四凶星的对人体产生影响，是通过该凶星飞临的方位表现出来的，不能单纯用凶星的五行性质来断验疾病。凶星飞临的方位就是犯煞卦位，以犯煞卦位五行性质推断人体疾病，是八宅派较高的理论层次。

（1）各命卦犯四凶星容易患的疾病

乾命人：犯离卦绝命凶星，易患心火盛、肺病、咳嗽、吐血疾病；犯震卦五鬼凶星，易患肝胆之疾、目疾、手足损伤；犯坎卦六煞凶星，易患伤寒、男性肾病和女性子宫病；犯巽卦祸害凶星，易患肝胆之疾、目疾和四肢麻木。

兑命人：犯震卦绝命凶星，易患目疾、手足受伤；犯离卦五鬼凶星，易患血疾、目疾和火伤；犯巽卦六煞凶星，易肝胆疾病；犯坎卦祸害凶星，易患伤害、小产、女性经期不准。

离命人：犯乾卦绝命凶星，易患肺病、头部疼痛；犯兑卦五鬼凶星，易患肺病、心脏病、眼疾、口舌疾病；犯坤卦六煞凶星，易患腹疾、肠胃病；犯艮卦祸害凶星，易患疮毒、小肠之疾病。

震命人：犯兑卦绝命凶星，易患肺病、咳嗽疾病；犯乾卦五鬼凶星，易患肺疾、头脑疼痛之疾；犯艮卦六煞凶星，易患疮毒、肠胃之疾；犯坤卦祸害凶星，易患胃病、皮肤病。

巽命人：犯艮卦绝命凶星，易患疮毒、糖尿病；犯坤卦五鬼凶星，易患腹疾、股伤；犯兑卦六煞凶星，易患肺病、神经衰弱；犯乾卦祸害凶星，易患咳嗽、肺病、头痛、肝气冲胃。

坎命人：犯坤卦绝命凶星，易患肾病、胃病、女人小产；犯艮卦五鬼凶星，易患胃病、肾疾；犯乾卦六煞凶星，易患伤寒、肾病、女性子宫疾患；犯兑卦祸害凶星，易患肺病、肾病。

艮命人：犯巽卦绝命凶星，易患肠胃病、手脚损伤；犯坎卦五鬼凶星，易伤害、肾病、女人小产；犯震卦六煞凶星，易患中风、手足之疾；犯离卦祸害凶星，易患疮毒、血症。

坤命人：犯坎卦绝命凶星，易患伤寒，女性月经不调、肾病、膀胱疾；犯巽卦五鬼凶星，易患疮毒、腹病、四肢之疾；犯离卦六煞凶星，易患心脏病、血症；犯震卦祸害凶星，易患疮毒、手足之疾、肺疾。

（2）《八宅明镜》中论乾命人疾病

乾命男夫：误用灶口向离，而伤乾金，心火炽，克肺金。先心痛痰火，后咳嗽劳喘，吐血肺烂，头痛脑涨，鼻常流水。此例说明了乾命人灶口向离，犯绝命凶方，离方五行属火，乾命五行属金，现遭离火来克金。乾卦代表头、骨，而五行金代表肺、大肠，故断此人容易患上头部、骨骼、肺及大肠有关的疾病。

乾命男夫：犯震巽二方之来路和灶口，患上肝气目疾、跌伤手足、麻风疮毒、瘫痪等症。此例说明了乾命人，犯震方五鬼凶星，犯巽方祸害凶星。震卦与巽卦五行皆属木，乾命为金，金能克木。在八卦中，震卦代表足，巽卦代表肝、股。在五行中，木代表肝胆与四肢。因此，乾命人的来路与灶口犯震巽二凶方，那么震巽二方及其五行所代表的人体部位、疾病信息便容易发生病变。

乾命女妇：犯坎方六煞凶星，患上赤白带下，经期滞阻、多次小产。此例说明了乾命之女，犯坎方六煞凶星。坎卦属水，乾金能生水，相生本为吉论，但坎方为水旺之凶方，变成金多水浊之弊。在八卦中，坎卦代表耳、血液与肾脏。在五行中，坎卦属水，水对男性代表肾，对女性则代表子宫，因此容易患上相应部位的疾病。

3. 疾病的化解方法

只有知道了疾病的来源，才能设法化解。疾病产生的原因，不外乎来路、大门、房门、床位及灶向犯了本命的四凶方，因此化解疾病都应从改变方位着手。在四颗吉星中，延年星是主身体健康、延年益寿，天医星是主疾病痊愈，因此要化解疾病，就要将睡床移至延年或天医方，将灶口朝向延年或天医方，这是八宅派化解疾病的法门。特别是受规划的现代城市住宅，其来路、大门、房门犯了凶星方位是没有办法去改变的，除非另搬到其他适合自己命卦的住宅中居住，否则只能把床位与灶向移至吉星位上。

七、游星配合八卦断凶祸法

八宅派论灾祸，完全是依八卦原理进行推断的。

八卦是各派风水最基本的理论，尤其是八宅派风水，其学理完全是由易经八原卦演变出来的。因此研习八宅风水，首先应对八卦原理做深入的研究，如八卦的五行、八卦代表的方位、天象、人物、事物等等。现在，社会上有很多风水初学者，往往忽略八卦的重要性，一味寻求高层次的风水学理，最后不但学不到真正的风水天机技术，就连八卦的基本原理也没有掌握。

1. 八卦断法

下面列出表格，让大家先认识八卦所代表的方位、人物及一般性灾祸。

八卦方位、人物及一般灾祸关系表

八卦	方位	人物	一般灾难	卦象人物年龄
乾	西北方	父亲	官灾、交通意外	46岁以上的男性
兑	西方	少女	口舌是非、伤灾	15岁以下的女性

八卦	方位	人物	一般灾难	卦象人物年龄
离	南方	中女	火灾、官灾	16 岁至 30 岁的女性
震	东方	长男	财劫	31 岁至 45 岁的男性
巽	东南方	长女	色情致祸	31 岁至 45 岁的女性
坎	北方	中男	水灾	16 岁至 30 岁的男性
艮	东北方	少男	疫症	15 岁以下的男性
坤	西南方	母亲	疾病、邪灵	46 岁以上的女性

2. 游星断法

疾病也是灾祸的一种，四凶星是推断疾病的重要因素。下面用表格说明犯四凶星容易发生的灾祸：

星名	凶性	一般灾祸
绝命	第一凶星	重病、横祸凶杀、破产
五鬼	第二凶星	火灾、破财、阴灵侵扰
六煞	第三凶星	水灾、破财、因色致祸
祸害	第四凶星	官非、失财

现举例分析推断原理：

（1）**乾命人**，离方为绝命凶星所临，犯绝命主容易有意外之事或重病，由于绝命为第一凶星，所以犯绝命凶星所引发的灾病比较严重。另离卦五行属火，灾祸代表火灾及官非，故有火灾之难或被火、高热灼伤等事情发生。乾为父为长辈，而离为中女，虽一阴一阳，但不是正配，所以亦主淫乱之事。正配是指老阴配老阳，少阴配少阳。

（2）**乾命人**，犯北方六煞凶星，主破财、官非。坎卦五行属水，主水灾或因酒色致祸。坎卦代表中男，因此灾祸多应在宅中年龄十五岁至三十岁的男性。

（3）**乾命人**，犯震方为五鬼，犯五鬼凶星，主火灾、破财、财劫等凶事。震卦属木，代表足部，亦须注意脚部之灾祸、疾病，且灾祸大部分由东方来。灾祸多应在家中三十一岁至四十五岁的男性身上。

（4）**乾命人**，犯巽方祸害凶星，主官非、失财。巽卦五行属木，代表肝胆，因此犯巽方祸害主是非小人、患肝胆之疾。巽卦所代表的人物为长女、妻，方位为东南，因此可断灾祸是由东南方来，并且应在家中年龄三十一岁至四十五岁的女性身上。

综上所述，产生灾祸的原因，主要是来路、大门开在本命的四凶方，灶台压在本命的四吉方，灶口向本命的四凶方，睡床在本命的四凶方。

所犯四凶星的卦位，代表灾祸发生的由来方位。如兑命人，犯震卦绝命凶星，主灾祸是由东方进来的。四凶星所临的卦位，代表灾祸大都由该卦位所代表的人物引起的。如震命人（或震宅），犯艮卦六煞凶星，艮位主少男，那么灾祸便发生在家中年龄十五岁以下的男孩身上，或者说灾祸是由家里十五岁以下的男孩所引发的。

八、文昌位断法

凡是研究风水的人，都希望能够准确地找出家中的文昌位。因为作为父母的，都希望子女读书聪明。同时，随着人们年纪的增长，记忆力及思维就会衰退，都希望能够借助风水物品催动文昌位，增强记忆力和头脑灵活度。

不同的风水派别，对文昌位都有特定的推算公式。虽然八宅风水颇为流行，但是有很多研究者却不知道文昌位在哪里，主要原因是他们对风水知识了解还很肤浅。八宅风水中，不论哪一种坐向，都有八颗星曜。只要知道自己住宅的坐向，就可以推出文昌位。生气星就是文昌位，只要把书桌放在文昌位上，便会使人头脑聪明，学习成绩进步。

如果文昌位上不能摆放书桌，就在文昌位摆放文昌塔或悬挂毛笔，以增文思，也可以增长儿童的智慧。如下图中，该住宅大门向西北，属于坐东南向西北的住宅，八方均有星曜分布，北方为生气星。在八宅理论中，生气星飞临的方位为文昌位，最利摆放书桌，也可摆放文昌塔。

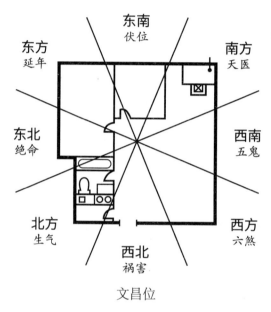

文昌位

九、化病符法

在八宅派风水的星曜中，天医星有治病的功能。据古籍记载，身有顽疾的人，欲治其病，方法有：（1）开天医门；（2）在天医方安床睡觉；（3）在天医方置灶煎药饮用。

天医星所到的方位是除病的吉位，应在这一个方位着手。例如，离宅平面图及星盘：

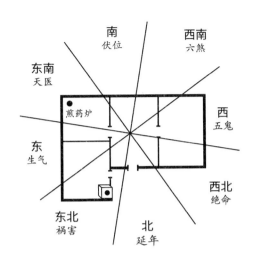

此宅坐南向北，为离宅。东南方为天医星飞到，所以东南方属于除病位。若在住宅天医方摆放电磁炉等，然后在这位置煎药，就可以吸纳天医星的气场达到除病健体的功效。

第八节　八颗游星与财运的关系

一、四吉星与财运

1. 生气

　　生气星，五行属木。凡求财须灶合吉向，若合生气则大富，可得大财。生气木星应验于亥、卯、未年月。

　　凡灶口向生气方，财运最强，而财运最强的流年是肖猪、肖兔、肖羊的年份；每年财运最强的月份是二月、六月、十月。

　　由于生气星五行属木，催财运除了灶口合吉向外，还有其他方法：（1）在生气方设水位；（2）在生气方开门；（3）在生气方摆放睡床；（4）在生气方放置水种植物。

2. 延年

延年星，五行属金。凡灶口合武曲金星，财运也佳，日月进财，可得中富。延年金星应验于巳、酉、丑年月。得财的流年属于牛、蛇、鸡的年份；每年财运最强的月份是四月、八月、十二月。

由于延年星五行属金，催财运除了灶口合吉向外，还有其他方法：（1）在延年方设水位；（2）在延年方开门；（3）在延年方摆放睡床；（4）在延年方位摆放已经开光的铜貔貅一只或铜麒麟一对。

3. 天医

天医星，五行属土。凡灶口合天医巨门土星，财运也强。应在申、子、辰年月发财，每月可得千余块金条。灶口向天医，得财最强的流年是肖鼠、肖龙、肖猴的年份；每年财运最强的月份是三月、七月、十一月。

由于天医星五行属土，催财运除了灶口合吉向外，还有其他方法：（1）在天医方设水位；（2）天医方开门；（3）在天医方摆放睡床；（4）在天医方摆放一些玉器制品、水晶或陶瓷制品等。

4. 伏位

伏位左辅星，五行属木。凡灶口合伏位辅弼木星，可得小康有余，日有小财进益。应期在亥、卯、未年月。凡灶口向伏位，财运最强的流年是肖兔、肖羊、肖猪的年份；每年财运最强的月份是二月、六月、十月。

由于伏位左辅星五行属木，催财运除了灶口合吉向外，还有其他方法：（1）在伏位方设水位；（2）在伏位方开门；（3）在伏位方摆放睡床；（4）在伏位方放置用水种植物。

二、四凶星与财运

1. 绝命

绝命星，五行属金。凡灶口向绝命方，财运极差，常破大财。财运最弱的流年是肖牛、肖蛇、肖鸡的年份；每年财运最弱的月份是四月、八月、十二月。

以下情况，有破财之虑：

（1）在绝命方设水位；

（2）以炉灶向绝命方。

化解法：《八宅明镜》中记载："天医欺绝命"。即在天医方放四方形玉器或瓷器化解。由于绝命星五行属金，催财宜用厕所（水）来化泄。

2. 五鬼

五鬼星，五行属火。凡灶口向五鬼方，财运破耗连连，但逢吉星合成"五鬼运财"之局时反主得财。财运最弱的流年是肖虎、肖马、肖狗的年份；每年财运最弱的月份是正月、五月、九月。

以下情况，小心破财：

（1）灶口向着五鬼方；

（2）在五鬼方设水位。

化解法：《八宅明镜》中记载："生气降五鬼"。即在生气方种植水养植物。五鬼星五行属火，催财宜用厕所（水）来压制。

3. 六煞

六煞星，五行属水。凡灶口向六煞方，财帛不聚，财来财去。财运最弱的流年是肖鼠、肖龙、肖猴的年份；每年财运最弱的月份是三月、七月、十一月。

以下情况，小心破财：

（1）灶口向着六煞方；

（2）在六煞方设水位。

化解法：《八宅明镜》中记载："延年压六煞"。即在延年方摆放一只铜貔貅或摆放一对开光铜麒麟，可以化解。六煞星五行属水，故催财宜用灶台来压制。

4.祸害

祸害星，五行属土。凡灶口向祸害，容易因金钱与人发生争执，财帛左手来而右手去。财运最弱的流年是肖鼠、肖龙、肖猴的年份；每年财运最弱的月份是三月、七月、十一月。

以下情况，小心破财：

（1）在祸害方设水位；

（2）灶口向着祸害方。

化解法：《八宅明镜》中记载："制伏安排定"。即在伏位上摆放大叶水种植物，可化解祸害星的煞气。祸害星五行属土，催财宜用厕所来压制。

第九节　住宅的外形与特定环境

风水理论应与实际环境相结合，才能建造适合人们长期居住的房屋。住宅周围的地形，地貌、山脉的走向、水流的形态和道路的方向、位置、形状以及住宅基地的形状、邻近建筑物的性质、方位和树木的种类、形态、位置等等，都要综合考虑。

下面将古人在建筑实践中，总结归纳的一百三十多项的特定环境条件和住宅外形吉凶情况公布如下，以供读者参考：

此宅左短右边长，君子居之大吉昌；

家内钱财丰盛富，只因次后少儿郎。

右短左长不堪居，生财不旺人口虚；

住宅必定子孙愚，先有田蚕后也无。

昔日周公相此居，丑寅空缺聚钱资；

家豪富贵长保守，不遇仙人怎得知。

辰巳不足却为良，居之家豪大吉昌；

若是安庄终有利，子孙兴旺足牛羊。
仰目之地出贤人，庶人居之又不贫；
子孙印绶封官职，光显门庭共九卿。
中央高大号圆丘，修宅安坟在上头；
人口资财多富贵，二千食禄任公侯。
坎兑两边道路横，定主先吉后有凶；
人口资财初一胜，不过十年一时空。
此宅修在涯水头，主定其地不堪修；
牛羊尽死人逃去，造宅修茔见祸由。
前狭后宽居之稳，富贵平安旺子孙；
资财广有人口吉，金珠财宝满家门。
前宽后狭似棺形，住宅四时不安宁；
资财破尽人口死，悲啼呻吟有叹声。
西南坤地有丘坟，此宅居之渐渐荣；
若是安庄并造屋，儿孙辈辈主兴隆。
此宅卯地有丘坟，后来居之定灭门；
愚师不辨吉凶理，年久坟前缺子孙。
此房正北有丘坟，明师安庄定有名；
君子居之官出禄，庶人居之家道荣。
前后有丘不喜欢，安庄修造数余年；
此宅常招凶与吉，得时富贵失时嫌。
此居乾地有丘陵，修宅安庄渐渐兴；
女人入宫为妃后，儿孙以后作公卿。
此宅前后有高沙，居之依师不为差；
田财广有人多喜，处处谈扬道富家。
西高东下向北阳，正好修工兴盖庄；
后代资财石崇富，满宅家眷六畜强。

此宅方园四面平，地理观此好兴工；
不论宫商角徵羽，家豪富贵旺人丁。
此宅观灵取这强，却因辰巳有池塘；
儿孙旺相家资盛，兴小败长有官防。
前后高山两相宜，左右两边有沙池；
家豪富贵多年代，寿命延年彭祖齐。
此宅左右水长渠，久后儿孙福禄齐；
禾麦钱财常富贵，儿孙聪俊胜祖基。
左边水来射午宫，先出富贵后贫穷；
明师断尽吉凶事，左边大富右边穷。
此屋西边有水池，人若居之最不宜；
牛羊不旺人不吉，先富后贫少人知。
西北乾宫有水池，安身甚是不相宜；
不逢喜事多悲泣，初虽富时终残疾。
后边有山可安庄；家财盛茂人最强；
若居此地人丁旺，子孙万石有余粮。
前有大山不足论，不可安庄立坟茔；
试问明师凶与吉，若居此地定灭门。
此宅后边有高冈，南下居之第一强；
子孙兴旺田蚕胜，岁岁年年有陈粮。
此宅四角有林桑，祸起之时不可当；
若遇明师重改造，免教后辈受栖惶。
此宅前后有坟林，凡事未通不称心；
家财破败终无吉，常有非灾后又侵。
左边孤坟莫施工，此地安庄甚是凶；
疾病缠身终不吉，家中常被鬼贼侵。
此宅右短左边长，假令左短有何妨；

后边齐整方圆吉，庶人居之出贤良。

东北丘坟在艮方，成家立计有何妨；
修造安庄终迪吉，富贵荣华世世昌。

左短右长却安然，后面夹稍前面宽；
此地修造人口吉，子孙兴旺胜田蚕。

此宅东边有大山，又孤又寡又贫寒；
频遭口舌多遭难，百事先成后求难。

此地观之有何如，前山后山不堪居；
家贫孤寡出贼子，六畜死尽祸有余。

中央正面四面高，修盖中宅福有余；
牛羊六畜多兴旺，家道富贵出英豪。

四面交道主凶殃，祸起人家不可当；
若不损财灾祸死，投河自缢井中亡。

此地只因道左边，久住先富后贫寒；
贵重之人终迪吉，若逢贱者离家园。

两边白虎生灾殃，百事难成有死伤；
贼人偷盗钱财破，又兼多讼被官防。

此宅东北斜道行，宅西大道主亨通；
虽然置下家财产，破财一时就灭倾。

宅东流水势无穷，宅西大道主亨通；
因何富贵一齐至，右有白虎左青龙。

朱元龙虎四神全，男人富贵女人贤；
官禄不求而自至，后代儿孙福远年。

宅前有水后有丘，十人遇此九人忧；
家财初有终耗散，牛羊倒死祸无休。

此宅安居正可求，西南水向东北流；
虽然重妻别无事，三公九相近王侯。

宅前林木在两旁，乾有丘埠艮有冈；
若居此地家豪富，后代儿孙贵显扬。
前有丘陵后有冈，西边稳抱水朝阳；
东行漫下过一里，此宅安居甚是强。
西来有水向东流，东显长河九曲沟；
后高绵远儿孙胜，禾谷田蚕岁岁收。
后高有陵前近池，西北瞻仰显高危；
天赐富贵仓粮足，辈辈儿孙着紫衣。
西有长波汇远冈，东有河水鹅鸭昌；
若居此地多吉庆，代代儿孙福禄强。
前边左右有丘陵，后面东道远平平；
巽地开门家富贵，不宜兑路子孙冲。
住宅西南有水池，西北丘势更相宜；
艮地有冈多富贵，子孙天锡着罗衣。
南来大路正冲门，速避直行过路人；
急取大石宜改镇，免教后人哭声频。
东西有道直冲怀，定主风病疾伤灾；
从来多用医不可，儿孙难免哭声来。
前有高埠后有冈，东来流水西道长；
子孙世世居官位，紫袍金带拜君王。
乾坤艮坎土冈高，前平地势有相饶；
立宅居之人口旺，儿孙出众又英豪。
西北仰高数里强，东南巽地有重冈；
坤艮若平家富贵，田蚕万倍足牛羊。
南北长河丈宽平，东岭西冈三两层；
左右宅前来相顾，儿孙定出武官人。
东西宽大两头尖，岭上安坟不足看；

此地若无前后势，家中男女众人嫌。
艮地孤坟一墓安，莫教百步内中间；
久后痴聋并喑哑，令人有病治难痊。
右边白虎北联山，左有青龙绿水潺；
若居此地出公相，不入文班入武班。
林中不得去安居，田宅莫把作丘坟；
田蚕岁岁多耗散，宅内惊忧鬼成精。
宅东南北有长河，坤乾丘墓近大坡；
此地若居大富贵，更兼后代子孙多。
北有大道正冲怀，多招盗贼破钱财；
男人有病常常害，贫穷不和闹有乖。
东西有道在门前，莫把行人断遮拦；
宅内更有车马过，子孙富贵得安然。
两边低下后边高，妇人守寡受勤劳；
多招接脚并义子，年深犹自出贫消。
乾地林木妇女淫，沟河重见死佳人；
坤地水流妨老母，子孙后代受孤贫。
庚辛壬癸有坟林，可取千株郁郁林；
正对宅舍六十步，儿孙换改旧家门。
寺庙丘坟切要知，不分南北共东西；
离宅未有一百步，以后伤人杀子孙。
此个明堂出寡娘，少年眼疾堕胎亡；
痨瘵气疾人丁有，流水儿孙实可伤。
青龙若有二山随，其家养女被人迷；
招郎义子其家破，不出军时有匠贼。
白虎若见二山随，定教妇女被人迷；
二姓之家来合恬，忤逆人家媳骂姑。

若见明堂似廉贞，断定眼疾少光月；
家生气疾虚劳死，将来致死满门庭。
明堂形似破军星，不出军兮出匠真；
扛尸外死家退落，孤寡临门二姓人。
文曲明堂在面前，男女风声此处生；
男少女多真不吉，招郎纳媚过浮生。
门前若有玉带水，高官必定容易起；
出人代代读书声　荣显富贵耀门间。
此树门前人不知，家招寡母哭声悲；
二姓同居招女婿，血财损尽又瘟迷。
门前若有两等树，断定二姓同居住；
大富之家招二妻，孤翁寡母泪沾衣。
面前凶砂若有此，左火炒来兄必死；
右火冲身弟必亡，当面尖射中此是。
门前三塘及二塘，必啼孤子寡母娘；
断出其家真祸福，小儿落水泪汪汪。
溺水廉贞为谷将，顺水廉贞是退神；
又名唤作讼词笔，出人狡猾不堪云。
明堂若见似芒槌，少年枉死此中是；
吐血伤人凶恶死，少年寡母纷纷起。
若见鹅颈鸭颈前，淫乱风声处处传；
孤寡少年不出屋，男瘸女跛不堪言。
明堂三尖并四尖，断他致死祸淹淹；
定出气泪及患眼，更兼脚疾甚难痊。
若见明堂三个角，瞎眼儿孙因此哭；
单传人口多少亡，气痛其家常不脱。
明堂返转似裙头，家中淫乱不知羞；

孤寡少亡端的有，瘟疫麻痘染时流。
独树孤峰如顶笠，僧道尼姑从此出；
更出瘟疾眼无光，忤逆争斗事不一。
面前退神插明堂，代代儿孙主少亡；
顺水田园都卖尽，家中纵好也徒然。
面前一山如人舞，家中定出疯癫子；
时常妖怪入家门，手足之灾定不虚。
此个山头在面前，风瘫人出退田园；
献花淫欲多端事，老子将来把火燃。
若见明堂似禄存，三年两度定遭瘟；
蛇伤牛斗风伤事，曲北驼腰聋哑人。
若见明堂似牛轭，定断其家会做贼；
瘟痘疾病不离门，少死人丁哭不绝。
拖尸之山如此样，劝君仔细看形相；
缢颈之山白路行，时师法术要消详。
若见明堂似蜓蚰，黄肿随身出云游；
懒惰儿孙带脚疾，儿孙产难尽遭尤。
竹木倒垂在水边，小儿落水不堪言；
栏栅添置犹防可，更有瘟灾发酒癫。
独树两枝冲上天，牵连官事惹忧煎；
断他年月无移改，坐向官主细推言。
独树生来无破相，必定换妻孤寡真；
孤辰寡宿定分明，无儿无女妙通神。
禄存重树在门前，二房暗哑不能言；
又主出人瘸跛疾，招瘟动火主忧煎。
黄泉破军有藤树，断定牵连官事至；
攀扯相争入法场，只为奸情盗贼赴。

黄泉破军若有塘，必主小儿落水亡；
禄存有庙及空屋，必主阴人自缢当。
小屋孤峰三两交，迣迣重重寡婆招；
堕胎瞎眼此中出，说与时师仔细消。
停丧破屋在面前，其家官事起连连；
常招怪物门庭入，血财尽死又瘟缠。
此树人家忤逆真，其家兄弟打相论；
子骂父兮天道灭，媳欺姑妈失人伦。
离乡之树头向外，定知落水遭徒配；
曲背跎腰瞎眼人，小鬼入家惊作害。
鬼怪之树痈肿前，盲聋喑哑痨病缠；
妇人若怪常来宅，偷鸡弄犬使人癫。
缢颈之树藤缠上，要在禄存方上见；
妇人口舌搅亲邻，遭瘟动火入黄泉。
怪树肿头又肿腰，奸邪淫乱小鬼妖；
猫鼠猪鸡并作怪，疾病痨瘵不曾饶。
空心大树在门前，妇人痨病叫皇天；
万般吃药皆无效，除了之时祸断根。
妖怪之树人不识，文曲之方真不吉；
男贪淫欲女贪花，破坏风声情似蜜。
肿头之树人难辨，破军方位不可见；
生离外死不思归，寡母泪湿香腮面。
面前若见生土堆，堕胎患眼也难开；
寡妇少亡不出屋，盲聋喑哑又生灾。
门前水路卷向前，家中淫乱不堪言；
孤寡少亡伤败事，家中动火又瘟缠。
门前若见此尖砂，投军做贼夜行家；

出人眼疾忤逆有，兄弟分居饿死爷。
门前水分八字图，卖尽田园离乡土；
淫乱其家不用媒，定出长小离房祖。
若有此塘挡面前，代代痨疾不堪言；
一塘便断一人丧，何宠不与外人传。
明堂此塘在面前，三四寡妇闹喧天；
时师不识此中病，此杀名为丧祸源。
大城左右不朝坟，镰钩返生样为凶；
孤寡徒流伤败事，家中又见遭时瘟。
离乡迢迢是此路，儿孙出外皆发富；
若然直去不回还，定出离乡不归屋。
门前有路川字行，破财年年官事兴；
若然直射见明堂，三箭三男死却身。
当面若行元字路，其家财谷多无数；
面前恰似蚯蚓行，定出痨瘵病多苦。
若见此路在门前，自缢吊颈事乾连；
欲吊不吊是此路，术者只要细推玩。
若见田塍如此样，断定自缢吊高梁；
必然外死扛尸转，孰知因此死他乡。
门前若有此寒林，年年瘟疾事相临；
又主怪物入门户，断他年年细推论。
前面水足及返飞，定主退妾又离妻；
瘸跛孤儿随母嫁，顺水淫乱主生离。
门前有路是火字，两也有塘少年死；
断就其家连泪哭，岁杀加临灾祸至。
前有塘兮后有塘，儿孙代代少年亡；
后塘急用泥填起，免得其后受祸殃。

此屋门前有大堆，住此房内主堕胎；
更兼眼疾年年有，火杀加临更惹灾。
此屋门前两口塘，为人哭泣此明堂；
更主人家常疾病，灾瘟动火事乾连。
此屋若有大路冲，定主家中无老公；
残疾之人真是有，名为暗箭射人凶。
门前若见有小屋，官事临门来得速；
便见何年凶祸生，岁煞加临灾更毒。
此屋若在大树下，孤寡人丁断不差；
招郎乞子家中有，瘟灾怪物定交加。
小石当门多磊落，其家说鬼时时着；
小口惊吓不须言，气绝聋哑人难觉。
此个人家品字样，读书作馆起家庄；
人财大旺添田地，贵子声名达帝乡。

第四章　玄空飞星风水

玄空飞星风水的理气源于河洛理数，其理论范围广大，风水学界一致认为这是一门深奥玄秘而又最为灵验的风水学问。玄空学最突出的特点，是它以形、理、气、数四大要素作为主要理论依据，阐明了天时与地利两者不可分割的大道理，根据洛书九星的运行规律配合元运挨排建筑物的山向星盘，透过飞星性质察看屋外山水配合与室内布局情况论旺衰吉凶。并以建筑物的坐山朝向作为重点去判断人事，指导人们去选择最佳的居住空间，使居住者不仅身心康泰，而且还能改变人生的命运。

玄空九星是指：一白坎贪狼星，二黑坤巨门星，三碧震禄存星，四绿巽文曲星，五黄中央廉贞星，六白乾武曲星，七赤兑破军星，八白艮左辅星，九紫离右弼星。

玄空学的实质就是注重元运的旺与衰，最讲究住宅风水有没有运。有运，则催财旺丁；无运，则丁财两败。玄空飞星风水除了讲究元运的旺衰外，还特别注重宅主命局五行喜忌与住宅坐向的配合，即根据1—9这九个数字五行的生克制化与宅主命局中五行喜忌配合。

第一节　九星

玄空学认为，房屋风水吉凶与九星运行有着十分密切的关系。因为，九星和地球是同处于一个特定的空间里，九星运行时会向地球发出能量辐射，操纵着地面气场发生变化，因此地球上人类的房屋就会受到来自宇宙空间九种不同气流的影响。

一、九星定义

宇宙中有北斗七星：第一贪狼、第二巨门、第三禄存、第四文曲、第五廉贞、第六武曲、第七破军，这七个星宿统称为北斗七星。实际上，斗柄上的破军星与武曲星旁还有两颗星，一颗星处在武曲星与破军星之间，星光不够明亮，唯有一点微光，人们平时难以看见，这颗星名叫左辅；另一颗星处在武曲星的右旁，一般情况下都隐藏起来，常人用肉眼是看不见的，这颗星名叫右弼。北斗七星加上左辅与右弼共有九颗星，玄空学上把它称作九星。

紫白九星的含义：

一为贪狼星，五行为水。代表坎卦，坎宫，正北方，中男，坎之物象。通常称为一白水星。

二为巨门星，五行为土。代表坤卦，坤宫，西南方，老母，坤之物象。通常称为二黑土星。

三为禄存星，五行为木。代表震卦，震宫，正东方，长男，震之物象。通常称为三碧木星。

四为文曲星，五行为木。代表巽卦，巽宫，东南方，长女，巽之物象。通常称为四绿木星。

五为廉贞星，五行为土。代表天心，又称中宫、中心，是皇极之位。通称为五黄土星。

六为武曲星，五行为金。代表乾卦，乾宫，西北方，老父，乾之物象。通常称为六白金星。

七为破军星，五行为金。代表兑卦，兑宫，正西方，少女，兑之物象。通常称为七赤金星。

八为左辅星，五行为土。代表艮卦，艮宫，东北方，少男，艮之物象。通常称为八白土星。

九为右弼星，五行为火。代表离卦，离宫，正南方，中女，离之物象。通常称为九紫火星。

二、九星与八卦九宫

宇宙天体万古常动，地球每日二十四小时自转一圈产生白天与黑夜之分，每年绕太阳公转一周产生四时二十四节气。然而作为自然天体的九颗行星，是不会因地球的转动而停止不前的，同样处于一刻不停的运动状态中，不过这个运动着的空间方位是由北极星来确定的。

北极星居于大地正北方的上空，永恒不动，古人就以此来确定大地的方位。北极星与北斗七星保持一定的距离，当北斗七星绕北极星顺时针左旋一周为一年。当斗柄落到地面的最低点时，斗柄所指的地方就是正北方；当斗柄升到地面的最高点时，斗柄所指的地方就是正南方；当斗柄向左平伸时，斗柄所指的地方就是正东方；当斗柄向右平伸时，斗柄所指的地方就是正西方。

根据北斗七星绕北极星旋转确定的方位，反映在洛书九数和八卦九宫上，就得出八个不同的方位：

洛书的一数和八卦之坎宫，为正北方。

洛书的二数和八卦之坤宫，为西南方。

洛书的三数和八卦之震宫，为正东方。

洛书的四数和八卦之巽宫，为东南方。

洛书的五数和八卦之中宫，为正天心。

洛书的六数和八卦之乾宫，为西北方。

洛书的七数和八卦之兑宫，为正西方。

洛书的八数和八卦之艮宫，为东北方。

洛书的九数和八卦之离宫，为正南方。

把上面列出的洛书九数、八卦九宫与文王后天八卦中的各种要素综合起来，就形成紫白九星方位图。一至九，共九个数，每个数都代

表一个飞星，九个星隐藏于九宫之中并代表着九宫，一般画图时都没有特别标示出来。紫白九星方位图，如图4-1所示：

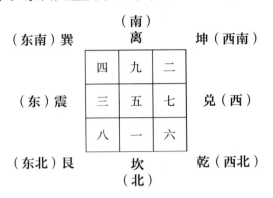

图4-1　紫白九星方位图

三、九星的运行轨迹

1. 九星飞伏规律

九星飞伏法，也叫八十一步量天尺。这是整个玄空风水学中一个非常重要的理论概念，如果不懂得这个概念，将永远找不到宇宙空间气运转换的规律。宇宙空间气运转换的规律，是通过量天尺推算得出的，因此要掌握和运用九宫飞星断吉凶的方法，就必须死记八十一步量天尺中飞星的飞伏方法。九星飞序图，如图4-2所示：

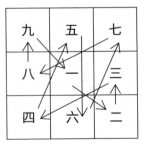

图4-2　九星飞序图

图中的数是表示飞序段落的，即由中间的一飞至二为第一步，从二飞至三为第二步，从三飞至四为第三步，从四飞至五为第四步，从五飞至六为第五步，从六飞至七为第六步，从七飞至八为第七步，从八飞至九为第八步。当飞到九之后，那颗星会再飞回中间一的位置，完成第九步的飞行，然后又重新开始一至九的飞伏循环次序。九宫飞星飞伏的次序，是推算天上星宿飞伏状态的。

古代术士常用手指来屈算，推算星宿的运行状态以断吉凶，这种屈指推算的方法，叫作排山掌法。伸出自己的手掌，当食指、中指和无名指三者并排的时候，就会出现九个格，把中指的中间一格表示飞星图的中间一格，可以将拇指按在中指的中间一格上，按上图的次序由中央第一格飞至第九格，无须用笔去写。

如果中央一格的飞星数为五，按前面飞星飞行的次序，就会出现。如图4-3所示：

四	九	二
三	五	七
八	一	六

图4-3　洛书九宫图

这张图是以五数入中宫的九星飞布图，因为河图和洛书都是用五数代表中央作为剖析宇宙空间的密码，所以这个飞星图称为后天八卦图。后天八卦图将八卦五行及飞星信息包容其中，在风水操作中常用后天八卦为基础计算各个方位的吉凶和飞星分布的状态。

由洛书数理和八卦统一规定的九宫图，称为洛书九宫图。通常情况下，洛书九宫图都是没有标明卦象和九星的名称，实际上是用洛书数替代了九星。这个图形似一个圆盘，风水学上称为八卦元旦盘。八卦元旦盘表示大地的东、南、西、北、东北、东南、西南、西北八个大方位的原本状况，故八卦元旦盘又称为地盘。分布于地盘九个宫位中的九个数字，代表着九个不同性质的星曜，称为紫白九星。

元旦盘，如图 4-4 所示：

四	九	二
三	五	七
八	一	六

图4-4　元旦盘

紫白九星不是静态的，而是动态的，它在不同的时间里按照一定的轨迹不停地飞行，玄空飞星学把这条轨迹称为九星运行轨迹。

2. 顺飞

九星飞行是由中心开始的，中心的数是"五"。即是由五开始飞行。五飞入六位（乾宫），六飞入七位（兑宫），七飞入八位（艮宫），八飞入九位（离宫），九飞入一位（坎宫），一飞入二位（坤宫），二飞入三位（震宫），三飞入四位（巽宫），四飞入五位（中宫）。其轨迹为五→六→七→八→九→一→二→三→四再入中宫，如此飞行完成了一个过程，这个飞行过程称为顺飞。如图 4-5 所示：

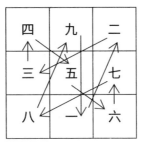

图4-5　九星顺飞图

所谓顺飞，就是顺着紫白九星的序数而飞行。

第一步，从中宫五飞至乾宫六。（从五至六为第一步飞行完成）

第二步，从乾宫六飞至兑宫七。（从五至七为第二步飞行完成）

第三步，从兑宫七飞至艮宫八。（从五至八为第三步飞行完成）

第四步，从艮宫八飞至离宫九。（从五至九为第四步飞行完成）

第五步，从离宫九飞至坎宫一。（从五至一为第五步飞行完成）

第六步，从坎宫一飞至坤宫二。（从五至二为第六步飞行完成）

第七步，从坤宫二飞至震宫三。（从五至三为第七步飞行完成）

第八步，从震宫三飞至巽宫四。（从五至四为第八步飞行完成）

第九步，从巽宫四飞至中宫五。（经过九步飞行，最后又进入中宫，完成一个过程）

以上飞星盘的每个数是代表永远不变的步骤，飞星盘中的九星数就是地盘数。地盘数隐藏在八卦宫位里面，通常是由方位体现出来的，将来应用时挨排得飞星盘，一般不会将地盘数标出。

3.逆飞

上面所说的是顺飞，除了顺飞还有逆飞。逆飞与顺飞相反，顺飞是以中宫五飞入乾宫六位，逆飞是以中宫五飞入巽宫四位。顺飞是前进数，而逆飞是倒退数，如中宫五飞入巽宫四，巽宫四飞入震宫三，震宫三飞入坤宫二，坤宫二飞入坎宫一，坎宫一飞入离宫九，离宫九飞入艮宫八，艮宫八飞入兑宫七，兑宫七飞入乾宫六，乾宫六飞入中宫五，如此完成一个过程。其飞行轨迹是五→四→三→二→一→九→八→七→六→五（入中），这就是逆飞。如图4-6所示：

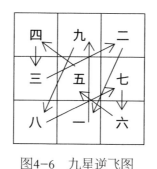

图4-6　九星逆飞图

实际上，逆飞和顺飞的运行轨迹是基本一致的，只是飞行的方向不同罢了。概括起来，九星逆飞和顺飞的路线是一样的，但飞星顺飞时星顺宫顺，而飞星逆飞时则星顺宫逆。

请读者注意：图中每一个洛书数，只代表九星飞行时顺序位置（即线路的指标），初学者千万不要误认为是运行的飞星。打个比方，图上每个洛书数相当于大道上的路标，飞星相当于车辆，车辆要按照路标指示的方向行驶，而不能把路标（洛书数）当成车。

四、九星分布与方位气场的关系

紫白九星运行所形成的星盘，并不是堪舆家们凭空随意捏造的，而是根据天地运行所形成的气场，在地面上的分布状态和不同方位的气，用不同的星来表示的。九个星的分布，就是表示不同方位上的九种气，在特定的空间内形成统一的气场。地面上的自然气场，人们是看不见摸不着的，但当人们亲身处于某种环境下，就会体验到它的存在。比如一块六七亩阔的草地上没有任何建筑物时，那里的自然气流是均匀分布的，不存在质与量的区别。但是，如果人们在这块草地上盖了房子，那么原来草地上弥漫着的均匀和谐气场就会发生变化，因为房子内的中央变成了天心，房子内自然形成了不同的方位，因此整体统一的气就变成了不同方位的气了。原先没有质的区别，也没有方位分隔的不同气场，现在形成了有质的区别和方位区别的气场了。这种气场的特点是：第一，气场的统一性，房内的气场由天心与八方之气构成，合称为七色九气或九宫五气。九宫之间不能缺少任何一个方位，不能只有八方而没有中心，也不能只有中心而没有八方，更不能只有四正而没有四隅。它们互相联系、互相依存，互相作用，形成了统一的气场，因此九宫之中，缺一不可。第二，气场的方向性。统一的气场，会随着房子的坐向不同而发生变化。如果房子原来是坐南向北的，房内的气场就以坐南向北的方向来分布；当房子的坐向改成坐西向东时，房子内的气场就会随之发生变化。从坐南向北的气场变成坐西向东的气场，房内各个方位的气就因坐向改变而发生方位的转换。第三，气场的时运性。宇宙是运动变化的，它对地面形成的气场也因不同的时期发生了不同的变化。具体来说，有元运的变化，有大运的变化，有小运的变化，有年运的变化，有月日时的变化。第四，气场的阴阳顺逆性。由于房子有具体的方向性，就决定了八方之气分布的阴阳特点和九星顺逆的方式。这四个特点，是决定房子气场的主要特征。

第二节　飞星盘

　　飞星运行是有各种规律和时间的。飞星运行后进入星盘的位置，是按洛书轨迹进入特定的方位形成特定的星盘，这个星盘上的数字和元旦盘上的数字是两种完全不同的概念。元旦盘上数字位置是固定的，是代表飞星运行的顺序，而飞星盘上的数字是代表各个飞星进入的位置。飞星运行时有顺飞和逆飞，运行次序自然也有正向和反向的差异，因此星盘上体现出飞星进入的位置自然不相同。

　　下面是九星按次序进入中心，所形成的顺飞星盘和逆飞星盘。

1. 九星入中顺飞星盘图

（1）一白水星入中星盘图

九	五	七
八	一	三
四	六	二

（2）二黑土星入中星盘图

一	六	八
九	二	四
五	七	三

（3）三碧木星入中星盘图

二	七	九
一	三	五
六	八	四

（4）四绿木星入中星盘图

三	八	一
二	四	六
七	九	五

（5）五黄土星入中星盘图

四	九	二
三	五	七
八	一	六

（6）六白金星入中星盘图

五	一	三
四	六	八
九	二	七

（7）七赤金星入中星盘图

六	二	四
五	七	九
一	三	八

（8）八白土星入中星盘图

七	三	五
六	八	一
二	四	九

（9）九紫火星入中星盘图

八	四	六
七	九	二
三	五	一

以上九张图，是一到九的九个星分别入中顺飞的星盘，这些星盘反映了飞星入中顺飞时星顺宫顺的特点。初学者必须熟悉洛书数和地盘方位位置，才能较好地把握这种飞星运行的准确位置。洛书数和地盘中的位置关系，有四句口诀：戴九履一、左三右七、二四为肩、六八为足。

2. 九星入中逆飞星盘图

上面论述了九星入中顺飞体现出飞星的位置。下面论述九星入中逆飞时，飞星盘体现的飞星位置。

（1）一白水星入中逆飞星盘图　（2）二黑土星入中逆飞星盘图

二	六	四
三	一	八
七	五	九

三	七	五
四	二	九
八	六	一

（3）三碧木星入中逆飞星盘图　（4）四绿木星入中逆飞星盘图

四	八	六
五	三	一
九	七	二

五	九	七
六	四	二
一	八	三

（5）五黄土星入中逆飞星盘图　（6）六白金星入中逆飞星盘图

六	一	八
七	五	三
二	九	四

七	二	九
八	六	四
三	一	五

（7）七赤金星入中逆飞星盘图　（8）八白土星入中逆飞星盘图

八	三	一
九	七	五
四	二	六

九	四	二
一	八	六
五	三	七

（9）九紫火星入中逆飞星盘图

一	五	三
二	九	七
六	四	八

　　九星入中后逆飞，由中宫进入东南（巽宫）为第一步，由东南（巽宫）进入东方（震宫）为第二步，由东方（震宫）进入西南（坤宫）为第三步，由西南（坤宫）进入北方（坎宫）为第四步，由北方（坎宫）进入南方（离宫）为第五步，由南方（离宫）进入东北（艮宫）为第六步，由东北（艮宫）进入西方（兑宫）为第七步，由西方（兑宫）进入西北（乾宫）为第八步，由西北（乾宫）进入中宫为第

九步。飞星运行逆飞时，通过以上九个固定的步骤和运行路线最后进入中宫，那么九星自然都被安置在地盘，这时的地盘自然变成了飞星盘，这些飞星盘反映了飞星入中逆飞时星顺宫逆的特点。

第三节　三元九运和零正方位

一、三元九运

九星的运行，不仅有其特定的运行轨迹和顺逆飞行的规律，还有其运行时间的局限性，只有把握了九星运行的准确时间，才能够判断房屋的吉凶性质，这是非常重要的一点。玄空学把九星运行的时间称为三元九运。

三元九运是太阳系星球运转的产物，是对时空的一种划分。自古代开始，人们就用三元九运来划分时空的阶段。相传在公元前2697年，黄帝命大桡以干支纪年，定此年为"黄帝年"，甲子为始元。往后每六十年为一甲子周期，俗称"六十花甲"。又把一个花甲规定为一元，三个花甲为三元。三元分为上元、中元、下元，合180年。从黄帝元年至公元一九八三年止，共经历了七十八个花甲。每一个花甲六十年为一个大运，已经历了七十八个大运，每一个大运中又分为三个小运。在每一元再分三个小运，"三三归九"，就是九运。每一运是20年，每一元60年，三元九运就是180年。上元是一、二、三运；中元是四、五、六运；下元是七、八、九运。每一运20年，每一元都从甲子年开始，到癸亥年结束，共60年。

由于三元九运是太阳系星球运转的产物，那么在三元九运这段时空中，必然也会受到太阳系星球运转的影响，地球上就有某一种力量在主宰着。实际上，这种主宰或影响地球生物的力量，来自太阳系中的九个行星，也就是上面论述到的紫白九星。

三元分为上、中、下三元，共 180 年，每元为 60 年。九运中每运 20 年，九运共 180 年。一个元有三个小运，每 20 年都有一个星入中主宰。比如 1984 年至 2003 年，为下元七运，七赤金星入中主宰；2004 年至 2023 年，为下元八运，八白土星入中主宰；2024 年至 2043 年，为下元九运，九紫火星入中主宰。

下面把近期上、中、下元各运的年限列出，以供读者参考：

1. 上元

一运坎水，1864—1883

二运坤土，1884—1903

三运震木，1904—1923

2. 中元

四运巽木，1924—1943

五运中宫土，1944—1963

六运乾金，1964—1983

3. 下元

七运兑金，1984—2003

八运艮土，2004—2023

九运离火，2024—2043

二、正神与零神

在一运时，一为坎卦，坎卦为正神方；九与一合十，九为离卦，故离卦为零神方。

在二运时，二为坤卦，坤卦为正神方；八与二合十，八为艮卦，故艮卦为零神方。

在三运时，三为震卦，震卦为正神方；七与三合十，七为兑卦，故兑卦为零神方。

在四运时，四为巽卦，巽卦为正神方；六与四合十，六为乾卦，故乾卦为零神方。

在五运时，因五黄位于中宫，前十年寄坤巽二卦，应以坤巽两方为正神方，以艮乾二卦为零神方。后十年寄乾艮二卦，应以乾艮两方为正神方，以巽坤二卦为零神方。

在六运时，六为乾卦，乾卦为正神方；四与六合十，四为巽卦，故巽卦为零神方。

在七运时，七为兑卦，兑卦为正神方；三与七合十，三为震卦，故震卦为零神方。

在八运时，八为艮卦，艮卦为正神方；二十八合十，二为坤卦，故坤卦为零神方。

在九运时，九为离卦，离卦为正神方；一与九合十，一为坎卦，故坎卦为零神方。

《天玉经》注："明得正神与零神，指日入青云。"意思是，只要明白每运中的正神方位和零神方位，要催发富贵，是指日可待之事。

正神方是每一运中最旺的方位。一运以坎卦为正神方，坎卦的卦气最旺；二运以坤卦为正神方，坤卦的卦气最旺；三运以震卦为正神方，震卦的卦气最旺；四运以巽卦为正神方，巽卦的卦气最旺；五运时，前十年寄坤巽二卦，后十年寄乾艮二卦；六运以乾卦为正神方，乾卦的卦气最旺；七运以兑卦为正神方，兑卦的卦气最旺；八运以艮卦为正神方，艮卦的卦气最旺；九运以离卦为正神方，离卦的卦气最旺。

零神方是正神方的对宫位置，是每运中最衰的方位。一运时，南方离卦为零神方，离卦为最衰方位；二运时，东北方艮卦为零神方，艮卦为最衰方位；三运时，西方兑卦为零神方，兑卦为最衰方位；四运时，西北方乾卦为零神方，乾卦为最衰方位；五运时，前十年以东北方艮卦和西北方乾卦为零神方，艮卦和乾卦为最衰方位。后十年以西南方坤卦和东南方巽卦为零神方，坤卦和巽卦为最衰方位；六运时，东南方巽卦为零神方，巽卦为最衰方位；七运时，东方震卦为零神方，震卦为最衰方位；八运时，西南方坤卦为零神方，坤卦为最衰方位；九运时，北方坎卦为零神方，坎卦为最衰方位。

三、二十四山与三元龙

在八卦中，每一卦统管三山。所谓一卦管三山，实际上就是三个山在同一个卦的位置上。一卦管三山又称为一卦三才，三才者即天、地、人也。每卦正中的一山称为天元龙，逆时针转靠左边的一山称为地元龙，顺时针转靠右边的一山称为人元龙。天元龙、地元龙和人元龙，简称为三元龙。

八卦、二十四山与三元龙的关系如下：

	地元龙——戌山		地元龙——辰山
乾卦	天元龙——乾山	**巽卦**	天元龙——巽山
	人元龙——亥山		人元龙——巳山

	地元龙——壬山		地元龙——丙山
坎卦	天元龙——子山	**离卦**	天元龙——午山
	人元龙——癸山		人元龙——丁山

	地元龙——丑山		地元龙——未山
艮卦	天元龙——艮山	**坤卦**	天元龙——坤山
	人元龙——寅山		人元龙——申山

	地元龙——庚山		地元龙——甲山
兑卦	天元龙——酉山	**震卦**	天元龙——卯山
	人元龙——辛山		人元龙——乙山

现在，把二十四山的三元龙阴阳属性列成表格，以便大家查看。如下表：

三元龙阴阳属性表

元龙	阳	阴
地元龙	甲庚壬丙	辰戌丑未
天元龙	乾坤艮巽	子午卯酉
人元龙	寅申巳亥	癸丁乙辛

第四节　排飞星盘

挨排玄空飞星盘，首先必须了解房屋属于哪一运，然后把相应的运星入中顺飞排出运盘。确定房屋属于何运的，是依据房屋建造完工后的入住时间或后来房屋的大装修时间为准。如果房屋的建造时间和后来的大装修时间属于同一个元运，如某一个房子于1994年建造的，在1999年进行了大装修，由于1984年至2003年之间的时间段属于下元七运，那么这个房子仍为七运房；如果某一个房子在1994年建造的，在2005年进行了大装修，由于建造时间1994年属于下元七运，而往后的大装修时间属于下元八运（2004年至2023年之间为八运），因此该房子应按八运计算。这里需要注意的一点是，某年开头的第一天以当年农历"立春"（公历2月4日）为准，到第二年"立春"的前一天为一年的结束。

确定房屋元运的方式分歧较大，有些人认为不管房屋装修与否，也不管房屋在何年装修，一律以建造完工后的入住时间确定元运；另有一些人认为房屋盖好入住后，如果在下一个元运进行大装修，则按下一个元运来确定房屋元运。对于这些不同的说法，读者可以进行一些验证，来确定哪一种方法是准确可取的。

一、飞星盘结构

飞星盘是玄空风水推断房屋吉凶的重要依据，一个飞星盘包括元旦盘、运盘、山盘、向盘。元旦盘就是洛书数配后天八卦，它是固定不变的，因此在排飞星盘常把它隐略去。

例如，七运子山午向飞星图，如图4-7所示：

图4-7　七运子山午向飞星图

分解飞星盘结构：

（1）大写数字一、二、三……九代表运星，它们组成的是运盘。如图4-8所示：

六	二	四
五	七	九
一	三	八

图4-8　运盘

（2）排在九宫格运星左上方小写数字是山星，九个山星依序排列，形成了山盘，如图4-9所示：

4　　六	8　　二	6　　四
5　　五	3　　七	1　　九
9　　一	7　　三	2　　八

图4-9　山盘

（3）排在九宫格运星右上方小写数字是向星，九个向星依序排列，形成了向盘，如图4-10所示：

六　　1	六　　6	四　　8
五　　9	七　　2	九　　4
一　　5	三　　7	八　　3

图4-10　向盘

（4）把运盘、山盘和向盘组合在一起，就是一个完整的飞星盘。飞星盘排出后，基本上可以进入风水时空推算的规则了。如图4-7所示。

二、排飞星盘的步骤与方法

现在大家不但清楚飞星运行的轨迹，同时也明白了飞星运行的时间，但在进入风水时空推算吉凶这项重要的工作之前，还有一项关键

周易·家居环境入门

109

的工作要做，就是要先后把运星、山星、向星三者分别排出，然后组合为整体，也就是排出飞星盘。

1. 排运星盘

运星是指依据不同的时间进入中宫运行的紫白九星。运星不论阴阳，一律顺飞。

（1）例如，下元七运，七赤金星主宰时空。在起运星盘时，七赤金星进入中宫按照预定的轨迹顺序飞行。如图4-11所示。

六	二	四
五	七	九
一	三	八

图4-11　七运运盘

（2）例如，下元八运，八白土星主宰时空。在起运星盘时，八白土星进入中宫按照预定的轨迹顺序顺飞，如图4-12所示。

七	三	五
六	八	一
二	四	九

图4-12　八运运盘

以上七赤金星、八白土星入中宫的两个星盘称为运盘。排星盘，首先必须排运盘，排运盘的第一步是以运星入中顺飞。排星盘时，只填写九星的序数，不必填写九星的颜色及名称。

2. 山星与向星的运行方式

（1）山向星与运星关系

山星、向星和运星运行轨迹略有不同，运星是以当运之星进入中宫一律顺飞；山星是以房屋所坐方位的运星进入中宫，向星是以房屋的向首运星进入中宫，然后依据坐山与山星及向首与向星三元龙的阴阳关系，决定顺飞还是逆飞，逢坐山立向为阳顺飞，逢坐山立向为阴逆飞。这里必须明白什么是坐山立向的运星，然后才能排出山、向星盘，例如某房屋在下元七运建造，坐子山午向。首先要排好运盘，因为坐方运星必须自运盘中看出。排七运的运盘，要以七赤入中顺飞，七运的运盘图4-7已排出。

现在从运盘八卦方位中，寻找子山午向的坐山立向准确方位。在罗盘上壬子癸居正北方坎宫，丙午丁居南方离宫，因此子山在坎宫午山在离宫。既然找到运盘上坎宫与离宫的位置，则必须进一步寻到方位运星。所谓方位运星，指的是运盘中一至九的数字与九宫的方位对应关系，就是运盘上的数字寄居在九宫位置。例如，图4-7所示，坎宫位置运星为三，乾宫位置有运星八，艮宫位置有运星一，离宫位置有运星二，坤宫位置有运星四，震宫位置有运星五，兑宫位置有运星九，中宫位置有运星七。因此，坎宫坐方运星是三，离宫向首运星是二，即下元七运子山午向的房屋坐方运星是三，向首运星是二。

（2）顺飞与逆飞的原理

九星在运行时有顺飞与逆飞之分，前面我们已经知道了顺飞与逆飞的轨迹。下面论述顺飞与逆飞的原理：

在玄空风水学中，九星顺飞与逆飞是依据二十四山坐向与元龙的阴阳关系而确定的。无论是顺飞还是逆飞，都需要九步才能完成飞行程序，九步中每个星都飞一步，九个星各飞九步，合九九八十一步。即顺飞八十一步，逆飞亦是八十一步，古代堪舆家称之为"八十一步量天尺"。

玄空风水学非常重视这"八十一步量天尺"，认为这种"量天尺"是无形之气，既不可以目视，也不可以手摸，但有时节可依，有路线可循，有定数可查，还有成败生灭和喜怒惊悲等千变万化的事实为证。

紫白九星按照特定的轨迹飞行，每飞一步，必有一星进入地盘的中心。地盘的中心称为"天心"，凡经过九星运行所形成的星盘，其中心位置就是"天心"。星盘以天心为准绳，把其余八星分别布置于乾、坎、艮、震、巽、离、坤、兑八个方位。不管哪一个星进入了天心，其余八星必定按照"量天尺"所规定的轨迹进入特定的方位，形成特定的星盘。

3. 排山盘

了解八卦二十四山与三元龙的关系，接下来论述如何以三元龙的阴阳属性决定山星、向星的顺飞与逆飞。

现在，再来排子山午向的山星图。从运盘中可以知道，子山在坎宫，坐方运星为三，运星三进入中宫运行。如图4-13所示：

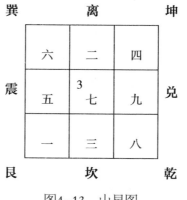

图4-13　山星图

中宫运星七数左上边的3数是坐方运星"三"进入中宫的状态。要依据坐山与坐方运星三元龙的阴阳关系决定是顺飞还是逆飞。逢阳顺飞，逢阴逆飞。

坐方运星的"三"数代表九星的"三碧"，故三碧木星入中。同时根据《洛书九宫图》的原理，数与方位配置，三代表震卦、震宫、正东方。再依据八卦与二十四山的关系，从二十四山元龙表中可看出，子山午向的子山在坎卦属天元龙，震卦有甲、卯、乙三个山，天元龙是卯山。接下来确认卯山的阴阳属性，从二十四山元龙阴阳属性表中确认卯属阴，根据阳山顺飞、阴山逆飞的原则，卯属阴逆飞。代表坐方运星的"三"进入中宫后逆飞，变成一个完整的山星盘。如图4-14所示：

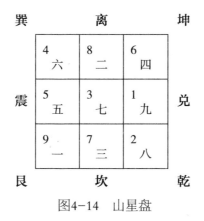

图4-14　山星盘

下面，将排山盘的步骤总结一下：

（1）在房屋所坐的山方（罗盘测量得出的结果）寻找三元龙属性，如子山午向，子为天元龙。

（2）寻找坐方的运星（从运盘中查出）。

（3）一卦有三山，从坐方的运星所管的三山中，找出与房屋坐山对应的元龙属性相同的一山。如房屋坐山是天元龙，就从坐方的运星所管的三山当中找出天元龙的一山。

（4）以坐方的运星入中，用阿拉伯数字写在中宫运星的左上角处。

（5）再根据所找出的这一山的阴阳属性，阳山顺飞，阴山逆飞，进而排出山盘。如上例三入中，震卦中有甲、卯、乙三山，天元龙为卯，而卯属阴，故三入中逆飞，排出山盘。

4. 排向盘

排向盘和排山盘的方法基本一致。唯一不同的是：山盘以房屋的坐山方位运星入中宫，然后分顺飞与逆飞；向盘以房屋的朝向方位运星入中宫，然后分顺飞与逆飞。下面以七运子山午向的房屋为例，说明排向盘的步骤。

下元七运，七赤金星入中宫顺飞，运盘和前边相同。如图 4-15 所示：

巽	离	坤
六	二	四
震 五	七	九 兑
一	三	八
艮	坎	乾

图4-15

子山午向：午向在南方离宫位置，离宫方位的运星为二，代表二黑土，同时代表二黑土星进入中宫。排向盘时，直接把二的阿拉伯数字 2 写在中宫运星七的右上角，然后分顺飞与逆飞。如图 4-16 所示：

巽	离	坤
六	二	四
震 五	七 ^{2}	九 兑
一	三	八
艮	坎	乾

图4-16

依据洛书九宫图，二黑代表坤卦，与二十四山的关系是统管未、坤、申三山。此房屋坐子山午向，向方午在三元龙中处在天元龙的位置，坤卦的三个卦山未、坤、申中，唯有坤属天元龙。然后根据坤山的阴阳属性，决定向星二黑进入中宫后顺飞或逆飞。查看三元龙阴阳表，坤山属阳，那么二黑土星进入中宫顺飞。如图 4-17 所示：

巽　　　　　　离　　　　　　坤

1 六	6 二	8 四
9 五	2 七	4 九
5 一	7 三	3 八

震　　　　　　　　　　　　兑

艮　　　　　　坎　　　　　　乾

图4-17

5. 三盘合并组合成飞星图

把运盘、山盘、向盘重叠在一起，就为七运坐子山午向飞星图。如图 4-18 所示：

巽　　　　　　离　　　　　　坤

4 1 六	8 6 二	6 8 四
5 9 五	3 2 七	1 4 九
9 5 一	7 7 三	2 3 八

震　　　　　　　　　　　　兑

艮　　　　　　坎　　　　　　乾

图4-18

6. 五黄入中飞行

在排飞星盘时，如果是五黄入中（五黄代表中央戊己，在罗盘二十四山中，没有戊己），因此查天、人、地三元龙均无阴阳，在这种情况下，我们按房屋坐向定其阴阳。

例如：四运乾山巽向，运盘如图 4-19 所示：

巽	离	坤
三	八	一
震　二	四	六　兑
七	九	五
艮	坎	乾

图4-19

乾山为乾宫，坐山乾宫运星五，排山盘时为五黄星飞入中飞布。五黄天、人、地三龙均无阴阳，按房屋坐山定其阴阳。查三元龙阴阳属性表，乾山是天元龙，属阳，故顺排。乾山巽向的山盘，如图 4-20 所示：

巽	离	坤
4　三	9　八	2　一
震　3　二	5　四	7　六　兑
8　七	1　九	6　五
艮	坎	乾

图4-20

巽向在巽宫，向首巽宫运星为三，运星三入中。三碧代表震卦，与二十四山的关系是统管甲、卯、乙三山。此房屋为乾山巽向，巽山在三元龙中处在天元龙的位置。震卦，三个卦山甲、卯、乙，唯有卯山属天元龙，然后根据卯山的阴阳属性，决定三碧进入中宫后顺飞与逆飞。经查看三元龙阴阳属性表，卯属阴，那么三碧木星进入中宫逆飞。如图4-21所示：

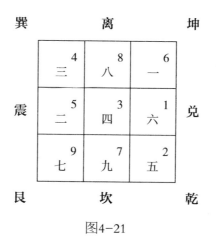

图4-21

7. 八运辰山戌向飞星盘排法

为了更好地让大家了解飞星盘排法，下面再以八运辰山戌向飞星盘的排法为例加以说明。

（1）排运盘

八运的运盘，把八入中宫顺飞就可得到运盘。如图4-22所示：

巽　　　　离　　　　坤

七	三	五
六	八	一
二	四	九

震　　　　　　　　兑

艮　　　　坎　　　　乾

图4-22

周易·家居环境入门

（2）排山盘

坐方辰山属巽宫，巽宫运星为七，故七入中。将巽宫运星七的阿拉伯数字 7 写在中宫运星八的左上角。如图 4-23 所示：

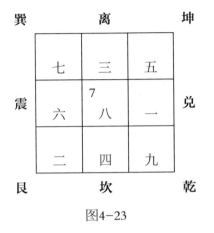

图4-23

确定山星七入中属于顺飞还是逆飞，然后排出山盘。七赤代表兑卦，与二十四山的关系是统管庚、酉、辛三山。此房屋为辰山戌向，辰在三元龙中处在地元龙位置，兑卦三个山庚、酉、辛中，唯有庚山属地元龙。然后根据庚山的阴阳属性，决定山星七进入中宫后顺飞与逆飞。查看三元龙阴阳属性表，庚属阳，因此七赤金进入中宫顺飞。如图 4-24 所示：

巽　　　　　　离　　　　　　坤

6 七	2 三	4 五
5 六	7 八	9 一
1 二	3 四	8 九

震　　　　　　　　　　　　　　兑

艮　　　　　　坎　　　　　　乾

图4-24

（3）排向盘

向首戌山属乾宫，乾宫运星为九紫火，故九入中。确定向星九入中后是顺飞还是逆飞。戌向在乾宫，向方运星为九，故向盘九入中宫。如图4-25所示：

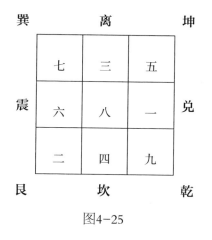

图4-25

九紫代表离卦，与二十四山的关系是统管丙、午、丁三山。此房屋是辰山戌向，戌在三元龙中处在地元龙位置。离卦三个山丙、午、丁，唯有丙山属地元龙。查看三元龙阴阳表，丙属阳，因此九紫火进入中宫顺飞。如图4-26所示：

巽　　　　离　　　　坤

8 七	4 三	6 五
7 六	9 八	2 一
3 二	5 四	1 九

艮　　　　坎　　　　乾

图4-26

至此，整个八运辰山戌向飞星盘排列结束。如图 4-27 所示：

巽	离	坤
6 8 七	2 4 三	4 6 五
5 7 六	7 9 八	9 2 一
1 3 二	3 5 四	8 1 九
艮	坎	乾

震 ... 兑

图4-27

第五节　定向与立极的法则

一、定向的方法

定向与立向不同，立向是在室外露天场合进行的，而定向是在室内进行的，通常称为室内定向。室内定向是指风水师接受主人的邀请，给主人自有的房屋确认朝向或重新定向。在我国农村，大多数房屋都是独院式或连栋式的建筑，正屋均设有大门，大门朝向就是屋向，因此房屋的朝向是比较明显的。只要把罗盘放在大门处，校正罗盘上的指南针，就知道房屋的朝向了。但城市中住宅楼里的单元套间就比较难定向了，因为房屋是以大门为向，住宅楼里的单元套间开在楼梯间的正门方位阴暗或闭塞，致使正门失去了采光与纳气的功能，根本不能作为代表房屋朝向的正门，只能算为一个进出口，所以要布局风水必须对单元套间进行重新定向。这种定向的方法，实际上是在室内寻找一个方向来代表房屋的朝向。

室内定向的依据有如下几点：

1. 以门向为屋向

找门向的方法很简单，如果要给一间独立的房屋确定坐向，只要站在大门外，用罗盘对准大门，校正指针，就能测出大门的朝向。大门的朝向确定了，房屋的坐向也就随之确定了。但给大厦中的单位住宅确定坐向就不一样了，大厦的门口四通八达，如果一座大厦有前门、后门、停车场、商场等多个出入口，用大厦坐向作为单位住宅的坐向，那么住宅的坐向就不准确了。如果单位住宅所在的楼层只有一个气口，所有住宅纳气都经过该楼层的门口，该楼层中的住客都统一由一个大门口出入，大门口有很明显的坐向，那么单位住宅应该采用大厦在该楼层的纳气口作为坐向。确定大厦中住宅的坐向，要灵活变通，以最明显的门口为坐向。

阳宅以门向为屋向的原则，在中国古代沿用了两千多年。测量住宅的坐向，是风水师经常遇到的问题。要为一间房屋进行风水布局，当到达现场的时候，首先要准确测出这间房屋的坐向。假如是一间独立的房屋，就可以依照独立房屋的格局去找坐向；假如住宅是大厦里面的一个单元，可以用住宅本身的大门作为坐向，无须考虑大厦的坐向。当决定以住宅单位的大门做坐向后，风水师应该站在大门口的外面，在距离门不太远的地方，用罗盘度量大门的坐向方位，大门的坐向就是房屋的坐向。住宅坐向确定后，依据罗盘分割八卦九宫方位，排出宅盘，并将宅盘分成九格，套入住宅九宫方位上，根据宅盘中各方位飞星的组合含义判断住宅各方位的吉凶，进行分房和风水摆设布局。

2. 以阳为向

我国古代，房屋建筑多是以独立院式为主。由于环境上的缘故，多数房屋是坐北向南朝向，大门都大多开在向首，而且大门宽阔，窗户较小。原因是中国大地居于北半球，南方的太阳光较强，北边会受风沙、霜、雪和寒气的吹袭，因此大多把大门开在南边，以增强采光和纳入较多的温暖空气，于是大门自然便成为房屋风水坐向的标志和纳气点了。这就是古代人把大门的朝向作为房屋朝向的缘由。

虽然，阳宅以门向为屋向的原则在中国古代沿用了两千多年，但随着时代的变迁、社会结构的变化和发展，人类居住条件和房屋的格式也不断地改善，这与古代的情况存在着很大的差异。现代大厦或住宅楼房中的个人单元住宅，其大门大都开在阴暗、闭塞的楼梯间，因此大门已经失去了采光与纳气的功能，而由窗户和阳台肩负起大门以往的采光、纳气的任务。实际上，采光纳气是阳气的象征，因此以阳为向的定向方法，应以窗与阳台作为室内定向的重要依据。

3. 以动静为向

动者为阳，静者为阴。水为动，故水属阳；山为静，故山属阴。以动静定向的方法，就是以动方为向，以静方为坐。例如一座大厦附近处有一条大道，住在高层大厦中的人打开窗户透过阳台，都能看到大道上的来往车辆和行人，对于大厦来说，大道是处于一种动态之中，因此这座大厦的朝向可以用动静定向法来确定。运用动静定向法确定大厦的坐向，必须选择面临大道的一边为向，向的背面便为坐。

运用动静定向之法，必须注意两个问题：

（1）大城市中，大道纵横交错，有些大厦四方都有大道，因此大厦四面都处于动态之中。遇到这种环境，不能死板地运用动静定向法，必须以阳为向。

（2）一些方形大厦或高层住宅楼，其间的单元套间的窗户方向几乎都不太一致，甚至同一楼层中的单元套间的窗户都存在几个不同方向。这种情况，大厦的方向可以用动静定向法确定方向，但大厦中某些单元套间住宅的定向根本无法与大厦保持一致的。例如，某大厦坐东朝西，大厦前面有一条大道，那么这座大厦可以根据动静定向的方法进行定向，即以西为向。但大厦上有些单元住宅的窗户朝北或朝南，或朝着其他不同方向，那么单元住宅的方向和大厦的方向不一致。遇到这种情况，大厦中的单元住宅，不能以大厦坐向为主，必须对单元住宅进行重新定向，以阳为向的取法是首选，即选择采光和纳入空气最多的窗户为向。

4. 以形局定向

形局是指建筑房屋周围的地理形势，包括地形地貌、来龙去脉和建筑物分布的情况。实际上，房屋与地理形势的特殊关系，不能随心所欲，大厦或平房只能随地形立向建造。特别是在农村，很多房屋都是以山丘为靠山（坐后），或靠山面海，或靠山面湖等，风水学上把这种形局称为坐实朝空。以形局定向的房屋，不仅出现在农村乡下，大城市中也存在不少这样的立局，这种立局之法是以高山或比本大厦（楼宇）高大的建筑物作为靠山，以比本身低的建筑物为朝向。确定了房屋的朝向后，以房屋的朝向为坐标，在房屋朝向方位上放置罗盘，分辨九宫吉凶。

二、房屋中宫和各房间的关系

房屋中宫是指房屋的中心点。房屋的中心点，是放置罗盘的地方，只有把罗盘放于房屋的中心位置，才能准确地测量分割九宫方位和分析各方位的吉凶情况。

整体房屋的中心点与房屋中各个房间的中心点，二者是完全不同的概念。从使用空间上说，整体房屋包括套间中各个房间在内，房间是指整体房屋中的各个单间房，二者既存在空间大小的差异，又有功能不同的区别。一所房屋中只有两个中心点：第一个中心点是指整体房屋的中心点，在这个中心点上放置罗盘，可以判断房屋的朝向，并依据罗盘指示的方位分割九宫方位，起玄空飞星盘，判断整体房屋的吉凶及各个房间吉凶的差异；第二个中心点是指各个房间的中心点，这种中心点往往有好几处，不过它们是并列的，没有主从关系，这些中心点主要功能是分析房门和房间内部布局的问题。总之，任何房屋中只有第一个中心点和第二个中心点，不存在第三个中心点，也就是说第二个中心点（罗盘点）包括房屋中各个房间的中心点在内。

房屋的中心点，也称为太极点。整体房屋的中心点，称为大太极点；各个房间的中心点，称为小太极点。也就是说第一个中心点是大太极点，第二个中心点是小太极点。

三、立向的特殊性

立向与前面论述的定向是两种不同的概念。所谓立向，是指在一块宽阔的露天地面上建房时，主人邀请自己信得过的风水师亲临建宅现场，为其确定新建房屋的朝向。风水师根据风水立向原则和自己的实践经验，结合周围环境的山水分布实况，选择比较好的房屋坐向线度，破土动工建造新的房屋。

风水立向不是一件简单的事情，而是一项细腻而惊险的操作步骤，在风水造做中占着相当重要的地位。

立向时，必须注意如下几点：

1. 正向与兼向的含义

坐山立向必须使用罗盘。罗盘是易理化的指南针，它的最原始造型就是单纯的指南针。根据有关资料记载，最早的风水罗盘是由唐代的杨益（筠松）所造的，在明末由蒋大鸿改进，后人称为蒋盘。根据不同的需要，罗盘面积有大有小，其圈数有多有少。从使用功能上分，可分为专用盘和综合盘；从学派上分，可分为三合盘和三元盘，后人又把各种盘综合归一，成为综合盘。

罗盘的最基本作用，就是确定物体的坐标方位。盘中的指针（磁针）永久地指向南北，磁针活动的凹型小圆空间称为天池。天池中有一条小红线把天池分成两半，小红线一端固定于正北方（即子山的正中），另一端固定于正南方（即午山的正中），此条小红线称为子午线。罗盘是可以转动的，在风水操作中转动圆盘时，盘外两条垂直交叉固定在盘面上的红线是不动的，将其中一条对准房屋朝向作为坐标，当圆盘转到天池中的磁针和子午线重合时，该垂直交叉线所压着的字，就是房屋（或坟墓）在罗盘上朝向的字位。例如，垂直交叉线压着壬山丙向或丙山壬向、甲山庚向或庚山甲向。

后天八卦分二十四山，每卦包含三山，线位有可立之线与不可立之线两种。

可立之线有正向与兼向之分。立正向线，就是罗盘外的红色垂直交叉线压着某字的中心，没有出现左右偏斜的情况。立正山正向的目的，就是收取山向一卦纯清之气，避免杂气的影响，这是根据房屋或坟墓四周环境的具体情况决定的。立兼向线，就是罗盘外的红色垂直交叉线压着某字略有偏斜的情况，若不是偏左，就是偏右，绝对不是压着某字中心，这就是平时所说的兼向（左兼或右兼）。立兼向之线，若左兼或右兼到 4.5° 以上，就不是一卦纯清了，出现兼卦或兼向的毛病。若兼向外卦超出 4.5°，就犯了"出卦兼向"的错误；若在卦内兼向某山超出 4.5°，就犯阴阳差错的错误。倘若出现了这种毛病，就要用替卦的方法来挨排飞星盘，以求纠正。

不管是立正山正向，还是兼左或兼右，都是由风水师依据自己掌握的玄空飞星学知识，结合房屋周围环境的实际情况做出决定的。合理的立向方法，不但要符合盘理，而且还要符合环境之理，做到飞星理气与峦头形势的紧密配合。比如，立天元龙之坐向，山头气脉也应是天元龙位置；立地元龙之坐向，山头气脉也应是地元龙位置；立人元龙坐向，山头气脉也应是人元龙位置。只有这样，才能使易理与环境保持一致，保持一卦纯清（即同元纯清）。若因环境情况特殊，需要立兼卦兼向，就要用起星之法，立替卦星盘，以求形理保持一致；若周围环境状况不佳，山头气脉出现在空亡位置，宁可放弃不用，以免招来祸害。

不可立之线，就是指罗盘外的红色垂直交叉线压在卦与卦、山与山的交会线（分界线）的位置上，这就是风水学上称的"骑线空缝无字向"。骑线指的是罗盘上一个卦与另一个卦的交界线，立向时罗盘外的红色垂直交叉线若压在这个卦与另一个卦之间的交界线上，就称为骑线。例如，罗盘上的亥壬、癸丑、寅甲、乙辰、巳丙、丁未、申庚、辛戌，这八组干支的中间都有一条直线隔开，这条线就是卦与卦之间的交界线，就是骑线或称大空亡线。如果立向线压在这条交界线上，风水学上称为骑线无字向。空缝线，指的是罗盘二十四山归于八卦之中，每个卦管三山，在同一卦中山与山之间的交界线，称为空缝线。如坎卦中包括壬子癸三山，壬山与子山、子山与癸山之间有一条隔开的分界线，这条分界线称为空缝线。换一种说法就是每个卦中，山与山之间的交界竖线就是空缝线。

在立向时，如果坐山立向的线位落在罗盘上骑线或空缝线上，就会给主家带来严重后果，如父子不和、夫妻反目、丁财必有一缺，同时还要车祸、官刑、劫盗、自杀、久病不愈、精神异常、赌博败家、经营亏损等情况，以及女人品行不良，有淫乱之象。在风水学中，立骑线与空缝无字向对主人危害很大，但一些风水师却美其名，说是"坐双金"或"坐八卦沟"的神仙之法，能收两个山向。千万不要相信，实际上这种做法收到的是人盘和天盘两个山向，而立向必须运用地盘正针，不能使用人盘中针和天盘缝针。《飞星赋》中，对骑线与空缝线的吉凶判别有这样的论述："岂无骑线游魂，神鬼入室；更有空缝合卦，梦寐牵情，寄食依人。原卦情之恋养，抛家背父，见星性之贪生。"

2. 兼向的特殊性

精确的罗盘上面，都会刻 360° 的周天度数，罗盘上分布着二十四山向，每山向方位均占 15°，周天度数也就表明了二十四山向所处方位的度数。罗盘上有一圈很有参考价值，就是三合盘中一百二十分金层，在这一层中每一山向都分为五格。在这五个格中，正中一格和左右最旁边各一格都是空白无字的，中间稍旁左右各一格都刻有字。因为罗盘二十四山向中，每一个山向均占15°，所以每一格占3°的范围。实际这些小格子就是一百二十分金的坐度线，在玄空风水操作中，可以借用它来判断二十四山向中每个山向的度数。

学习风水者，最好购买一个综合罗盘，只要在罗盘上找到一百二十分金层，就比较容易判断每个山15°中的距离。因为，每个山的范围都有相同的五个小格，一个山的范围占15°，那么每个小格子占3°，五个格子恰好是一个山向的度数。每个山范围有五个小格，正中一格与稍旁两边的二格共三格，每格3°，三格共9°，这就可以计算出每个山中间9°的范围了。最旁边左右各一格都没有字的，已超出中间9°的范围。

在选择立向和定向时，罗盘上红色垂直交叉线压着二十四山某个字的中间9°宽的范围内，即压在中间三格的位置上，玄空风水学上仍然算是立正向；当罗盘上的垂直交叉线压着某个字稍偏左右的位置，超出了中间9°的范围，落在左右最旁边两个空格中的任何一个格子上时，玄空风水学上算是立兼向。罗盘中二十四山向，每山向中间三个格子共占9°的范围，立向线左偏或右偏的幅度在4.5°内为立正向，立向线左偏或右偏的幅度超出4.5°以外，压在左右最旁边两个空白的小格子范围内为兼向。

上面是根据玄空风水的立向原理，分析正向与非正向的关系的。倘若运用玄空风水学的理论去分析某房屋是立正向的，又运用三合风水的学理分析其立向，两者一定会出现很大的出入，正向也许会变兼向。主要原因是，依据玄空风水学的原理，立向线由每山向正中左偏4.5°或右偏4.5°以内，即压在每山向中间9°范围内，都称为立正向，依据三合原理，立向线压在每个山向中间3°的范围内称为立正向，超过中间3°的范围就以兼向论。也就是说，罗盘上红色垂直交叉线，压在每个山向一百二十分金层五格中没有刻字的中间空白格子处才算立正向，这个空格子唯有 3° 的范围。若超出中间这个空格，立向线落在左右两旁刻有文字的二格上，就算兼向了。就是说，立向线压在中间一格，为三合风水学的正向，超出中间一格范围就视为兼向；立向线压在中间三格，为玄空风水学的正向，超出中间三格的范围，就以兼向论。

玄空风水学的正向与兼向，在挨星上有很大的区别，对推算地运或判断风水吉凶祸福，也存在着很大的差异。玄空学中规定，正向挨星为下卦，兼向挨星为替卦。

以上论述玄空学中的兼向，是为挨星做准备的，因为玄空风水是依据元运来推算空间流动气流的消长和潜伏周期，判断房屋的吉凶与主人的祸福，所以玄空风水的兼向只能充当推算空间气流的基点，不能以此来衡量房屋坐向的标准。

第六节　正向（下卦）挨星

挨星是指用九宫飞星依运配卦，以及按山向阴阳顺逆飞布各星。每个星盘都有一个星入中，其余八星飞布八方，这种一星居中、分配九星方位的方法叫配卦。确定山向，按阴阳性质决定顺飞与逆飞分布各星。在二十四山中，有十二山属阳，有十二山属阴，凡属阳山顺飞，凡属阴山逆飞。

玄空风水学上的正向和兼向，在挨星上有很大的区别，对推算地运与判断风水吉凶祸福，也有很大的差异。玄空学规定，正向挨星为下卦，兼向挨星为替卦。

下卦是指房屋二十四山向中没有左右相兼的情况。凡是判断正向房屋的吉凶，均用下卦起飞星盘。现将二十四山向三元九运二百一十六个下卦挨星图排列如下，以方便初学者查找。

壬山丙向一至九运下卦图

一运

74 九	29 五	92 七
83 八	65 一	47 三
38 四	11 六	56 二

二运

67 一	22 六	49 八
58 九	76 二	94 四
13 五	31 七	85 三

三运

96 二	42 七	24 九
15 一	87 三	69 五
51 六	33 八	78 四

四运

89 三	44 八	62 一
71 二	98 四	26 六
35 七	53 九	17 五

五运

98 四	54 九	76 二
87 三	19 五	32 七
43 八	65 一	21 六

六运

39 五	75 一	57 三
48 四	21 六	93 八
84 九	66 二	12 七

七运

23 六	77 二	95 四
14 五	32 七	59 九
68 一	86 三	41 八

八运

52 七	97 三	79 五
61 六	43 八	25 一
16 二	88 四	34 九

九运

45 八	99 四	27 六
36 七	54 九	72 二
81 三	18 五	63 一

注： 壬山丙向下卦，在二运、四运、七运与九运为"离宫打劫局"，但一运向盘和九运山盘犯伏吟，宜小心使用。五运时，犯上山下水。

壬山丙向下卦，若合龙法、得运，荫生刚毅之人，官职崇显、广置财产，好诗书。壬、癸、申、子、辰人受荫；若不合龙法，不得运，则十二年后衰败，出聋哑之人，飞灾横祸，虫蜇药毒，官讼是非，牢狱等。

宜坐水地比卦初爻、四爻。

壬山兼亥观卦，一运"卦气死绝"，勿用。

丙山壬向一至九运下卦图

一运

47 九	92 五	29 七
38 八	56 一	74 三
83 四	11 六	65 二

二运

76 一	22 六	94 八
85 九	67 二	49 四
31 五	13 七	58 三

三运

69 二	24 七	42 九
51 一	78 三	96 五
15 六	33 八	87 四

四运

98 三	44 八	26 一
17 二	89 四	62 六
53 七	35 九	71 五

五运

89 四	45 九	67 二
78 三	91 五	23 七
34 八	56 一	12 六

六运

93 五	57 一	75 三
84 四	12 六	39 八
48 九	66 二	21 七

七运

32 六	77 二	59 四
41 五	23 七	95 九
86 一	68 三	14 八

八运

25 七	79 三	97 五
16 六	34 八	52 一
61 二	88 四	43 九

九运

54 八	99 四	72 六
63 七	45 九	27 二
18 三	81 五	36 一

注: 一、三、六、八运为"坎宫打劫局"，三运最宜用"七星打劫"法，但一运山盘犯伏吟，不宜用。二、四、七、九运，均为双旺会坐，生气到向，但九运向盘犯伏吟，勿轻用。五运犯上山下水。

丙山壬向下卦，若合龙法且得运，则长房大旺财丁，利科甲，出人谦和笃秀，商贾巨富；若不合龙法，则人丁稀少，易患怪病、痨疾。寅午戌年生人应之。

宜坐火天大有卦初爻、四爻。

丙山兼巳，坐雷天大壮卦，四运、九运及五运前十年"卦气死绝"，勿用。

子山午向
癸山丁向　**一至九运下卦图**

一运

56 九	11 五	38 七
47 八	65 一	83 三
92 四	29 六	74 二

二运

85 一	31 六	13 八
94 九	76 二	58 四
49 五	22 七	67 三

三运

78 二	33 七	51 九
69 一	87 三	15 五
24 六	42 八	96 四

四运

17 三	53 八	35 一
26 二	98 四	71 六
62 七	44 九	89 五

五运

21 四	65 九	43 二
32 三	19 五	87 七
76 八	54 一	98 六

六运

12 五	66 一	84 三
93 四	21 六	48 八
57 九	75 二	39 七

七运

41 六	86 二	68 四
59 五	32 七	14 九
95 一	77 三	23 八

八运

34 七	88 三	16 五
25 六	43 八	61 一
79 二	97 四	52 九

九运

63 八	18 四	81 六
72 七	54 九	36 二
27 三	99 五	45 一

注：一、三、六、八运，为"离宫打劫局"。三运向盘与运盘"合十"，利于财；五运，为旺山旺向，丁财两旺；七运，山盘与运盘全盘合十。七运山盘与运盘"合十"，利于丁，建寺庙可出祖师。

子山午向下卦，若合龙法且得运，则可荫生聪慧之人，子孙后代富贵双全、五福骈臻；若不合龙法，则十年后出横暴、火症、瞽目之人；申子辰人应之。

宜坐地雷复卦二爻、五爻。

子山正间（周天零度），乃两仪之分界，非福分洪厚者，不可轻用；通常只有皇宫、神庙才用此度。

癸山丁向下卦，若合龙法且得运，则可出人艺术高强之人，巳酉丑年生人人富贵；若不合龙法，则二十年后冷退。

宜坐水雷屯卦三爻、上爻。

午山子向
丁山癸向
一至九运下卦图

一运

65 九	11 五	83 七
74 八	56 一	38 三
29 四	92 六	47 二

二运

58 一	13 六	31 八
49 九	67 二	85 四
94 五	22 七	76 三

三运

87 二	33 七	15 九
96 一	78 三	51 五
42 六	24 八	69 四

四运

71 三	35 八	53 一
62 二	89 四	17 六
26 七	44 九	98 五

五运

12 四	56 九	34 二
23 三	91 五	78 七
67 八	45 一	89 六

六运

21 五	66 一	48 三
39 四	12 六	84 八
75 九	57 二	93 七

七运		
14 六	68 二	86 四
95 五	23 七	41 九
59 一	77 三	32 八

八运		
43 七	88 三	61 五
52 六	34 八	16 一
97 二	79 四	25 九

九运		
36 八	81 四	18 六
27 七	45 九	63 二
72 三	99 五	54 一

注: 二、四、七、九运,为"坎宫打劫局"。五运,为旺山旺向。一、三、六、八运,为双旺会坐、生气到向。三运、七运全盘合十,催丁贵、催财禄最速。三运可用"七星打劫"法。

午山子向下卦,若合龙法且造作合法,则可经商致富,离乡发财,军伍起家,十八年后广置财产,大振家声;若不合龙法,则出江湖花酒之人,难逃是非官讼与牢狱之灾,且家人易患眼疾、疮毒和火症。

宜坐天风姤卦二爻。天天纯乾卦三爻、五爻慎用。

丁山癸向下卦,若合龙运且造作合法,则丁财富贵寿五福全备;若不合龙运惑造作失误,十八年后出人鳏寡孤独、退财破产,易患眼疾且横死路边。

宜坐火风鼎卦三爻、上爻。

丑山未向一至九运下卦图

一运		
56 九	92 五	74 七
65 八	47 一	29 三
11 四	83 六	38 二

二运		
69 一	14 六	82 八
71 九	58 二	36 四
25 五	93 七	47 三

三运		
78 二	24 七	96 九
87 一	69 三	42 五
33 六	15 八	51 四

四运		
69 三	25 八	47 一
58 二	71 四	93 六
14 七	36 九	82 五

五运		
93 四	47 九	25 二
14 三	82 五	69 七
58 八	36 一	71 六

六运		
82 五	47 一	69 三
71 四	93 六	25 八
36 九	58 二	14 七

七运		
95 六	59 二	77 四
86 五	14 七	32 九
41 一	68 三	23 八

八运		
36 七	71 三	58 五
47 六	25 八	93 一
82 二	69 四	14 九

九运		
27 八	72 四	99 六
18 七	36 九	54 二
63 三	81 五	45 一

注：二、五、八运，为旺山旺向，二、八运全盘合十，用之大吉。四、六运，犯上山下水，但全盘合"父母三般卦"，主处处贵人，可逢凶化吉，最适宜经商。七、九运，为双旺会向。

丑山未向下卦，若合龙法且得运，则财产丰富，善经商、精技艺，亥卯未人受荫；若合龙法，则遭官讼是非、家业冷退，出驼背和跛脚之人。

宜坐火雷噬嗑卦初二爻、四五爻。

未山丑向一至九运下卦图

一运		
65 九	29 五	47 七
56 八	74 一	92 三
11 四	38 六	83 二

二运		
96 一	41 六	28 八
17 九	85 二	63 四
52 五	39 七	74 三

三运		
87 二	42 七	69 九
78 一	96 三	24 五
33 六	51 八	15 四

四运		
96 三	52 八	74 一
85 二	17 四	39 六
41 七	63 九	28 五

五运		
39 四	74 九	52 二
41 三	28 五	96 七
85 八	63 一	17 六

六运		
28 五	74 一	96 三
17 四	39 六	52 八
63 九	85 二	41 七

七运		
59 六	95 二	77 四
68 五	41 七	23 九
14 一	86 三	32 八

八运		
63 七	17 三	85 五
74 六	52 八	39 一
28 二	96 四	41 九

九运		
72 八	27 四	99 六
81 七	63 九	45 二
36 三	18 五	54 一

注：二、五、八运，为旺山旺向。二、八运全盘合十，为"巨入艮坤，田连阡陌"之局。

四、六运犯上山下水，但全盘合"父母三般卦"，用于平洋水龙之局，大吉。

未山丑向下卦，若合龙法且得运，则二十年后富贵双全，名香四海，光宗耀祖；若不合龙法，则倾家荡产、官讼、车祸、水厄、难产、横死。辰戌丑未生人应之。

宜坐水风井卦初爻、二爻、四爻、五爻。

艮山坤向
寅山申向　　一至九运下卦图

一运

38 九	83 五	11 七
29 八	47 一	65 三
74 四	92 六	56 二

二运

47 一	93 六	25 八
36 九	58 二	71 四
82 五	14 七	69 三

三运

51 二	15 七	33 九
42 一	69 三	87 五
96 六	24 八	78 四

四运

82 三	36 八	14 一
93 二	71 四	58 六
47 七	25 九	69 五

五运

71 四	36 九	58 二
69 三	82 五	14 七
25 八	47 一	93 六

六运

14 五	58 一	36 三
25 四	93 六	71 八
69 九	47 二	82 七

七运

23 六	68 二	41 四
32 五	14 七	86 九
77 一	59 三	95 八

八运

14 七	69 三	82 五
93 六	25 八	47 一
58 二	71 四	36 九

九运

45 八	81 四	63 六
54 七	36 九	18 二
99 三	72 五	27 一

注： 二、八运犯反、伏吟，勿轻用。二、五、八运全盘合"父母三般卦"，水缠玄武之局用之最吉，最适宜经商。

艮山坤向、寅山申向下卦，若合龙法且得运，则艮山速发富贵，荫生气宇轩昂之人；寅山出学者、高官，富贵财丁。若不合龙法，则艮山主自缢、蛇咬、因奸破财、血光、产厄，应辰戌丑未年生人；寅山出鳏寡孤独、绝嗣，亥卯未年生人应灾祸。

宜坐天雷无妄卦四、五爻；水火既济卦三、上爻。

寅山兼甲，风火家人卦，五运下十年及六运"卦气死绝"，勿用。

坤山艮向 申山寅向　一至九运下卦图

一运

83 九	38 五	11 七
92 八	74 一	56 三
47 四	29 六	65 二

二运

74 一	39 六	52 八
63 九	85 二	17 四
28 五	41 七	96 三

三运

15 二	51 七	33 九
24 一	96 三	78 五
69 六	42 八	87 四

四运

28 三	63 八	41 一
39 二	17 四	85 六
74 七	52 九	96 五

五运

17 四	63 九	85 二
96 三	28 五	41 七
52 八	74 一	39 六

六运

41 五	85 一	63 三
52 四	39 六	17 八
96 九	74 二	28 七

七运

32 六	86 二	14 四
23 五	41 七	68 九
77 一	95 三	59 八

八运

41 七	96 三	28 五
39 六	52 八	74 一
85 二	17 四	63 九

九运

54 八	18 四	36 六
45 七	63 九	81 二
99 三	27 五	72 一

注： 四、六运为旺山旺向。二、五、八运全局合一四七、二五八、三六九三运巧卦，犯上山下水。二运向盘犯伏吟，八运山盘犯伏吟，勿轻用，但合"父母三般卦"，水缠玄武之局可用。

坤山艮向下卦，若合龙法且得运，则十年后出聪慧神童、文职，远洋经商可致富；若不合龙法且失运，则伤男人、出孀寡，易患阴症、瘫痪、风湿、疹疥、关节炎，酒色败家，多生女少生男。宜坐天水讼卦二爻、五爻。

申山寅向下卦，若合龙法且得运，则出人恭谨，宽洪大度，心地善良。二十年后大发富贵；若不合龙法，则出人飘荡、淫赌，易遭飞灾横祸。宜坐火水未济卦三爻、上爻。

申山寅向兼庚甲，坐雷水解卦，五运后十年及六运"卦气死绝"，勿用。

甲山庚向一至九运下卦图

一运

92 九	47 五	29 七
11 八	83 一	65 三
56 四	38 六	74 二

二运

85 一	49 六	67 八
76 九	94 二	22 四
31 五	58 七	13 三

三运

94 二	59 七	72 九
83 一	15 三	37 五
48 六	61 八	26 四

四运

37 三	72 八	59 一
48 二	26 四	94 六
83 七	61 九	15 五

五运

26 四	72 九	94 二
15 三	37 五	59 七
61 八	83 一	48 六

六运

59 五	94 一	72 三
61 四	48 六	26 八
15 九	83 二	37 七

七运

48 六	94 二	26 四
37 五	59 七	72 九
83 一	15 三	61 八

八运

79 七	25 三	97 五
88 六	61 八	43 一
34 二	16 四	52 九

九运

63 八	27 四	45 六
54 七	72 九	99 二
18 三	36 五	81 一

注：四、六运，为旺山旺向，且全盘"合十"，若龙真穴的，用之三元不败。二、九运为"坎宫打劫局"。三、五、七运，犯上山下水。三运向盘和七运山盘犯伏吟，慎用。

甲山庚向下卦，若合龙法且得运，则出贤才文贵，经商可以致富。若不合龙法，则男女流落、破耗家产，劫盗横死、肾病、疮癫、耳聋、溺毙。亥、卯、未、甲生人应之。

宜坐火火为离卦三爻、上爻。

庚山甲向一至九运下卦图

一运

29 九	74 五	92 七
11 八	38 一	56 三
65 四	83 六	47 二

二运

58 一	94 六	76 八
67 九	49 二	22 四
13 五	85 七	31 三

三运

49 二	95 七	27 九
38 一	51 三	73 五
84 六	16 八	62 四

四运

73 三	27 八	95 一
84 二	62 四	49 六
38 七	16 九	51 五

五运

62 四	27 九	49 二
51 三	73 五	95 七
16 八	38 一	84 六

六运

95 五	49 一	27 三
16 四	84 六	62 八
51 九	38 二	73 七

七运

84 六	49 二	62 四
73 五	95 七	27 九
38 一	51 三	16 八

八运

97 七	52 三	79 五
88 六	16 八	34 一
43 二	61 四	25 九

九运

36 八	72 四	54 六
45 七	27 九	99 二
81 三	63 五	18 一

注：四、六运，为旺山旺向，且全盘"合十"，龙真穴的，三元不败。八运为双旺会向，为"离宫打劫局"。三、五、七运，犯上山下水，且三运山盘和七运向盘犯伏吟，用于山龙之局大凶。

庚山甲向下卦，则三十年后金榜题名、任职教育界、食禄丰足、可成巨富；若不合龙法且山水失运，则男盗女娼、浪荡不定、女讼破财、牢狱刑杀、恐毁身容。

宜坐水水纯坎卦三爻、上爻。

卯山酉向 乙山辛向 一至九运下卦图

一运

74 九	38 五	56 七
65 八	83 一	11 三
29 四	47 六	92 二

二运

13 一	58 六	31 八
22 九	94 二	76 四
67 五	49 七	85 三

三运

26 二	61 七	48 九
37 一	15 三	83 五
72 六	59 八	94 四

四运

15 三	61 八	83 一
94 二	26 四	48 六
59 七	72 九	37 五

五运

48 四	83 九	61 二
59 三	37 五	15 七
94 八	72 一	26 六

六运

37 五	83 一	15 三
26 四	48 六	61 八
72 九	94 二	59 七

七运

61 六	15 二	83 四
72 五	59 七	37 九
26 一	94 三	48 八

八运

52 七	16 三	34 五
43 六	61 八	88 一
97 二	25 四	79 九

九运

81 八	36 四	18 六
99 七	72 九	54 二
45 三	27 五	63 一

注：五、七运，为旺山旺向。一、八运，为双旺会向，为"坎宫打劫局"。四、六运，犯上山下水。七运卯山酉向、乙山辛向，虽然是旺山旺向，但坐山257会合一组比五黄煞更大的煞星，中宫957是玄空飞星中最毒的合局煞，向首379亦为很大的合局煞。《玄空秘旨》曰："一天星斗，运用只在中央。"在七运里无碍大事，运过即大败丁财，甚至丁口死绝。

卯山酉向下卦，若合龙法且得运，则出人才艺超群、文章俊逸，营谋顺遂，速发富贵；若不合龙法且失运，则出人怀才不遇，易患血症、疯病，男人痨瘵。宜坐地泽临卦三爻。

卯山兼甲，天火同人卦，八运"卦气死绝"，向上有水方可用。

卯山兼乙，地泽临卦，七运"卦气死绝"，旺山旺向，向上有水，可用。

乙山辛向下卦，若合龙法且得运，则出文武双全的掌权之人；若不合龙法且失运，则人财两退，自缢、蛇咬、犯法、绝嗣等。宜坐水泽节卦二爻、五爻。三运"卦气死绝"，勿用。

乙山兼卯，风泽中孚卦，五运后十年及六运"卦气死绝"，勿用。

酉山卯向 辛山乙向　一至九运下卦图

一运

47 九	83 五	65 七
56 八	38 一	11 三
92 四	74 六	29 二

二运

31 一	85 六	13 八
22 九	49 二	67 四
76 五	94 七	58 三

三运

62 二	16 七	84 九
73 一	51 三	38 五
27 六	95 八	49 四

四运		
51 三	16 八	38 一
49 二	62 四	84 六
95 七	27 九	73 五

五运		
84 四	38 九	16 二
95 三	73 五	51 七
49 八	27 一	62 六

六运		
73 五	38 一	51 三
62 四	84 六	16 八
27 九	49 二	95 七

七运		
16 六	51 二	38 四
72 五	95 七	73 九
62 一	49 三	84 八

八运		
25 七	61 三	43 五
34 六	16 八	88 一
79 二	52 四	97 九

九运		
18 八	63 四	81 六
99 七	27 九	45 二
54 三	72 五	36 一

注：三、五、七运，为旺山旺向。四、六运，为犯上山下水。二、九运，为双旺会向的"离宫打劫局"。

酉山卯向下卦，若合龙法且山水得运，则出忠良之文人志士，职业多为律师、医师、法官，产业丰足，易招异姓之财；若不合龙法且山水失运，则男人赌博倾家、女人为娼妓，易患癫痫、残疾、癌肿、难产、被侮、胆病、胃病。宜坐天山遁卦三爻、上爻或地水师卦初爻、四爻。

辛山乙向下卦，若造作合法且得运，则出人善良、机智，出领导人才；若造作不合法且失运，则退财、官司、斗杀、横祸，易患肝病、水肿和妇科病。宜坐火山旅卦二爻、五爻。九运"卦气死绝"，勿用。

辛山兼戌，坐雷山小过卦，四运及五运上十年"卦气死绝"，勿用；坐天山遁卦，七运值"卦气死绝"，旺山旺向，向上有水，不忌。八运亦值"卦气死绝"，勿用。

李计忠解《周易》

辰山戌向一至九运下卦图

一运

83 九	47 五	65 七
74 八	92 一	29 三
38 四	56 六	11 二

二运

92 一	57 六	79 八
81 九	13 二	35 四
46 五	68 七	24 三

三运

35 二	79 七	57 九
46 一	24 三	92 五
81 六	68 八	13 四

四运

26 三	71 八	98 一
17 二	35 四	53 六
62 七	89 九	44 五

五运

57 四	92 九	79 二
68 三	46 五	24 七
13 八	81 一	35 六

六运

66 五	12 一	84 三
75 四	57 六	39 八
21 九	93 二	48 七

七运

79 六	24 二	93 四
81 五	68 七	46 九
35 一	13 三	57 八

八运

68 七	24 三	46 五
57 六	79 八	92 一
13 二	35 四	81 九

九运

99 八	45 四	27 六
18 七	81 九	63 二
54 三	36 五	72 一

注： 一、四运，为"离宫打劫局"。二、八运，犯上山下水，但全盘合"连珠三般卦"，能逢凶化吉，经商大利。三、五、七运，为旺山旺向。

辰山戌向下卦，若合龙法且得运，则房房齐发，三十年后文武经纬，长房大旺人丁；若不合龙法且失运，则家焚室毁、飞灾横祸、家产冷退、肢体伤残、腰背病痛。宜坐火泽睽卦四爻。但一运睽卦值"卦气死绝"，勿用。

辰山兼乙，坐雷泽归妹卦，四运、九运及五运前十年值"卦气死绝"，又犯差错，勿用。

戌山辰向一至九运下卦图

一运

38 九	74 五	56 七
47 八	29 一	92 三
83 四	65 六	11 二

二运

29 一	75 六	97 八
18 九	31 二	53 四
64 五	86 七	42 三

三运

53 二	97 七	75 九
64 一	42 三	29 五
18 六	86 八	31 四

四运

62 三	17 八	89 一
71 二	53 四	35 六
26 七	98 九	44 五

五运

75 四	29 九	97 二
86 三	64 五	42 七
31 八	18 一	53 六

六运

66 五	21 一	48 三
57 四	75 六	93 八
12 九	39 二	84 七

七运

97 六	42 二	39 四
18 五	86 七	64 九
53 一	31 三	75 八

八运

86 七	42 三	64 五
75 六	97 八	29 一
31 二	53 四	18 九

九运

99 八	54 四	72 六
81 七	18 九	36 二
45 三	63 五	27 一

注： 一、四运，为"离宫打劫局"。二、八运，犯上山下水，但合"连珠三般卦"，水缠玄武之局大吉。三、五、七运，为旺山旺向。六、九运，为"坎宫打劫局"。

戌山辰向下卦，若合龙法且得运，则出文武全才之人，积极进取，技艺精湛。二十四年后，大发财富，出科技人才和发明家；若不合龙法且失运，则犯牢狱之灾，恶死。

宜坐水山蹇卦初爻、二爻、四爻、五爻。一运"卦气死绝"，勿用。

乾山巽向 亥山巳向 一至九运下卦图

一运

11 九	65 五	83 七
92 八	29 一	47 三
56 四	74 六	38 二

二运

42 一	86 六	64 八
53 九	31 二	18 四
97 五	75 七	29 三

三运

31 二	86 七	18 九
29 一	42 三	64 五
75 六	97 八	53 四

四运

44 三	98 八	26 一
35 二	53 四	71 六
89 七	17 九	62 五

五运

53 四	18 九	31 二
43 三	64 五	86 七
97 八	29 一	75 六

六运

84 五	39 一	12 三
93 四	75 六	57 八
48 九	21 二	66 七

七运

75 六	31 二	53 四
64 五	86 七	18 九
29 一	42 三	97 八

八运

18 七	53 三	31 五
29 六	97 八	75 一
64 二	42 四	86 九

九运

27 八	63 四	45 六
36 七	18 九	81 二
72 三	54 五	99 一

注: 一、四运，为双旺会向。二、八运，为旺山旺向。六、九运，为双旺会坐。三、七运，为犯上山下水。三、五、七运合"连珠三般卦"，水缠玄武之局可用。四运山盘犯伏吟，六运向盘犯伏吟，宜慎用。

乾山巽向下卦，若合龙法且得运，则出神童才子、博士，文武双全，广置土地，巨富，大贵。若不合龙法且失运，则三十年后家破人亡，易招官讼、车祸、血光、火灾，易患瞎眼、跛脚，儿孙放荡。

宜坐天地否卦三爻、上爻。

亥山巳向下卦，若合龙法且得运，又造作合法，则出有德正派之人，家庭富有，并出学者、名歌星、影星；若不合龙法且失运，则出人不肖、忤逆、残疾、淫贱、贫穷、水死路亡。宜坐火地晋卦初爻、二爻、四爻、五爻。九运"卦气死绝"，勿用。

乾山巽向下卦，坐地山谦卦，二运"卦气死绝"，勿用。亥山巳向下卦，坐雷地豫卦，四运及五运前十年"卦气死绝"，勿用。

巽山乾向 巳山亥向　一至九运下卦图

一运

11 九	56 五	38 七
29 八	92 一	74 三
65 四	47 六	83 二

二运

24 一	68 六	46 八
35 九	13 二	81 四
79 五	57 七	92 三

三运

13 二	68 七	81 九
92 一	24 三	46 五
57 六	79 八	35 四

四运

44 三	89 八	62 一
53 二	35 四	17 六
98 七	71 九	26 五

五运

35 四	81 九	13 二
34 三	46 五	68 七
79 八	92 一	57 六

六运

48 五	93 一	21 三
39 四	57 六	75 八
84 九	12 二	66 七

七运

57 六	13 二	35 四
46 五	68 七	81 九
92 一	24 三	79 八

八运

81 七	35 三	13 五
92 六	79 八	57 一
46 二	24 四	68 九

九运

72 八	36 四	54 六
63 七	81 九	18 二
27 三	45 五	99 一

注：一、四运，双旺会坐。二、八运，为旺山旺向。三、七运，犯上山下水，但三、五、七运全盘合"连珠三般卦"，水缠玄武，用之大吉。六、九运，为双旺会向。四运向盘犯伏吟，六运山盘犯伏吟，宜慎用。

巽山乾向下卦，若造作合法，则家富屋润，二十年后出文武人才；若造作不合法，则出人飘荡、退败家业，易患妇科病、关节炎、跛足、股病。宜坐地天泰卦三爻、上爻；坐天泽履卦，二运"卦气死绝"，勿用。

巳山亥向下卦，若造作合法，则出人乐农耕、善经商。十年后出人名列士林、科甲联芳，光宗耀祖；若造作不合法，则出人浪荡、嫖赌破家，易生怪异病灾。宜坐水天需卦初爻、二爻；坐水天需，五运后十年及六运"卦气死绝"，勿用。

巳山亥向兼丙壬，宜坐风天小畜卦，但三运"卦气死绝"，勿用。

第七节　兼向（替卦）挨星

兼向是指房屋的坐向线度不是处于罗盘上的字的正中位置，有偏左或偏右的情况，并且偏出的度数超出中间三格九度之外。凡是判断兼向房屋的吉凶情况，一律用替卦起飞星盘。替卦之理，就是用其他星来替代山向两星入中飞布，所形成的卦象与正向下卦不同。

一、兼向的三种情况

1.同性相兼

同性相兼，即指天元龙与人元龙同属阳性或同属阴性互相兼用，如子癸、卯乙、午丁、酉辛同属阴性，两山互相兼用为同阴相兼；艮寅、坤申、乾亥同属阳性，两山互相兼用为同阳相兼。

2. 异性相兼

异性相兼，即指天元龙与地元龙相兼为阴阳互兼，如子与壬、丑与艮、卯与甲、巽与辰、午与丙、坤与未、酉与庚、乾与戌，一阴一阳互相兼用。

3. 出卦相兼

出卦相兼，亦叫出卦兼针。在罗盘上，二十四山分别归八个卦位，出卦相兼实际上是指一个卦的旁边的山向与另一个卦旁边的山向互相兼用。例如，丑艮寅属于艮卦山，甲卯乙属于震卦山，辰巽巳属于巽卦山，丙午丁属于离卦山，未坤申属于坤卦山，庚酉辛属兑卦山，戌乾亥属于乾卦山。若某房屋坐向是未山丑向兼丁癸，就属于出卦相兼，因为丑与癸分别是在两个卦中，并非在同一个卦山。

二、出卦相兼的卦象

乙辰相兼即等于震卦与巽卦相兼。

巳丙相兼即等于巽卦与离卦相兼。

丁未相兼即等于离卦与坤卦相兼。

申庚相兼即等于坤卦与兑卦相兼。

辛戌相兼即等于兑卦与乾卦相兼。

亥壬相兼即等于乾卦与坎卦相兼。

癸丑相兼即等于坎卦与艮卦相兼。

寅甲相兼即等于艮卦与震卦相兼。

三、兼向挨星的诀窍

出卦相兼，必然卦气驳杂不纯、杂气相混，在挨星起卦时应该用替卦。也就是说，罗盘上二十四山向左右相兼，达到一定度数时，一律以替卦挨星。兼向运用替卦起飞星盘的方法有下面六句诀窍：

子癸甲申用一白；坤壬乙卯未二黑；

戊乾亥辰巽巳六；艮丙辛酉丑七赤；

还有寅午丁庚字；均替九紫顺逆行。

二十四山向中，有的山向替，有的山向不替，如子、癸、坤、未、戊、乾、亥、酉、辛、午、丁等不替。为了方便初学者运用，现将替星列表如下：

二十四山向	运星到向到山	替星	二十四山向	运星到山到向	替星
壬	1	2	丙	9	7
子	1	1	午	9	9
癸	1	1	丁	9	9
丑	8	7	未	2	2
艮	8	7	坤	2	2
寅	8	9	申	2	1
甲	3	1	庚	7	9
卯	3	2	酉	7	7
乙	3	2	辛	7	7
辰	4	6	戊	6	6
巽	4	6	乾	6	6
巳	4	6	亥	6	6

四、替星入中顺逆飞行的依据

替星入中后，判断其顺飞或是逆飞是由原卦山阴阳属性来决定。如甲山属震卦，震为3，"3"入中以"1"代替，甲山为阳，1顺飞；又如卯属震卦，震为3，"3"入中以"2"代替，卯为阴，2逆飞，不能以坤为阳顺飞。

在兼向挨星中，运星的排法和正向相同，替星主要是用于山星与向星。运用替卦有三种情况：一是替山星；二是替向星；三是山向两星都替。一般地说，向上有替可寻者，则替向；向上无替可寻者，则替山；山与向都替可寻者，则山向全替。寻替卦以向星为重。

周易·家居环境入门

五、乾巽两宫八纯卦凶局

用兼向替卦之法，会出现一种非常特殊的情况，就是八纯卦。八纯卦，山向飞星皆是字字相同，无变化，无生息，属犯反伏吟的大凶之卦。这种卦，全部发生在五运的乾巽两宫，其特点是乾又遇乾、巽又遇巽、艮又遇艮、坤又遇坤等，山星与向星，俱同一字。如五运乾山巽向兼亥巳或辰戌起星图：

巽	离	坤
5 5 四	1 1 九	3 3 二
震 4 4 三	6 6 五	8 8 七 兑
9 9 八	2 2 一	7 7 六
艮	坎	乾

此星盘特点为：运星和地盘相同，如六居乾、七居兑、八居艮、九居离、一居坎、二居坤、三居震、四居巽、五居中宫。向星与山星字字相同，为八纯卦，用此星盘建造之宅必为大凶之宅。

六、二十四山向兼向（替卦）吉凶断

※ 壬山丙向

1. 三运全盘"合十"，利子催丁、催贵。

2. 壬山兼亥：伤损妇女、肝胆病、水肿、喑哑。

3. 壬山兼子：合龙法、得运，添丁进财、出官贵，家庭昌隆；不合龙法、失运，伤男人、遭劫盗、肝胃病、肿瘤。

4. 壬亥中间为空亡，初年发达，发寡妇和女儿。

5. 壬山兼亥，风地观卦，一运"卦气死绝"，勿用；壬山兼子，山地剥卦，二运"卦气死绝"，勿用。

※ 子山午向

1. 三运、八运全盘"合十"，名利双收。

2. 子山兼癸：富大于贵，异乡发迹，亦出文人秀士；若龙法不合且失运，妻、子损伤，遭劫盗、横祸，妇女不驯。子癸中线，痨症、破财、倒闭、伤女人。

3. 子山兼壬：荣华富贵达于极盛时，有暴败之虑，宜修德积善。山地剥卦，二运"卦气死绝"，勿用。

4. 子、壬中线：犯差错，出不肖子孙，吸食毒品、堕落、被侮、被杀；申子辰年应验。诀曰"壬子之中绝火烟"。

※ 癸山丁向

1. 三运、八运全盘"合十"，旺财、人缘广泛。

2. 癸山兼子：若合龙法、元运、房房齐发，多生男，或双生。

3. 癸山兼丑：犯出卦，"阴光牵牛入艮宫，随母改嫁忘宗枝"。伤男、乏嗣。有财者无丁，有丁者无财，人生不以全美。

4. 诀曰"癸丑之中定空神"，败长房，女人不贞、淫贱。

※ 丑山未向

1. 八运全盘"合十"，催丁、催贵。

2. 兼艮：合龙法、元运，十八年后，房房皆发。

3. 兼癸：丑山兼癸为"出卦"，"莫谓文章癸到艮，一逢癸位贱淫胎"。纵发，房份亦不均，妇女病、胃病、腹内之病。又诀曰"左边癸字最无情，一到宫中男乏嗣"。

4. 兼艮泽雷随卦，八运"卦气死绝"，勿用。

※ 艮山坤向

1. 八运合"父母三般卦"，用于平洋水缠玄武之局，大吉。

2. 艮山兼丑：寅午戌人应之。合龙法、得运，为宰辅、巨富，房房皆发。

3. 艮山兼寅：不合龙法、失运，官司是非、破荡财产，三房人丁冷退、稀少。

4. 诀曰"艮寅之上主熬煎"。坐艮寅中线,家人失和、嫖赌破家、伤亡。

5. 坐艮丑中线,房房冷退、家人异心不睦、肢体残伤;艮兼丑,坐泽雷随卦,八运"卦气死绝",勿用。

※ 寅山申向

1. 寅山兼艮:初年发富,久之而败,须修德。

2. 寅山兼甲:疯、跛,疾病缠绵,财产冷退;二十四年应之,败长房。风火家人卦,五运下十年及六运"卦气死绝",勿用。

3. 寅甲中线:"出卦"空亡,出精神病患、风湿、服毒自杀、破产、绝嗣。诀曰"寅甲双行家耗散",先破财、后官讼、癌症、夭折。又诀曰"寅山兼甲贫穷子,出煞收山细剪裁"。四运,乱伦与丑闻。

※ 甲山庚向

1. 四运全盘"合十",龙真穴的,三元不败;山水配合,大富。

2. 甲山兼寅:仲、季房有伤。诀曰"甲山杂寅为错杂,妇女定遭痨病夭"。上元伤男、下元伤女。

3. 甲山兼卯:败仲房。泽火革卦,一运"卦气死绝",勿用。

4. 甲卯中线:大成大败,初豪富、后败绝。诀曰"甲卯度中疯痰见"。得令虽发达亦出逆子、鳏夫,长房出不父不子,悖理之人。此乃火坑之线度。

5. 六运丁星入囚,不出丁;七运、一运财星入囚,大凶。

※ 卯山酉向

1. 卯山兼甲:房分不均,不利仕途。泽火革卦,一运"卦气死绝",勿用。

2. 卯山兼乙,夫妇之配,合法当令大吉,失令夭伤、横死、心脏病、色痨。

3. 宜坐地泽临卦上爻或山泽损卦上爻。

4. 六运丁星入囚，人丁不旺之家勿用；此法考证甚验。

5. 卯兼乙，地泽临卦，七运"卦气死绝"，但旺山旺向，向上有水者，不忌。

※ 乙山辛向

1. 六运"丁星入囚"，丁口不旺之家勿用。

2. 乙山兼卯，断法与下卦同，宜坐山泽损卦三爻。失运时败三房。

3. 乙山兼辰：淫乱、手脚病痛、性病、只发一房。诀曰"乙山兼辰财先损，发福虽多也虑凋"；又曰"乙辰凶星不留停"，车祸、水厄、淫贱、乱伦、自缢、乏嗣、凶死、破财、降财、降级、官司；坐乙辰中线尤重。

4. 乙山兼卯，风泽中孚，五运下十年及六运"卦气死绝"，勿用。

※ 辰山戌向

1. 七运"财星入囚"，大凶，勿用。

2. 辰山兼乙：房分不均，身染恶疾，败长房。破财、中风、糖尿病、癌症。雷泽归妹卦，四运、九运及五运上 10 年"卦气死绝"，勿用。

3. 辰山兼巽：断法与下卦同。宜坐泽泽为兑卦上爻。

4. 坐辰巽中线：兄弟、妯娌不和，败长房，出怕事怯懦之人。

5. "八纯卦"宜用于平洋，无明显高落差、山水之地区。

※ 巽山乾向

1. 二、七运"财星入囚"，大凶，勿用。

2. 巽山兼辰：断法同下卦。宜坐天泽履卦初爻、二爻。但二运履卦值"卦气死绝"，勿用。

3. 巽山兼巳：骤发骤败、黄疸、肝硬化。山天大畜卦，七运"卦气死绝"，勿用。

4. 坐巽巳中线：诀曰"巽巳之中聋哑全"；失令，克子刑妻，不出男丁、生独女招婿，官讼、车祸死亡。

5. 五运"八纯卦"用于山龙之局大凶。

※ 巳山亥向

1. 一、二运财星入囚，大凶勿用。

2. 巳山兼巽：断法同下卦。宜坐山天大畜卦三爻。但七运"卦气死绝"，勿用。

3. 巳山兼丙：败长房。

4. 坐巳丙中线：诀曰"巳丙之中定遭刑"，伤财、降职；兄弟不睦、发展不均、发女人、败男丁。

5. 五运八纯卦，用于山龙之局必败。

6. 巳山兼丙，风天小畜卦，三运"卦气死绝"，勿用。

※ 丙山壬向

1. 三运全盘"合十"，大吉；须坐后有水，水外有山。

2. 丙山兼巳：仲房与季房人丁稀少、男女不伦。

3. 丙山兼午：有财者不旺丁，有丁者不旺财，妇女败家。

4. 诀曰"地运若失贫且贱，丙兼巳位女愁天"。

5. 六运山水配合得宜，必出状元文魁。

6. 丙山兼午，泽天夬卦，二运"卦气死绝"，勿用。火天大有卦，九运"卦气死绝"，勿用。

※ 午山子向

1. 三运、八运全盘"合十"，龙真穴的，三元不败。

2. 午山兼丁：坐泽风大过卦五爻，天风姤卦五爻、上爻。若合龙法，乘旺运名"珠宝线"，诸事攸宜。

3. 午山兼丙：若坐天天纯乾卦上爻，是"亢龙有悔"之度，慎之！

4. 诀曰"丙午度上火炎炎"，事业不顺，家渐贫、出逆子，纵人有功名，亦遭奸佞排挤暗害。

5. 坐午丁中线："一父生五子，连母七条心"，自私、官讼。

6. 姤卦在三运为"卦气死绝"，勿用。

※ 丁山癸向

1. 三运、八运山盘与运盘合十，大吉。

2. 丁山兼午：断法同下卦。宜坐泽风大过卦二爻、四爻。

3. 丁山兼未：官司牵连、水火灾危、嫖赌败家。诀曰"莫谓丁行坤位美，一通未位子先忧"，又诀曰"丁未并行家无粟"；丁口退败、外凶内死、随母改嫁不归宗、有两年死四个人者。家无老寿之人、女夺夫权、出僧尼，虽豪富之家亦败绝；坐丁未中线者更凶。

※ 未山丑向

1. 未山兼丁，伤男女、淫乱贫贱、拈花惹草、偷香窃玉败长房；公纳妾、女嫌夫。

2. 未山兼坤：用之得宜，书香世家，金榜题名，文章斐然，家室欢腾，宜坐山风蛊卦四爻。

3. 坐未坤中线：肺癌、中风、车祸、骨折，两家不睦三家仇。

※ 坤山艮向

1. 坤山兼未宜坐地风升卦初爻，山风蛊卦初爻。若合龙法、得运，六年后发福，长房大发财丁，仲房选举、科举、出博士、学者、参议。

2. 坤山兼申，宜坐火山旅卦二爻。若龙法不合、失运，伤男人、出孀寡，诀曰"坤申孤寡不须吉"。又主妯娌失和、自私、退败田产、官讼，一成一败，房分不均、吐血、外伤；得运合法，贤母兴家、航运发达。

3. 坤山兼申泽水困卦，三运"卦气死绝"，勿用。

※ 申山寅向

1. 申山兼坤，宜丁龙、申龙，宜坐泽水困卦五爻，断法同下卦；若龙法不合、不得运，家有风声丑闻、患痨病、风湿。困卦在三运值"卦气死绝"，勿用。

2. 申山兼庚：骤发骤败、火灾、牢狱、夭折、妇人病。

3. 坐申庚中线：诀曰"申庚度上仔细寻"，又诀曰"申宫得运丁财足，一气清纯福始优；如若庚来财损折，巨富小伤也见愁；阀阅名门多暗丑，只因难乱带熏篝"。嫖赌退产、亲族失和、官讼。

4. 申山兼庚，雷水解卦，五运下十年及六运"卦气死绝"，勿用。

※ 庚山甲向

1. 四运全盘"合十"，用于山龙之局大吉，但不可兼申。

2. 庚山兼申：诀曰"庚山兼申不为吉，断定妻帑要见危"，损妻、破财。

3. 庚山兼酉，坐山水蒙卦二至四爻皆不吉，夫妇有克。若坐庚酉中线，诀曰"庚酉方上乱淫全"，并出逆子、败长房、兄弟不和、男盗女娼、破产、劫财、官司、百事艰难。

※ 酉山卯向

1. 酉山兼庚，男女有风声丑闻，山水蒙卦上爻、师卦上爻皆为凶度，败三房。按：酉兼庚为羊刃，刃为败财与杀伤，主车祸、破财、克妻、进退两难、虚掷心力、是非频生，纵有发福者，亦不久灭。

2. 酉山兼辛：宜坐天山遁卦上爻，泽山咸卦上爻。若合龙法、挨星，出文武杂职、贞淑才女、公正无私之人，财利丰盈；不合龙法、失运，官讼破家。

※ 辛山乙向

1. 辛山兼酉：若合龙法，得运，财源丰足、财上生官、加官晋禄、食禄丰盛、慷慨旷达。宜坐泽山咸卦三爻。若龙法不合"宝照经"，则度吉山凶，亦不发达。

2. 辛山兼戌：家业冷退、损女口、闺门不洁、官非、恶疾、祸从天降。

3. 坐辛戌中线：诀曰"辛戌交逆独伤人"，肺痨、肺癌、血症、离异、丧妻。雷山小过卦，四运及五运上十年"卦气死绝"，勿用。

※ 戌山辰向

1. 五运犯八纯卦，慎用。

2. 戌山兼乾：宜坐山山纯艮卦三爻、上爻，夫妇情和、田连阡陌。戌乾平兼：子宫癌、逞强门狠、身败名裂。

3. 戌山兼辛：宜用下卦，坐风山渐卦初爻为吉，乃七运之主卦；其余线度为"鼓盆煞"，克妻、聋哑，纵有高艺在身，亦多是非，患胃病，早别父母、自卑自闭，为歌伎，操九流之业。

※ 乾山巽向

1. 一、九运全盘"合十"，用之合法大利，三元不败。

2. 乾山兼亥：合则高科及第、选举仕宦、武略超群，领袖群伦；若不合，则房分有偏、患关节炎、筋骨病。

3. 乾山兼戌：合则纯福祯祥：不合则牢狱、色情之灾，被人诬陷。

4. 坐乾亥中线：诀曰"乾亥定出颠狂子"。

5. 六运伏吟，坐后主山高大，长房绝嗣。

6. 乾山兼戌：坐地山谦卦，二运"卦气死绝"，勿用；兼亥：泽地萃卦，七运"卦气死绝"，勿用。

※ 亥山巳向

1. 一、九运全盘"合十"：一运利财禄，九运利丁贵。

2. 亥山兼乾：合龙法、得运，人才蔚起，腾蛟起凤，科甲联芳，学艺精通；不合法、失令，官讼、乏嗣。

3. 亥山兼壬：官讼、痼疾、耳鼻之病、肝癌、肾病。

4. 坐亥壬中间：犯出卦大空亡，诀曰"亥壬若逢人吐血"，败长、三房，官刑、杀戮。

5. 一、二运，丁星入囚，人丁不旺之家不可用。九运财星入囚，向上不见水光者不可用。

6. 亥山兼乾：泽地萃卦，七运"卦气死绝"，勿用。

第八节　玄空风水的看法

要用玄空风水的规则去勘察风水，第一点要知道的就是现在所行的是三元九运中的哪一个运。

勘察住宅风水，必须先排房屋建造时的运盘，然后用罗盘度量房屋的坐向，再加入流年飞星，排出流年飞星盘断吉凶。例如，勘察一间八运建造的住宅，八运盘是以八白星入中宫顺飞所排出的飞星盘，这是为家宅看风水的第一步。八运盘是所有2004—2023年间建筑的宅运盘。如下图：

东南	南	西南
七	三	五
六	八	一
二	四	九
东北	北	西北

（东 六 八 一 西）

运盘排出后，用罗盘对准大门口，找出家宅的坐向。例如一间房屋是坐北向南，北方是坐山，南方是向首。当住宅的坐向确定后，以罗盘上显示的东、西、南、北、东北、东南、西南、西北八个方位代表的卦象，就是住宅的八大方位，每个方位又含有三个方位。

即：北方的坎卦分成壬子癸三个方位；

东北方的艮卦分成丑艮寅三个方位；

东方的震卦分成甲卯乙三个方位；

东南方的巽卦分成辰巽巳三个方位；

南方的离卦分成丙午丁三个方位；

西南方的坤卦分成未坤申三个方位；

西方的兑卦分成庚酉辛三个方位；

西北方的乾卦分成戌乾亥三个方位。

每个卦象所代表的三个山，中间一山称为天元龙，天元龙左边那一山称为地元龙，天元龙右边那一山称人元龙。如坎卦所包含的壬子癸三山中，壬是地元龙，子是天元龙，癸是人元龙，即壬子癸三山对应地天人三元龙。在三元龙中，每一元龙都具有自身的阴阳属性，罗盘上表示元龙的阴阳属性，是以红色为阳，以黑色为阴。二十四山对应三元龙的阴阳属性如下：

北　　方（坎卦）：壬子癸——地天人——阳阴阴

东北方（艮卦）：丑艮寅——地天人——阴阳阳

东　　方（震卦）：甲卯乙——地天人——阳阴阴

东南方（巽卦）：辰巽巳——地天人——阴阳阳

南　　方（离卦）：丙午丁——地天人——阳阴阴

西南方（坤卦）：未坤申——地天人——阴阳阳

西　　方（兑卦）：庚酉辛——地天人——阳阴阴

西北方（乾卦）：戌乾亥——地天人——阴阳阳

根据住宅坐向在二十四山中三元龙的阴阳属性和后天八卦（元旦盘）排住宅的宅盘。例如，八运酉山卯向飞星盘：

	巽	午	坤
	2 5 七	6 1 三	4 3 五
卯	3 4 六	1 6 八	8 8 一	酉
	7 9 二	5 2 四	9 7 九
	艮	子	乾

排酉山卯向宅盘，先以五数入中宫排出后天八卦盘（元旦盘或洛书盘），因为河图洛书以"五"数为宇宙密码。元旦盘中的数可以不写出来，只凭脑子记住即可。房屋坐正西向正东，西方三山为庚酉辛，东方三山为甲卯乙，由坐酉向卯，故为天元龙山向。在八运盘中，西方是一，卯方是六，此屋飞星图的山盘以 1 入中宫逆飞，向盘以 6 入中宫顺飞。

决定坐山 1 数与向首 6 数入中宫顺飞或逆飞的方法，就是找出 1 与 6 在元旦盘中究竟属阴还是属阳。1 数在元旦盘中位于北方，北方山为壬子癸，由于坐山酉属于天元龙，因此也取北方的天元龙，即取子字。子属阴，故此坐山飞星是逆飞。6 数在元旦盘中位西北方，西北方三山为戌乾亥，向首乾属于天元龙，乾属阳，故向首飞星是顺飞。

这里提醒大家注意一个问题：元旦盘中的五数没有阴阳之分，假如房屋运盘中的坐向飞星为五，就无须参照元旦盘，只根据房屋坐山或向首在三元龙中的阴阳关系决定顺飞或逆飞。例如房屋坐西或向西，在房屋的运盘中，五黄星飞到西方，西方三山为庚酉辛，阴阳性质分别为阳阴阴，以坐山或向首的阴阳属性去决定五黄入中宫的顺飞或逆飞。

以上已知道了运盘飞星、山盘飞星与向盘飞星在住宅各个方位的组合，一般来说是可以判断房屋的吉凶了，但是流年飞星对房屋吉凶的影响很大，因此勘察房屋时应当排出当年的流年飞星盘，结合运盘与山向星盘综合判断。例如，2006 年勘察坐酉向卯的房屋，此年三碧星入中宫，于是以三碧星入中，按九星飞伏的方法，得出 2006 年的飞星盘。如下图：

二	七	九
一	三	五
六	八	四

2006年飞星方位图

然后将八运盘、坐山盘、向首盘与流年飞星四个盘合而为一，形成了一个宅盘。四盘合一的方法，是先写八运盘，再将坐山盘的数字写在运星的左上角，向首盘的数字写在运星的右上角，再于运星的右下方加上流年星盘的星数，这个八运中坐酉向卯的家宅盘就形成了。

学习风水，必须明白二十四山运用法理，不能只论大方位，因为东南西北等八个大方位是风水中的陷阱，不能代表任何风水上的吉凶信息。例如，只说坐东向西，是不能判断房屋的吉凶的，因东方有三个山，分别代表地元龙、天元龙与人元龙，三元龙有极大的区别。若坐东向西是坐卯向酉，为天元龙坐向，在七运中为丁财两旺之局，但若是坐甲向庚，则为颠山倒水，在七运中为丁财两失之局。因此，学习风水必须懂得二十四山的运用，从今天开始，要洗心革面，否则会掉进罗盘大方位的陷阱中。

第九节　八运中的吉凶山向

运用飞星盘中山向的飞星判断住宅吉凶，是玄空飞星风水中的十分重要的内容。

风水是受时间（理气）的影响，从 2004—2023 年是三元九运的八运区间，历时二十年。

1. 吉利山向

在八运中，有六个山向大发兴旺，称为到山到向或旺山旺向，凡坐落在这六个山向方位上的住宅，丁财两得。如：

　　　　乾山巽向　　巽山乾向　　丑山未向

　　　　未山丑向　　巳山亥向　　亥山巳向

2. 凶险山向

在八运中，有六个山向是丁财两败的大凶之局，称为上山下水，凡坐落于这六个山向方位上的住宅，丁财双失。如：

　　　　坤山艮向　　艮山坤向　　寅山申向

　　　　申山寅向　　辰山戌向　　戌山辰向

学习风水者，可以练习罗盘的操作方法，检查自己的家居山向的吉凶情况。学风水了，不能不知道每个山向的吉凶，如果不懂得每个山向的吉凶，就无法选择合乎元运时令的坐山立向；也不可不知道每年的凶方，否则又怎么推算每年有哪些方位不宜用事，例如每年的太岁方位和五黄方位都不一样，不宜动土或安葬等。

第十节　九星旺衰与生克制化

九星五行能量的旺衰是以元运来衡量，星盘上各个宫位五行的旺衰状态，必须结合飞星运行时间进行判断。飞星组合的含义与应用，实际和四柱有一个共同的特点，首先应从得令与失令判断飞星的旺衰，然后结合五行生克制化原理，综合分析飞星组合后的旺衰状态。

一、九星的当运与失运

洛书九宫飞星，按照时间的流逝先后进入中宫。凡进入中宫之星，就是当令之星；与当运之星相反的是退出中宫之星，称为失运之星。所谓得令，就是得令于当时，好像轮流值班一样，轮到某星入中宫就由某星值班，因此当令之星就是值班之星；所谓失运，就是失去了发号施令地位之星，也就是说早已退出了中宫，成为衰死之星。

1. 当运旺星三种功能

（1）当运旺星蕴藏着最强旺的卦气

比如说，现今是下元八运，八白土星进入中宫，八白土星就是八运当令之星。八白土星原居艮卦，五行属土，卦气属土，本来只在艮卦起作用。现今进入了中宫，其作用的范围就超出了艮卦，它的卦气在整个飞星盘中能发挥最强大的作用。八白土星是现今八运中最旺的星，它的卦气是八运中最旺的气。

（2）当运旺星制约着整个星盘的气场

比如八白艮土星。在八运里，它对飞到兑宫的一白水星起克制作用；对飞到乾宫的九紫火星起化泄作用；对飞到震、巽两宫的六白金和七赤金星起着生助作用；对飞到艮、坤两宫的二黑土和五黄土星起增旺作用；对飞到离宫和坎宫的三碧木星和四绿木星起耗损作用。

（3）当运旺星决定着时运的旺衰

时运是指不同时间层次的气运。运分为大运与小运，大运是指元运，主每60年一个周期的气运；小运是指每20年一次周期转换的气运。除了大运和小运，还有年运、月运、日运和时运。每个时间，无论长短，都有一个星当令，决定着这段时间内星盘气运的性质和人世间的旺衰。比如：

从 1984 年至 2003 年这段时间里，是七赤金星当令，这就决定了气运的性质是七赤金气。在七运里，七赤金星所处的兑宫为正神方，正神方为旺气方位，人世间地处兑宫方位的人就会旺盛起来；与兑宫相对的震宫方位为零神方，零神方为衰气方位，人世间地处震宫方位的人就会衰落下去。八卦中的兑卦代表少女，在七运里，少女就会显得特别活泼与能干，而大龄男青年则显得较为虚弱和沉闷；出生于五运且生年属土金或七兑金命的人运气会特别好，而出生于六运且生年属木的人运气特别差。

从 2004 年至 2023 年，这段时间是八白艮土星当令，气运的性质是八白艮土气，人世间地处东北艮宫正神方位的人就会旺盛起来，地处西南坤宫零神方位的人就会衰落下去。八卦中的艮代表少男，在八运里，少男会显得特别能干和活泼，而大龄女青年就会显得虚弱和沉闷；出生于六运和七运，且生年属土金或命卦属六乾金、七赤金和八白土的人，运气特别好，出生于五运且生年属一白水命的人运气特别差等。

2. 失运衰死之星的层次与作用

失运衰死之星有三个层次：

第一层：退气星。退气星是指刚刚从中宫退出来，离开运星的位置了，它已经失去了旺气，但也没有衰气，是一种中性气质的星。比如，当八白艮土星当运时，七赤金就是退气之星了。退气星不旺也不衰，对人世间不会有太大的影响，一般只起中性作用。

第二层：煞气星。煞气星是指退出中宫较久且离开中宫较远的星，是带有杀气的星。如八运八白土星当令，六白金星、五黄土星、四绿木星均属于煞气星。煞气星对人世间的旺衰影响来说，不是损丁破财，就是淫荡风流、悬梁自尽或盗窃。

第三层：死气星。死气星是指离中宫最久最远的星，它具有最强的、烈火似的煞气。比如，在七运里，七赤金星当令时，二黑土星就是死气星；在八运里，八白土星当令时，三碧木星就是死气星。对于人世间的旺衰来说，死气星就是罪恶之星，是鬼蜮之星，会在某种条件下聚集成鬼影或幽灵，把人带入死亡之门。

3. 各类星曜的吉凶情况

除了当运星和失运星外，还有生气星。所谓生气星，就是指即将成为旺气的未来之星，这类星生机萌发，非常活跃。比如，在七运星，七赤金星当令时，八白土星和九紫火星就是生气之星；在八运里，八白土星当令时，九紫火星和一白水星就是生气之星。最接近旺星的生气星的卦气较强，稍近旺星的生气星的卦气较弱。对于人世间的旺衰来说，生气星是吉星，会给人们带来好运气，是求之不得的好星。

为了让学者们对当运、失运和生气之类星有明确的了解，现把各个时运中，各类星曜的吉凶情况绘成八卦图加以说明。

（1）上元一运（一白水星入中）

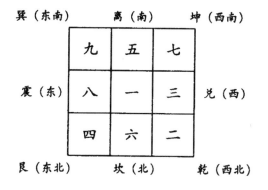

一白水入中：旺气，大吉，最好。

二黑土在乾：生气，次吉，可充分利用。

三碧木在兑：生气，小吉，可以利用。

四绿木在艮：死气，大凶，切忌。

五黄土在离：死气，大凶，切忌。

六白金在坎：煞气，凶，忌用。

七赤金在坤：煞气，凶，忌用。

八白土在震：煞气，小凶，少用为好。

九紫火在巽：退气，无吉无凶，平常。

（2）上元二运（二黑土星入中）

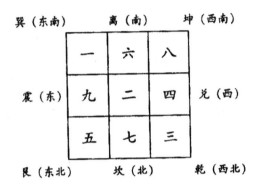

二黑土入中：旺气，大吉，最好。

三碧木在乾：生气，次吉，可以充分利用。

四绿木在兑：生气，小吉，可以利用。

五黄土在艮：死气，大凶，切忌。

六白金在艮：死气，大凶，切忌。

七赤金在坎：煞气，凶，忌用。

八白土在坤：煞气，凶，忌用。

九紫火在震：煞气，小凶，少用为好。

一白水在巽：退气，无凶无吉，平常。

（3）上元三运（三碧木星入中）

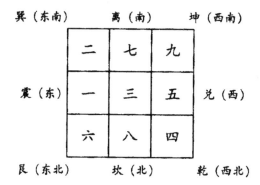

巽（东南）　　离（南）　　坤（西南）

二	七	九
一	三	五
六	八	四

震（东）　　　　　　　　　兑（西）

艮（东北）　　坎（北）　　乾（西北）

三碧木入中：旺气，大吉，最好。

四绿木在乾：生气，次吉，可以充分利用。

五黄土在兑：生气，小吉，可以利用。

六白金在艮：死气，大凶，切忌。

七赤金在离：死气，大凶，切忌。

八白土在坎：煞气，凶，忌用。

九紫火在坤：煞气，凶，忌用。

一白水在震：煞气，凶，忌用。

二黑土在巽：退气，无凶无吉，平常。

（4）中元四运（四绿木星入中）

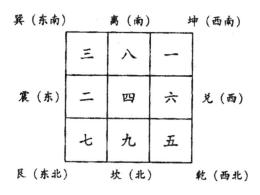

巽（东南）　　离（南）　　坤（西南）

三	八	一
二	四	六
七	九	五

震（东）　　　　　　　　　兑（西）

艮（东北）　　坎（北）　　乾（西北）

四绿木入中：旺气，大吉，最好。

五黄土在乾：生气，次吉，可以充分利用。

六白金在兑：生气，小吉，可以利用。

七赤金在艮：死气，大凶，切忌。

八白土在离：死气，大凶，切忌。

九紫火在坎：煞气，凶，忌用。

一白水在坤：煞气，凶，忌用。

二黑土在震：煞气，小凶，少用。

三碧木在巽：退气，无凶无吉，平常。

（5）中元五运（五黄土星入中）

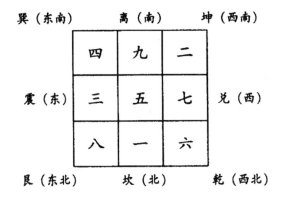

五黄土入中：旺气，大吉，最好。

六白金在乾：生气，次吉，可以充分利用。

七赤金在兑：生气，小吉，可以利用。

八白土在艮：死气，大凶，切忌。

九紫火在离：死气，大凶，切忌。

一白水在坎：煞气，凶，忌用。

二黑土在坤：煞气，凶，忌用。

三碧木在震：煞气，小凶，少用。

四绿木在巽：退气，无凶无吉，平常。

（6）中元六运（六白金入中）

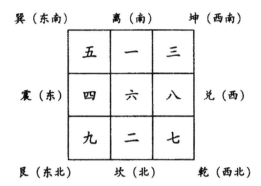

巽（东南）　　离（南）　　坤（西南）

五	一	三
四	六	八
九	二	七

震（东）　　　　　　　　　兑（西）

艮（东北）　　坎（北）　　乾（西北）

六白金入中：旺气，大吉，最好。

七赤金在乾：生气，次吉，可以充分利用。

八白土在兑：生气，小吉，可以利用。

九紫火在艮：死气，大凶，切忌。

一白水在离：死气，大凶，切忌。

二黑土在坎：煞气，凶，忌用。

三碧木在坤：煞气，凶，忌用。

四绿木在震：煞气，小凶，少用。

五黄土在巽：退气，无吉无凶，平常。

（7）下元七运（七赤金星入中）

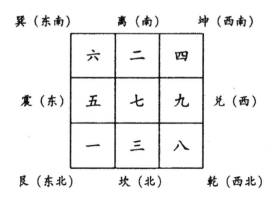

巽（东南）　　离（南）　　坤（西南）

六	二	四
五	七	九
一	三	八

震（东）　　　　　　　　　兑（西）

艮（东北）　　坎（北）　　乾（西北）

七赤金入中：旺气，大吉，最好。

八白土在乾：生气，次吉，可以充分利用。

九紫火在兑：生气，小吉，可以利用。

一白水在艮：死气，大凶，切忌。

二黑土在离：死气，大凶，切忌。

三碧木在坎：煞气，凶，忌用。

四绿木在坤：煞气，凶，忌用。

五黄土在震：煞气，小凶，少用。

六白金在巽：退气，无凶无吉，平常。

（8）下元八运（八白土星入中）

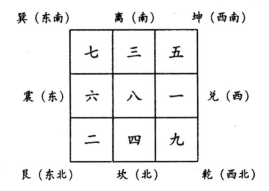

巽（东南）　　离（南）　　坤（西南）

震（东）　　　　　　　　　　兑（西）

艮（东北）　　坎（北）　　乾（西北）

八白土入中：旺气，大吉，最好。

九紫火在乾：生气，次吉，可以充分利用。

一白水在兑：生气，小吉，可以利用。

二黑土在艮：死气，大凶，切忌。

三碧木在离：死气，大凶，切忌。

四绿木在坎：煞气，凶，忌用。

五黄土在坤：煞气，凶，忌用。

六白金在震：煞气，小凶，少用。

七赤金在巽：退气，无吉无凶，平常。

（9）下元九运（九紫火星入中）

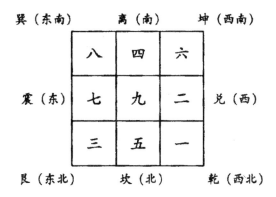

巽（东南）　　离（南）　　坤（西南）

震（东）　　　　　　　　　兑（西）

艮（东北）　　坎（北）　　乾（西北）

九紫火入中：旺气，大吉，最好。

一白水在乾：生气，次吉，可以充分利用。

二黑土在兑：生气，小吉，可以利用。

三碧木在艮：死气，大凶，切忌。

四绿木在离：死气，大凶，切忌。

五黄土在坎：煞气，凶，忌用。

六白金在坤：煞气，凶，忌用。

七赤金在震：煞气，小凶，少用。

八白土在巽：退气，无吉无凶，平常。

二、九星五行生克制化

　　玄空飞星盘由元旦盘、运盘、山盘、向盘四部分组成，每一个卦宫中有四个飞星。元旦盘的洛书九星是固定的，一般隐去没有标出，只标明运星、山星和向星。这四个星组合一起，各星的五行就会发生相生相克的作用，其中山星和向星之间相生相克力度最大。下面，主要分析山星、向星之间五行生克制化产生的吉凶影响。

　　飞星盘中是以数字来代表飞星的，必须知道这些数字所代表的五行性质：一代表水，二代表土，三代表木，四代表木，五代表土，六代表金，七代表金，八代表土，九代表火。飞星盘各宫位的数字组合，都代表着五行生克制化的关系，山向两星的五行关系组合有生入、克入、生出、克出、比和五种关系。下面，分别以向星和山星为主分析吉凶组合：

1. 以向星为主、山星为宾的吉凶组合

山星生向星者为"生入"；

山星克向星者为"克入"；

向星生山星者为"生出"；

向星克山星者为"克出"；

山星和向星相同者为"比和"。

要分辨山向星五行生克制化的吉凶情况，必须分析山星、向星得令还是失令。

首先，以向星为主，山星为宾分析飞星的吉凶组合。向星为旺星，山星生入为吉，比和为吉，克入为凶，生出、克出为弊（小凶）。向星为退气，生出、克出为利（小吉），克入有利有弊，生入、比和有利有弊。向星为煞气、死气，生出、克入为吉，生入、比和为凶，克出为利。

【例】七运酉山卯向，如下图所示：

1 6 六	5 1 二	3 8 四
2 7 五	9 5 七	7 3 九
6 2 一	4 6 三	8 4 八

向方的向星为旺星 7 赤金，属当元令星。而山星 2 为宾，五行为土，是土生金，又是"生入"，对向星最有利。

【例】七运戌山辰向，如下图所示：

9 7 六	4 2 二	2 9 四
1 8 五	8 6 七	6 4 九
5 3 一	3 1 三	7 5 八

向方的向星为旺星 7 赤金，属当元令星，为吉星。而山星 9 为宾，五行为火，是火克金。风水上叫龙神交战（山星为山龙，向星为水神），宾克主格，尽管是"克入"，这种组合弊多利少。

2. 以山星为主、向星为宾的吉凶组合

向星生山星者为"生入"；

向星克山星者为"克入"；

山星生向星者为"生出"；

山星克向星者为"克出"；

向星和山星相同者为"比和"。

山星为旺星，生入、比和为吉，克入为凶，生出、克出为弊（小凶）；山星为退气，生出、克出为利，克入有利也有弊，生入、比和为凶，克出为利；山星为煞气、死气，克入、生出为吉，生入、比和为凶，克出为利。

【例】七运酉山卯向，如图所示：

1 6 六	5 1 二	3 8 四
2 7 五	9 5 七	7 3 九
6 2 一	4 6 三	8 4 八

←　　　　　　　　　　　　┤

山方之山星为7，属当元令星，为最吉。而向星3为宾，五行为木，是金克木，"克出"，对山星7小凶。

【例】七运午山子向，如图所示：

┬

1 4 六	6 8 二	8 6 四
9 5 五	2 3 七	4 1 九
5 9 一	7 7 三	3 2 八

↓

山方之山星为6，属退气星，不吉也不凶。而向星8为宾，五行为土，是8土生6金，是宾生主格。由于8是生气星，对山星6最有利，所以是吉利的。

这里要提醒大家，在判断某个卦宫九星吉凶时，要以是否得令和得局为准，以山向两星五行生克制化为辅。山向两星五行生克制化，只能通过得令与否和得局与否的情况，才能判断增减吉凶的作用。

三、飞星组合含义

飞星组合是指运盘、山盘和向盘上的五行性质不同的飞星，依照一定的规律分布在九个宫位上，每个宫位上都有三个数。这三个数就是运星、山星、向星，当三个不同的数组合在一起时，自然会产生一种比较特殊内涵的意义。飞星组合后的含义是判断阴阳风水吉凶的重要依据。现将九星组合关系分析如下：

1. 一白水星与九星组合的含义

※ 一白与一白组合的含义

一白水星为文昌星。两星组合，有利读书，文章振发，头脑灵活，思维敏捷，大利文职文官。

※ 一白与二黑或二黑与一白组合的含义

一白与二黑组合：

一白坎为水为中男，二黑坤为土为老妇，两星组合在一起，为土克水。夫遭妇辱，主妇当权。一白水星代表人体上的血、精、肾水，二黑土克制一白水，意味着家人易患肾和血精的疾病。在人物上，一白坎代表中男，两星组合，意味中男被克，不利男人。若一白水旺，二黑土难克一白水可得平安。

二黑与一白组合：

二黑坤为土，又称病符，坤为腹。二黑土克一白水，不利中男，暗示中男或男人有病灾。二黑土失令时，土自然难于克制旺水，反会被水浸泡而冲垮，易生腹水膨胀之疾，故多应黄肿之病，如黄疸肝肿。肝肿之疾多数是因体内循环失调引发的。

※ 一白与三碧或三碧与一白组合的含义

一白与三碧组合：

一白为水，三为木。《玄机赋》云："木入坎宫，凤池身贵。"当元旺令之时，水生木，主名气。失令时，变成煞气，主是非、争辩之事。

三碧与一白组合：

一白水生三碧木，三碧为震为雷，得令生旺之时，主出声名之人，财禄丰盈，兴家创业。下元失令之时，三数成为死气，不利长子，并且有手脚残伤，同时也会发生肝病死厄之事。

※ 一白与四绿或四绿与一白组合含义

一白与四绿组合：

一白水为文昌星，四绿木为文曲星。一白与四绿组合是文昌会聚，生旺得运时，主文章名世，科甲联芳。《玄机赋》曰："木入坎宫，凤池身贵。"说的就是水生木旺，身贵名扬。《紫白诀》云："四一同宫，准发科名之显。"是指一白水主智慧，四绿木主名誉。一四同宫，若得物象相应，又得运时，主考试夺魁，文艺声名，世代书香，人品俊雅。（物象是指峦头或布局与理气相配合）

四绿与一白组合：

四绿木是文曲星。四一同宫，若得生旺多主出文人学仕，扬名显世。同时四一同宫也主桃花，诗酒与风流。《飞星赋》云："当知四荡一淫，淫荡者扶之归正，"指的是四绿之方形势不佳，水形摇头摆尾，斜飞涣散，或山形如掀裙舞袖、献花，又失时令，必主淫荡。"扶之归正"，指的是用于形势端正，又得当运得令之时。

※ 一白与五黄或五黄与一白组合含义

一白与五黄组合：

一白坎五行属水，坎主中男；五黄属土，又称都天大杀。两星组合，土克水力量很强，一白坎受克，不利男人。一白坎与人体关系上，代表人体上的肾、血、耳、子宫。同时又称一白坎为胎神，因此一白坎水受五黄土克制，五黄为毒素，说明主人易患生殖器疾病和性病。

经曰："山临五黄少人丁。"除五运外，凡是收山得五黄者，多数人丁不旺。五运时，五黄为旺星，为吉利，不按此论。特别是一白与五黄组合（一白为山星，代表丁；五黄为向星），一白胎神受五黄土克制，不但不利人丁，甚至会有不孕不育或绝嗣之忧。也主损成材之男子。凡是挨星盘上出现一白与五组合的方位，绝对不可安床，否则主孕妇受灾，以及难产之象。

五黄与一白组合：

五黄属土，为病毒与毒药。一白坎五行属水，在人物上，坎主中男或家里成材之男子；在人体上，一白星代表人身体上的血液、肾与耳。因此五黄与一白组合，一白水被五黄土重克，说明男人中毒或生病，多数生花柳病或酒精中毒，以及血液、肾脏等疾病。

※ 一白与六白或六白与一白组合含义；

一白与六组合：

一白水与六白金组合，为金水相生，当令得运之时，主文学、艺术均可扬名。《玄空秘旨》曰："虚联奎壁，启八代文章。"奎与壁是二十八宿中的二宿。奎，又称"卦豕"，是二十八宿中西宫白虎七度的首宿，"奎，天之府库"。壁，称为"东壁"，《晋书·天文志》云："东壁二星主文章，天下图书之秘府也。"在失运时，一六组合也是孤单寂寞、清冷凌寒的感觉，实在水冷金寒之象。

六白与一白组合：

当元得运时，六一组合，金水相生，文章显达，升官扬名。失运时，则如《摇鞭赋》云："水淫天门内乱殃。"一白坎水主桃花、淫荡，六白金为天门，主人有智慧，但不走正道，空思妄想之象，并且易得头、骨之病。

※ 一白与七赤或七赤与一白组合含义；

一白与七赤组合：

一白为水也为酒，七赤金为少女、妓女。一白与七赤组合在当令时为金水相生，有桃花之运，易得财富。当其衰，金水多情，贪花恋酒。因酒色而牢役之流。有口舌是非而被仇家刀伤或因男女荒淫而得性病。

七赤与一白组合：

旺令之时，主武职升迁，儿女当行桃花之运，酒肉满盈，生活美满。失令时，水冷金寒，儿女贪花恋酒，钱财散流，或背义忘亲。

※ 一白与八白或八白与一白组合含义；

一白与八白组合：

一白水为中男，八为八白艮，五行属土，为少男、为山为石。此二数组合实为土克水之象。节赋云："坤艮动见坎，中男绝灭不还乡。"主有克害仲房男子，同时也不利生育。又易被阴险小人陷害，怀才不遇。

坎为肾，主精、主耳。土克水，易患耳鸣、肾虚、耳疾甚至耳聋之症。

八白与一白组合：

八白土克一白水，一白坎为中男。失令时，土克水必有克害仲子或壮男。

八白艮为鬼门，一白坎为隐伏，此方若阴暗污秽，主得病人易有幻觉（古时以鬼邪作祟比喻）。八白艮为小石，一白坎为肾，二数组合多有患尿道结石（此方若有圆形土墩、仓库者必应）。八白与一白组合，失令时主出无知、智障之人；得令时主出忠孝、富贵之人。

八白艮、一白坎方位属东北、正北，是光线少、气候阴寒的方位，所以阳宅挨星八白与一白或一白与八白组合的方位如果暗晦污秽，给人一种阴森的感觉，不利主人身体健康。此位不宜铺床，不然多有噩梦不断。

※ 一白与九紫或九紫与一白组合含义；

一白与九紫组合：

"南离北坎，位极中央"，水火既济，合十佳运，主喜庆、谋事顺遂、富贵非常。

九紫与一白组合：

挨星九与一白组合，合十佳运，当元得令，变成了大富贵大旺人丁；若失令不合局，主婚姻破裂、心脏与肾、眼睛有病。

2. 二黑土星与九星组合的含义

※（二与一参见前面：一白水星与九星组合的含义）

※ 二与二组合的含义

二黑土若当令为天医星，主医药兴家，出名医。在下元，二黑失令，中元二黑已为退令之时，皆为病符。二黑坤土为皮肉、为热症、为老母，不得令时主多病痛，不限于小儿。大多患脾胃之病。《玄机赋》云："巨入艮坤，田连阡陌。"是指二黑土得令之时，艮坤为土，故旺田园；是指二运，二黑土得当元之运。如壬山、甲山、午山、丁山、酉山、辛山，向上有水，主富。

※ 二与三或三与二组合含义

二与三组合：

二黑坤，坤为牛为土，三碧木为震为动，三碧木克二黑土又在坤宫西南方位，又称为斗牛煞。主有官非之事，夫妻不和，妇被夫欺，家人博弈好饮，田园荒废，出偷鸡摸狗之徒。二运时，二黑土得令，老妇掌权，大发田园，唯有长子不肖。二黑坤土失令，男儿淫荡败家，妇人得腹病。

三与二组合：

上面说过，二与三组合属斗牛煞，易犯是非之事。三运时，三碧木得当元旺令，木克土，二黑土反成为三碧木的败星，二黑坤为田庄之象，三碧震为长男，因此三运时三碧木得当运旺令，长子大发丁财。当三碧木衰死时（如五、六运期），三碧木没有力量克制二黑坤土，二者组合会变成斗牛煞，必然引起家庭缺和，夫妻不和睦。常因与上司争斗而惹官非，或因争斗而伤身体，总之多属劳碌奔波，阻碍破败。

※ 二与四或四与二组合含义

二与四组合：

二黑坤二主家母，四绿巽是木。二四组合是木克土。四绿巽是长女、媳妇，二四组合是母女不和，婆媳不和。但木克土，木胜土败，主母有伤。秘本云："二逢四，咎当主母。"

二黑坤失令时为"病符"，四绿巽主风，二者组合易患神经、中风、胃病及呼吸疾病。

四与二组合：

四绿木（肝胆、神经系统）克二黑土（腹部、脾胃、消化系统），中医认为是"肝气犯胃"或"肝脾不和"。现在通常是指慢性胃肠病，食欲不振，营养不良。二是坤，主宅母、老母，二黑坤土与四绿巽木，木克土。秘本云："二逢四，咎当主母。"此二星组合不利家母。

※ 二与五或五与二组合含义

二与五组合：

二黑除在二运期间为"天医"之外，其他运皆作病符论。在五、六、七运为杀气尤凶，若与五黄毒素同宫时，定主损丁。二黑主属脾胃、肌肉、发热，黄肿、昏迷之病。五黄为毒素，易患肿瘤，二五组合，多是重病、死亡之灾或天灾横祸。

五与二组合：

五与二组合中，唯有二运时山逢二，五运时向逢五，主旺丁巨富。其余运，山水逢之，非鳏即寡，非病即横祸。

※ 二与六或六与二组合含义

二与六组合：

二黑坤土，六白乾金，此二者组合属老阴老阳正配。土生金，得令合局主富贵。《飞星赋》云："乾为寒，坤为热，往来切忌。"指的是此二星组合的方位不宜有进出门路，不然宅主有患三阴病症。

六与二组合：

六白乾金，二黑坤土。当运二黑巨门主发土地田庄。玄空秘云：
"富并陶朱，断是坚金遇土。"《紫白决》云："二黑飞乾，逢八白
而财源大进。"

飞星赋云："戌未僧尼，自我有缘何益？"（原注：戌为僧，未
为尼，失运时相生何益？）乾在西北戌乾亥，坤在西南未坤申。六与
二组合在失运时，主出僧尼或孤男寡妇。

坤土生乾金，虽进财但孤寒。

※ 二与七或七与二组合含义

二与七组合：

二黑坤土为腹，七赤兑金为口，二黑坤土生七赤兑金。若失令时
组合，则为腹泻之症。古代所说的泻痢，通常是指急性腹泻的赤痢，
霍乱病。

坤为老母，兑为少女，两者组合有纯阴之象。得令者，由寡妇致
富，老母当家；失令者，荡妇破家。《玄髓经》云："坤配兑女，则
庶妾娼妓。"古代通常因偏房庶妾没有地位，当然不能得到当家寡母
欢心；在现代可引申为婆媳不和。

二与七数在《河图》中五行化火，生旺主得横财巨富，出贵女或
命卜家，克煞主吐血、火灾、难产、夭亡、横祸。秘本云："二七合
火，乘杀气，遇凶山凶水，鸟焚其巢也。"所谓凶山凶水是指：二七
同宫离位有火水冲击，或剪刀路、八字路，即为乘凶气遇凶水。

二黑坤土，七赤兑金。二者组合虽然土生金，有进财之象，但因
纯阴组合，不利后代，主进财后会出凶险、不利之事。

七与二组合：

《玄空秘旨》曰："富近陶朱，断是坚金遇土。"指的是二黑坤
土生七赤兑金，但必是七运时，向星得"七"数，山星得"二数"，
二七同宫得当，定巨富。

失令时"二七合为火，乘凶气，遇凶山凶水，乃鸟焚其巢，主火灾、流产等不利之事"。

※ 二与八或八与二组合含义

二与八组合：

坤二、艮八二者皆土而合十。坤土见艮土，为比和。二黑为巨门星，玄机赋云："巨入艮坤，田连阡陌。"多发田产之富。

二、五、八运的丑山未向或未山丑向，皆为旺山旺向，坐后有山，向上有水，主巨富。二坤为地，八艮为山，多发房地产之财。

失令，主破财损丁，家出僧道之流。

八与二组合：

二、五、八运，丑艮寅未坤申山向，若收山不得山而得水，收水不得水而得山，即名"换局"。此是指朝向的方位有山，坐山的方位有水，实为山水颠倒之象。理气与环境不配合的情况，主有看破红尘出家为僧尼。因艮坤两个卦位在奇门中分别为生、死门，生与死乃人世间最难解脱之关也，即不为僧尼，也主喜迎僧尼（佛道之人）。

若得令合局，则为《玄机赋》云："巨入艮坤，田连阡陌。"主巨富。

二与八合十皆旺，例如：二运，二为得令，因八与二相合之故，八数亦为得令。反言之，八运时，二数也为旺。

※ 二与九或九与二组合含义

二与九组合：

生旺得令时，文笔生辉，田财巨积。失令时，阴神入室，男女淫荡，财富耗尽，主出愚钝之人；火炎土燥，易有血光之灾；阴气过重，主出寡妇。土伤瞽目之人。

九与二组合：

九紫火，离卦，为心为目为神智。九与二组合得令时，则火土相生之情，火生土，秀气发达，土受火生，为印星，为庇荫，主出秀士、智慧之人。

失令时，火被土晦，反主出目疾、心脏病，以及婆媳不和妯娌不睦。以及火炎土燥，不长万物，主出愚人，不生育。

九紫离为中女，二黑坤为老母。九二组合为纯阴正配。《玄空秘旨》云："阴神满地成群，红粉场中空快乐。"指庶妾虽多，只有空乐而无子。

3. 三碧木星与九星组合含义

※（三碧木与一组合参见一与三组合含义）

※（三碧木与二组合参见二与三组合含义）

※ 三与三组合含义

三碧震木之性刚毅、活泼、迅速。三碧木五行属木，主仁，为长男。震为雷，为车马。

凡挨星三碧之方得当旺合局，主名声远播，光宗耀祖，出有名人物，如歌星、勇士。

若失运，上山下水必主出好勇斗狠之人、暴徒、手脚残疾之人，并有哑巴同时肝胆之病。

※ 三与四或四与三组合含义

三与四组合：

震雷为木，巽风亦为木，三与四组合，两木同宫，为比旺之象。《玄空秘旨》云："贵比王谢，总缘乔木扶桑。"三碧木为竹木、乔木，如松、柏；四绿木为花卉、草木，如桑、柳。三与四组合，一刚一柔相配，当元得令之时，必是富贵之象。巽为长女，震为长男，主长男、长女大发财。

失令时，三与四组合，主出不明事理之人，或有手足有伤，以及有肝、胆之病。

四与三组合：

得令时，阴阳正配，家庭和睦、儿女孝顺、发财，并主出贵人、事业顺利。失令时，夫妻反目，出游荡不孝之子，身体有病，手足有暗疾。

※ 三与五或五与三组合含义

五为贞，五行属土。三五组合，三碧木克土，有激发急性灾病。

《玄空秘旨》云："我克彼而遭其辱，因财帛以丧身。"木克土本为财，惜五黄大煞不能克动，克之反而遭其祸。因钱财引起灾祸，甚至出人命。《飞星赋》云："碧绿风魔中，他处廉贞莫见。"

古代所谓的"风魔"，实际是今日我们平时所说的病是指流行性病症，如霍乱等病。

※ 三与六或六与三组合含义

三与六组合：

当元得旺，三碧震为东方、为诸侯，六白乾为权贵，官贵、为远、为高。主出官贵之人，事业有成，名震远方。

若失令时，三碧震与人体关系是在下为足，在上为手。六白乾为金刀、铁器之类，金克木，必主有手脚残伤。

六与三组合：

《飞星赋》云："头响令六三。"乾为首，震为声，雷性上腾，故头鸣，易患肝阳上亢等症，多主有头病或头痛之病。

三为震，为长男，六白乾金克三碧木，易伤子，特别不利长子。

三碧木为筋骨、为足，遇金克，伤足之象。

总之六三组合失运，多主有肝胆胃病开刀、动手术、车祸、手足之伤、头痛以及官司刑狱之事。

※ 三与七或七与三组合含义

三与七组合：

当元得旺，财源广进，有文臣而兼武将之权贵；失运时，三与七组合为穿心煞，会有手足及肝胆之病。兑方位内外有破损，为肺病而吐血，家有酒淫之徒，并出扒手贼盗，败坏家门。

七与三组合：

三碧震木为文、为仁；七赤兑金为武、为仪、为杀。七三组合得令，主能文能武，仁义，刚柔兼具。失令之时，木金相克为穿心煞。因三碧为蚩尤、贼星，七赤为破军、刑曜，二者组合，有肃杀剑锋之象，必主因人刚毅而生灾，门争不和，出盗贼劫掠，不仁不义，男盗女娼。

※ 三与八或八与三组合含义

三与八组合：

三碧木为长男，八白艮土为少男，二者组合木克土。若三八失令，多主克少男，小口损伤，家中兄弟不和，或因争财产而惹官司；当元得旺，反出贤良之人，文才出众。

八与三组合：

当运得令，主孝子养父，忠孝传家。兄弟和睦有发丁发财之象，多生聪明之子，出文才、魁元。当失运之时，主损幼子，手足相残，同室操戈。

※ 三与九或九与三组合含义

三碧为木为雷、为迅速；九紫为火，为日、为电光。木与火组合，木生火，有光而明，实为木火通明，聪明文采。若得当元旺运，必出文章满腹大学生，虽不当元，也主出聪敏之子。三与九组合之方，实际也是文昌之位。

4. 四绿木星与九星组合含义

※（四绿木星与一、二、三组合参见前面）

※ 四与四组合含义

当元得旺，四绿木星为文曲星，四与四组合实为文曲双星齐到，儿女成绩优异，喜逢登科。大利文职，颇有声望。

当失令衰气，四绿木星为风，风性飘荡，四与四组合，主人漂泊四海，风流不断，寡妇当家，男儿离家出走。

※ 四与五或五与四组合含义

四与五组合：

四绿木为风，有急功近利的性质；五黄为毒素，有猛烈性情。四与五组合，当元得令，有横发骤富，家业兴旺。

失令衰时，症不断，博弈好饮，园田荒废，主妇病缠，难生育儿女，家境败落。

五与四组合：

当元得令，家业兴旺，事业顺利。失令衰时，男儿博弈好饮，无所作为，妇人易生乳病，家境落败。

※ 四与六组合或六与四组合含义

四与六组合：

两者组合，六白乾金克四绿巽木。《飞星赋》云："小畜差徭劳碌。"原注巽为命令，乾为大人，乾克巽，故有差徭劳碌之象。

《玄机赋》云："木见戌朝，庄生难免鼓盆之叹。"原注巽为长女，乾金克巽木，故主克妻。

《玄空秘旨》云："巽宫水路缠乾，为悬梁之厄。"指四六组合在巽宫，此方位有旱水路，即平时无水，下雨才形成水路，形状如蝇套。如不是当元得令，主有悬梁、自缢之人。

六与四组合：

当元得令时，六白乾为君（尊位之男），四绿巽为后（最尊之女），主艺术才华出众，名利双收，姻结权贵富豪，考试榜首。

失元衰时，六白乾金为夫，四绿巽为妇，金克木主丧妻。身败名裂，犯罪，并有肝胆之病。

※ 四与七或七与四组合含义

七赤金克四绿木。七赤为少女，四绿主长女，两女相交，同性相拒，相克不和之象。

四绿主文章，水衰逢金克，名为文昌破体，主不出文秀，功名无望。

《玄空秘旨》云："雷风金伐，定破刀伤。"雷为震木为三，风为巽木为四，此二木被金克制，易出伤残之人。木为肝，木被金克，易患肝炎之病。

当元得令，七赤金难克四绿木，七赤金反成为四绿木的官星，主有权威，必有妇人主政，出女强人，事业成功。

※ 四与八或八与四组合含义

四绿为木为文曲，八白艮为山为少男，四绿木克八白土，主有损伤少男。

四绿为长女，八白艮为少男，少男配长女不正配，妻欺少夫，妇夺夫权，夫妻不和。

玄空秘旨云："山风值而泉石盲。"其意是怀才不遇，终老林泉。

※ 四与九或九与四组合含义

四与九组合：

四绿木生九紫火，当元得令，家业兴旺，出聪明之士，文章振发，有名声。

当失令衰气，婶嫂争权，妇人不和，易犯桃花之劫，常犯眼疾或有火灾之厄。

九与四组合：

四绿木生九紫火，火旺之象。当元得令，万堂焕发，夫荣妻贵，儿女聪明，文才优异，财富骤积，喜事频来。

失令衰弱，男女淫乱，身败名裂，事业破败，常患目疾，子女淫荡无归。

5. 五黄土星与九星组合含义

※（五黄土星与一、二、三、四组合参见前面）

※ 五与五组合含义

五黄土星，除五运期间，五黄为当元得令为"皇极"不为凶外，并且若得山水配合，必出大富大贵之人。其他运五黄土星皆为煞星、毒气。五黄又称为戊己大煞，无论生克俱凶，宜安静，不宜动，若和流年五黄并临，轻则灾病，重则有损丁之象，甚至连丧五人，其发祸猛烈。

※ 五与六或六与五组合含义

六白乾为君、为父，五黄为横祸。失令时山水不合，主老父家长遭横凶死。

当元得令颇得钱财。特别六白乾金旺，五黄土便能生六白金，则主富豪。"富比陶朱，断是坚土遇金。"如六乾金衰弱，旺土埋金，则不利家主，并且有患头部顽疾，同时有服毒自杀之象。

※ 五与七或七与五组合

七为兑为少女，在人体为口。五黄为毒素。

《飞星赋》云："紫黄毒药，邻宫兑口休尝。"指九紫火味苦，五黄性毒，故为毒药。若兑金贪五黄土相生好比毒药入口，比喻五与七组合的含义。

《飞星赋》云："青楼染疾，只因七弼同黄。"指七为兑为弼辅和五黄毒性在一起，主因男女淫乱无度引起性病、梅毒。

七赤金为口，五黄毒生之，亦主吸毒品。

※ 五与八或八与五组合含义

五与八组合：

当元得令，有田庄地产之富，儿女孝顺；失令衰弱时，妇生愚钝之子，家人多有眼病，或有心闷头痛。若遇太岁，恐有血光之灾。

八与五组合：

当元得令，大发财禄，家业安康。

当失令衰弱，破财伤筋，小口病厄，运势破坏，并有肠胃疾病之苦。

※ 五与九或九与五组合含义

九紫离火，味苦性烈，与五黄毒气组合为毒药。

此二者组合，有吸毒品、服毒、性病、淫乱、火灾的含义。

凡阳宅挨星九五组合之方，不宜安炉灶，做厨房。

6.六白乾金与九星组合含义

※（六白乾金与一、二、三、四、五组合含义请参见前面）

※ 六与六组合含义

《飞星赋》云："须识乾爻门向，长子痴迷。"不但是指元旦盘中戌乾亥方位，亦指运盘及山向飞星的六白方，此方不宜开门，若有进入之门，不利长子或长子得痴呆之病。同时此方若是断头砂，必遭刑狱之厄。

六与六组合，实际上是纯阳相会，六为父，为老人。六与六组合，两老父同居，孤家寡人不利。

※ 六与七或七与六组合含义

六白乾金，七赤兑金，此二星组合，金之性刚肃杀。当元得令，又得山水得配，多出武将，刑官。如果失运衰弱时，此二星组合，则为交剑劫杀、官场争执、家庭不和并有刀剑之伤、车马之祸。并且易患口疾、头痛或血光之灾。

※ 六与八或八与六组合含义

八白艮为武曲，六白乾金为官员。八白土生六白金，金主贵，土主富。此二星组合当元得令，则主富贵双全，功名利禄齐来，家业兴盛，子孙受荫。艮为少男，乾为老父，艮土生乾金，二者有相生之情，主出孝子奉养老父，必有贤孝之子。

失令时，八与六组合，老父与少男同宫，纯阳相配，鳏夫之象，自不利后代，主有绝嗣之象。

※ 六与九或九与六组合含义

六白乾金，九紫火，二数组合为火克金。

《玄机赋》云："火烧天门，必当吐血。"天门是指乾，金为肺，被火克，肺病严重，必有吐血之事。同时也主家出骂父逆子，辛苦奔波，劳碌堪伤，疾病重重。当元得令时，丁财皆旺，家主贵并且出聪明武将。

7. 七赤金星与九星组合含义

※（七赤金星与一、二、三、四、五、六组合含义请参见前面）

※ 七与七组合含义

《紫白诀》云："破军赤名，肃杀剑锋之象。"

一般来说，七与七组合之方位最忌形状粗恶的山水，而喜秀丽平和的形势。

七七组合得令，配以文秀之山水，主出美女、律师、金融界巨子、名嘴（演讲家）、改革家。七赤星与外形环境相应配合推断，则有种种表现：外形有葫芦之砂，家出医卜之人……

七与七组合失令，主嫖赌破家放荡，甚至肢体残伤。同时劫贼入室，招至桃花之劫。

※ 七与八或八与七组合含义

七为兑为少女，八为艮为少男，二者组合，为少男与少女正配。当元得旺之时，文职武权，财禄两得，夫妻和睦，儿女安康。

失令之时，财产易败，夫妻成仇。同时男女虽有一拍即合，招手成婚，但亦速冷却，即同陌路，必有分开。

※ 七与九或九与七组合含义

九紫火离卦，为中文，喜气、眼目、欲火等，七赤金兑卦为少女、娼妓、喜悦。

此二星组合得令，主婚姻喜庆，出美女，以及律师军事家、改革家、艺术成名之人。

《紫白诀》："七赤为先天火数，九紫为后天火星。"此二星组合，有八白土星与九星组合含有火灾的危险。

失令衰时，此二数组合有火灾之患，同时主酒色淫乱，并且也有血症、血光之灾。

8. 八与八组合含义

※（八白土星与一、二、三、四、五、六、七星组合含义请参见前面）

当元得令，大利文才学业，大发田庄地产之富，双喜临门，事业兴旺。

当失令衰弱时，家业破败，并有伤筋骨以及肩骨酸痛之苦。

※ 八与九或九与八组合

秘本云："辅弼相辉，田园富盛，子孙繁衍。"八白为左辅星为土，九紫为右弼星为火，火生土旺，八白艮主土地、田园。当八与九组合，当元得旺时，自然大发横财，富堪敌国。

《紫白诀》云："八逢紫曜，婚喜重来。"八白本为吉星，九紫又为喜曜，九紫火来生八白土，故主婚喜重来之象。

失令衰弱时，火炎土燥，妇生愚子，家人有眼疾并有火灾之厄。

9. 九紫火星与九星组合含义

※（九紫火星与一、二、三、四、五、六、七、八星组合含义请参见前面）

※ 九与九组合含义

《玄空秘旨》云："火曜连珠相值，青云路上自逍遥。"火曜，是指尖秀之峰，即为文笔。

九与九同宫，处在向方位置，为双星会向。九紫火性躁烈，当元得旺主即刻发福，文章显达，名传四海。

失令衰弱，妇多产女儿，男女好色，家中易出眼疾瞎目之人。房屋易生血光之灾。

四、九星物象与运用提示

九星物象的含义

九星中除五黄星位居中宫外，其余八个星与八卦一一对应。古人把万事万物划分成八类，用每个卦来代表一类事物，这就是八卦类象，八卦类象加上五黄类象就是九星物象。这是玄空风水推断九星吉凶的重要基础。现把九星物象介绍如下：

1. 一白坎

（1）五行：水。

（2）人物：中男、江湖之人、舟中之人、盗贼、匪类之人。

（3）人事：险诈卑下，外示以柔，漂泊不定，随波逐流。

（4）身体：耳、血、肾、精。

（5）疾病：耳痛、心疾、胃冷、水泻、涸冷之病、血病。

（6）物品：门窗、台灯、珍珠、蓝宝石、冰箱、鱼缸、水龙头和海景、瀑布和河流的照片或图片，以及雕刻鸭、鹅、猪、弓箭造型品。

（7）外形特征：山峰连绵而成水波状，且没有突出的主峰。

（8）色彩：黑色、银色，可转换气氛、振作精神；海蓝色、橄榄绿，可恢复平和悠闲的心情。

（9）作用：开发潜力，增进思考，发明创作的才能，加强意志，并且对久婚不孕者有增加怀孕的机会。

2. 二黑坤

（1）五行：土。

（2）人物：老母、后母、农夫、乡人、众人、老妇人、大腹人。

（3）人事：吝啬、柔顺、懦弱、众多小人。

（4）身体：腹、脾、肉、胃。

（5）疾病：腹疾、脾胃之病、饮食停滞、谷食不化及各种皮肤病。

（6）物品：方形桌椅、寝具、静物、容器、地毯、垫布、拖鞋、手提袋、陶瓷器及牛的造型物品。

（7）外形特征：平坦、方形、方高者，如屏风、牙刷、木橱。

（8）色彩：土黄色、棕色、褐色、咖啡色、紫色，可加强工作的干劲。

（9）作用：使浪费者变为节俭，并且增进爱心、涵养、收敛、改善消化功能。

3. 三碧震

（1）五行：木。

（2）人物：长男。

（3）人事：起动、怒、盛惊、鼓噪、多动少静。

（4）身体：足、肝、头发、声音。

（5）疾病：足疾、肝病、惊恐不安。

（6）物品：木制家具、竹木雕刻品或者龙、鹿的造型物，还代表竹木植物与花树盆栽。

（7）色彩：绿色、黄绿、草绿、翠绿、青绿。

（8）作用：激发积极进取，培养信心，使人拥有青春活力，早日出人头地。

4. 四绿巽

（1）五行：木。

（2）人物：长女、秀士、寡妇、山林仙道、僧道。

（3）人事：柔和、不定、利市三倍、进退不果。

（4）身体：脸、股、气、风疾。

（5）疾病：股肱之疾、肠病、中风、塞邪气疾。

（6）物品：盆栽植物，如小的梅花、观音竹、茶花、含羞草及毛笔、书纸。书的造型物品。

（7）色彩：绿色、草绿、翠绿。

（8）作用：增强名誉，培养理财能力，同时有利外迁、创作的灵感。可提悟性和思维能力。

5. 五黄土

（1）五行：土。

（2）疾病：五脏疾病、中毒和肿瘤、痛症等。

（3）凶煞：横死、精神分裂。

（4）物品：古董，如传家之宝、罗盘及一些怪异的物品，这些物品必须来自古屋、古墓、古寺等，因为这些物品怪异，选用时务必谨慎考虑。

（5）色彩：黄色、土黄色、茶色、棕色。

（6）作用：增加个人的权威、领导能力，并且有逢凶化吉的妙用。

6. 六白乾

（1）五行：金。

（2）人物：君、父、大人、老人、长者、官吏、名人、公务员。

（3）人事：刚健武勇、果决、多动少静。

（4）身体：首、骨、肺。

（5）疾病：头疾、肺疾、筋骨疾、上焦（三焦之一）疾。

（6）物品：六白金星的物品相对来说比较豪华尊贵，与一般的用品不同，如宝石、黄金、钟表、水晶等。圆镜、水晶制品、玻璃杯、车辆膜垫、神像及天文仪器。马的造型物品。

（7）色彩：金黄色、银色、白色。

（8）作用：培养尊贵的气质，发挥潜在的能力，招来贵人扶助。

7. 七赤兑

（1）五行：金。

（2）人物：少女、妾、歌伎、伶人、译人（翻译）、巫师、奴仆、婢。

（3）人事：喜悦、口舌、诽谤、饮食。

（4）身体：舌、口、喉、肺、痰、涎。

（5）疾病：口舌、咽喉之疾、气逆喘疾、饮食不佳。

（6）物品：玩偶、明星照片、少女图片、象棋、葫芦、艺术刀、香水瓶，以及五金制品。羊的造型物品。

（7）色彩：白色、金色、银色。

（8）作用：有利发挥口才，增强决断力，同时未婚者能增强恋爱的机会。

8. 八白艮

（1）五行：土。

（2）人物：少男、闲人、山中、童子。

（3）人事：阻隔、宁静、进退不决、止住、不见。

（4）身体：手指、骨、鼻、背。

（5）疾病：手指之病、胃脾之疾。

（6）物品：雅石、桌椅、沙发、珠宝盒、印石、砚、陶器、水壶、花瓶。狗的雕塑物品。

（7）色彩：茶色、褐色、咖啡色、土黄色、砖红色。

（8）作用：稳定的意义。

9. 九紫离

（1）五行：火。

（2）人物：中女、文人、目疾人、军人。

（3）人事：文化之所、聪明才学、美丽。

（4）身体：眼睛、心、上焦（三焦之一）。

（5）疾病：目疾、心疾、上焦病、流行病。

（6）物品：镜子、水晶灯、太阳镜、彩画玻璃、人造花、微波炉、电灯、电熨斗、手电筒、罗盘、化妆品，以及飞机、枪炮、火车。雉（野鸡）的造型物品。

（7）色彩：色红、朱红、紫红、红紫。

（8）作用：培养敏锐的观察力，光明磊落的心性，女性可养容蕴智，培养成熟的魅力。

五、九星吉凶含义及其运用提示

紫白九星按洛书轨迹运行，进入中宫之星为当令旺星，退出中宫之星为失令衰死之星，将要进入中宫之星为生气星。现在把这三类星重新分为两组：一组为生旺之星，一组为衰死之星。生旺之星俗称吉星，衰死之星俗称为凶星。由于九星是随时间段的流逝而不断替换位置，所以每一个星都有吉凶。处在生旺的位置时为吉星，处在衰死位置时为凶星。下面就把九星在不同位置时的吉凶作简要概述。

1. 一白水星

此星别名贪狼星，又号为文昌星，五行属水，其色为黑为蓝又为白。在生旺时，旺丁旺财，利文利武，少年科甲，名播四海，多生聪明智慧男子。仕人遇之，必得官禄；常人遇之，定进财喜。为九星中第一吉星。

当其衰死之时，容易惹起酒色之祸，或因酒色而家散财破。对身体的影响主要表现为：容易患耳病、肾脏衰竭，以及膀胱、睾丸、疝气、子宫的疾病，严重的会刑妻瞎眼、夭亡飘荡。

一白星主财运稳定，对一些在大机构工作或有固定收入的人士特别有利，主财帛容易积聚起来。

应期——最吉利的流年是肖猴、肖鸡、肖猪及肖鼠的年份，每年财运最强的月份是农历七、八、十、十一月。

宜于这方安门、房、床、水位等。

2. 二黑土星

此星别名巨门，又号病符星，五行属土，其色为黄、黄黑。生旺时可旺财、置业兴家，旺丁旺财，多出武贵，妇人当家，多谋吝啬。

当其衰死时，容易有色祸，有火灾之厄；容易招惹官非，并因此而损失钱财；容易引起各种疾病，比如流产、腹疾恶疮、各种皮肤病，特别是下阴及两腋部位。如果居屋阴暗气闷，则容易出现女鬼或阴人作祟，久居则寡妇当家，病人日久不愈。

二黑星是凶星，主破财。深入一步研究，会因疾病方面的问题而破财。

应期——最差的流年是肖蛇、肖马、肖羊、肖狗的年份，每年破财最多的月份是农历四、五、六、九月。

不要在这方安门、房、灶及作水位。如果门、房、灶及水位在这方，则要摆放一只铜貔貅来化解。

3. 三碧木星

此星别名禄存，五行属木，绰号蚩尤，其色青绿。生旺时，兴家立业，富贵功名，长房大旺；

当其衰死时，易得官讼，易惹贼盗，易造成残病刑妻，易患脓肝之灾、足疾大祸。因其蚩尤好斗，易形成斗牛之煞，官非不断。

三碧星是凶星，是主破财的。进一步分析，会因受他人欺骗而破财，又或是被盗窃而破财。

应期——最差的流年在肖虎、肖兔、肖猪及肖鼠的年份，每年破财最多的月份是农历正、二、十、十一月。

不要在这方安门、房、灶及作水位。如果门、房、灶及水位在这方，宜将水位改移他位，而门或房是没有可能改动的话，宜以红色地毯一张来化解。

4. 四绿木星

此星别名文曲，五行属木，其色翠绿。生旺时，登科甲第，君子加官，小人进产，可得贤妻良夫，文章名世，宜作学术研究和文学创作。

当其衰死时，易遭风哮血厄，患淫逸流荡之失，受酒色破家之苦。女人身体易患流产及腰部以下疾病，易有意外伤亡。

四绿星是一颗闲星，吉凶要视乎环境而决定，至于财运方面属于平平稳稳的一类。

应期——储蓄金钱最多的流年是肖虎、肖兔、肖猪及肖鼠的年份。每年积财最多的月份是农历正、二、十、十一月。

在这方摆放翠绿的盆栽，如黄金葛、兰花、龙骨等。

5. 五黄土星

此星别名廉贞，因其为天干戊己，故称戊己土星。又因其居于天心正位，故又称都天煞神。此星五行属土，其色纯黄。

五黄土星，比拟为皇上，"普天之下，莫非皇土"，它至尊至上，号令八方，位极中央（五运时），所以历代皇帝及其家族，莫不以黄为象征，自号黄龙，身穿黄袍。当五黄坐中，即为旺盛，视为吉星，遇之可旺丁旺财，事业兴盛。

当其飞至各方时（非五运时），即变成大凶之星，被称为"五黄大煞""正关大煞""戊己大煞""都天大煞"，为人世间的最大煞星。犯之会折丁破财，轻则灾病，重则丧命至五人为止。若五黄星飞到之处，见高桥、灯塔、烟囱、桥梁、尖角或门路直冲必定伤人。若人命不绝，则有火灾，可见其性烈，不可轻犯。尤其有见大石尖峰触其震怒，古树神庙壮其威力，则火炎漫天，不可收拾。若所在宫位没有任何凶煞之物，也会惹来诸多麻烦，处境困难、官非厄运、破财患病。此星除在五运或四运作为生旺星被利用能得其旺气之外，其余各运所到宫位，不论生克，皆呈现凶相。

五黄星是一颗大煞星，主破财，进一步分析，主入不敷支，意外破财，借债欠款有增无减。

应期——破财最多的流年是肖蛇、肖马、肖羊、肖狗的年份。每年最差的月份是农历四、五、六、九月。

不要在这方设门、房、灶及水位，更不宜供奉神灵。如果门、房、灶设在这方，摆放一对铜貔貅来化解。

6. 六白金星

此星别名武曲，五行属金，其色白。生旺时，多有丁财，升官得权，尤其武职威权震世。是为九星中第三吉星。

当其衰死之时，多患官非或陷入官场苦斗，又易引起头痛、脚痛和被金属所伤。对家境来说，有刑妻伤子、伶仃孤苦之灾。出外游玩，容易发生意外，所以要小心行事。

六白星是吉星，对于管理阶层的人士特别有利，主财帛能够聚集。

应期——储蓄最多的流年是肖牛、肖龙、肖猴、肖鸡的年份。每年存款最多的月份是农历三、七、八、十二月。

可在这方安门、房、水位。催横财则放玉貔貅一件，催正财可摆放铜制三脚金蟾一件。

7. 七赤金星

此星别名破军，绰号盗贼星，五行属金，其色为白。生旺时，旺丁旺财，守业发家，小房发福，武途仕宦。

当其衰死时，多有官非口舌或遇盗贼、离乡、横死兵乱、牢狱受苦。于家境则易惹祸灾、伤丁。于身体，则易患呼吸、咽喉、肺部等疾病，特别对女孩子不利。

七赤星是凶星，主破财。进一步分析，会与他人在金钱上发生纠纷，因此而破财。又或因一些交通意外之事而破财，包括因被金属所伤而招惹血光之灾的入院费用。

应期——破财最多的流年是肖牛、肖龙、肖猴、肖鸡的年份。每年破财最多的月份是农历三、七、八、十二月。

不宜在此方安门、房、灶，如果门、房、灶位于这方，宜放风水轮或放一个盛水铜盆来化解。

8. 八白土星

此星别名左辅，五行属土，其色为黄。生旺时，有富贵功名，宜置业旺财，休养生息。由于其本性慈祥，孝义忠良，化凶化煞，故为九星中第二吉星。

当其衰死时，则小口（小孩子）损伤、瘟痰腹胀，或容易患手脚、筋骨、腰脊等疾病。

八白星是吉星，主得财，对一些经商的人士特别有利，一般的商场更要留意这颗星曜，只要催动这星曜，自然财源广进。

应期——得财最多的年份是肖蛇、肖马、肖羊、肖狗的年份。每年赚钱最多的月份是四、五、六、九月。

在这个方位安设门、房、灶。也可摆放玉制三脚金蟾一件，有催正财的力量；如果摆放玉貔貅一件，可以催横财。除此之外，紫水晶也有催财力量。

9. 九紫火星

此星别名右弼，五行属火，其色赤红、紫红。生旺时，发福甚速，旺丁旺财，宜置业守业，又因文章科第，骤至荣显，特别是中房（排行第二）行福。

当其衰死时，为性刚烈，易患回禄之灾。于身体，易吐血、目疾、难产、心脏血管等病，尤其是眼病为多。

九紫星是吉星，主财运中吉，一些有兼职的人士，以日薪或工作量计收入的人，可在这个方位布局。

应期——得财最多的流年是肖虎、肖兔、肖蛇、肖马的年份。每年赚钱最多的月份是农历正、二、四、五月。

在这个方位安设门、房、灶，也可摆放铜制三脚金蟾一件或摆放紫水晶一件。

六、九星与山水形峦配合

（一）峦头与理气结合的重要性

玄空学推断阳宅吉凶的一个主要原则是形理兼顾，形理兼顾始终贯穿着整个推断操作的过程。形与理，即是指飞星盘理气与周围环境的形峦，而兼顾之意是指理气与形峦（形法）要根据玄空学相关的法则，二者都要互相配合。在学习形理如何相兼顾的时候，一定要了解玄空学中的一个最基本的知识，就是"山"与"水"的概念。

山：从广义上来说，高一寸即为山。从外部环境来说，如房屋、高层建筑物、山丘、电线杆、发射塔等均可视为山；居室内电视柜、写字台、饭桌、卧床等也是山的表现。山还可以从静态不动的事物这一方面去理解。

水：从广义上来说，低一寸即为水。在外部环境来说，河流、天桥、道路、停车场、湖泊等均可视为水；居室内的门、通路、饮水器、鱼缸也是水。水在玄空学内的含义即是流动的，动态的形式或物象。

我们在上一节中介绍了九星在不同元运中呈现出不同的吉凶性质，而在某个方位山水的出现将增强或减弱这种作用。具体而言，在某个方位出现山，如果这个方位山星为生旺星，那么这个山起到增吉作用；如果山星为死煞星，那么这个山起到增凶作用。也就是说山的出现对山星吉凶起到放大作用。在某个方位出现水，如果这个方位向星为生旺星，这个水起到增吉作用；如果向星为死煞星，那么这个水起到增凶作用。也就是说水的出现对向星吉凶起到放大作用。

在了解玄空学的山与水的概念及山水对山星、向星吉凶的影响后，下文阐述理气与形峦即飞星和山水的配合关系，也就是"形理兼顾"之道。玄空学中，形理兼顾是指理气飞星盘的格局与自然环境形峦山水间相配合，主要是看山、向二盘当运旺星飞到之处是否有山水配合。当理气飞星盘中山盘当运的旺星飞到处，宜见有形态良好山形来承气，此即为山盘形理兼顾。城市中"山形"即指高楼大厦或其他类型的建筑物，如果山盘当运旺星飞到的宫位见山形，即是玄空学所谓的"山星到山"之局，主旺丁贵。

飞星盘中向盘当运旺星飞到的宫位，宜见有水路或马路环抱，此即为向盘"形峦兼顾"。城市中"水路"指道路、马路、天桥、停车场。如果向盘当运旺星飞到的宫位见水路，即是玄空学所谓的"水星到水"之局，主旺财禄。

但若星盘中山盘当运旺星飞到处，无山形承气而有水路的情况下，此即为山盘"形理互背"，即是玄空学中术语所谓的"山星下水"之局，主败丁贵。

当星盘向盘当运旺星飞到处，无水路承气而见山形逼压的情况下，此即向盘"形理互背"，即是玄空学所谓的"水星上山"之局，主败财禄。

在玄空学里有"山星到山旺人丁，水星到水则旺财，山星下水败人丁，水星上山败财禄"的原则，这是一个最基本的推断原则，读者一定要掌握。

（二）住宅周围的山水与物体的五行特性

住宅周围环境，实际上是指住宅周围的山水，风水学上把分布于住宅周围的山水称为峦头。阳宅周围环境最常见的峦头事物是山峰、房屋、高楼大厦、水道河流、桥梁、街道及尖塔、堤坝等。

峦头与理气是构成风水的主要因素，两者必须紧密结合，缺一不可。只有峦头形势而无理气，即使来龙活泼，山环水抱，龙虎有力，形局秀美，也只等于一堆废地，不能发福。相反，只讲究理气而没有峦头形势配合，即使旺气到山到向，其旺气也是不能发挥作用的。因此，阳宅风水，宅外必先以峦头形势（龙局四周环境的外在因素）为主体，后以理气变通为用；宅内须以理气为主体，以宅主命局五行喜忌变通为用。

1. 宅外物体五行特性综合归类

（1）宅外五行属木的物体是：树木、竹树、木桥、旗杆、茅草房。

（2）宅外五行属水的事物是：水田、溪流、河流、池塘、江、湖、海、水井。

（3）宅外五行属火的事物是：尖塔、坟堆、加油站、打铁店、殿角、钟楼。

（4）宅外五行属土的事物是：街道、墙垣、堤坝。

（5）宅外五行属金的事物是：环形桥、修理店、五金商店。

2. 宅外各种不同形状与颜色的物质五行属性

（1）宅外五行属木的物质形状：长形、直而高耸、长直而上尖带圆的形状。宅外五行属木的颜色是：青色、黄绿色、草绿色、叶绿色、青绿色。

（2）宅外五行属金的物质形状：圆形、半圆形、椭圆形。宅外五行属金的颜色：白色、金黄色。

（3）宅外五行属土的物质形状：方形，包括长方形、正方形与正方体、长方体。宅外五行属土的颜色：黄色、棕色、褐色。

（4）宅外五行属火的物质形状：尖形、三角形。宅外五行属火的颜色：红色、紫色。

（5）宅外五行属水的物质形状：曲形、波浪形。宅外五行属水的颜色：黑色、深蓝色。

（三）住宅周围环境与山向飞星的关系

分析判断宅外各种事物和住宅的吉凶关系，一般是依据飞星盘上山盘与向盘的挨星旺衰的原则，分析宅外各种物质对住宅的影响，再参考流年飞星所飞临的宫位做综合分析，可达到更加准确的效果。

1. 山峰与山星的关系

在偏僻的山村，山峰形体对住宅风水影响比较大，从形体上来分析，大致有两种情况：一种是被高峰逼压。住宅房屋靠近山脚，依山而建，背后或左右的山峰高耸，远远望去，房屋好像被压在山下；另一种是房屋的背后或左右山峰有空缺凹入形状，风从山峰的空缺凹陷的地方冲射进来，这种山形对宅主身体健康十分不利。不管是哪一种情况，都要以飞星盘上山向挨星的生旺、衰、退、死、煞的状态，来判断山峰及其形成的空缺凹陷的地方对住宅构成的吉凶影响。

在城市中，虽然没有天然的山峰，但大都以住宅附近的比住宅本身高大的楼房作为山峰，同样要以飞星盘上的山盘挨星的生旺、衰、退、死、煞的状态，判断楼房对住宅构成的吉凶影响。但是如果住宅旁边有一座高楼大厦，距离住宅太近，大厦对住宅形成了一种逼压的气势或者此大厦外形有三角状的墙体冲射住宅时，由于大厦外形太恶，不管大厦所处的位置在山盘上是旺位还是衰位，一律以凶象定论。判断住宅的吉凶时，宅外要以峦头为主，然后结合理气进行综合分析。如果某住宅的四周都有建筑物时，必须选择一个最为突出的建筑物，依据飞星盘上山盘飞星来作为判断本住宅风水吉凶的重点。所谓突出的建筑物是指在住宅周围的所有建筑物中，最高大、距离住宅最近，而且外形最特殊的建筑物。

蒋大鸿的《天元歌》中，论述山峰与住宅吉凶关系的内容有如下四句诗：

宅前逼近有奇峰，不分旺衰皆成凶。

抬头咫尺巍峨起，泰山倒压有何功？

这四句诗的意思是指：住宅房屋不喜高山逼压，不管形状多么秀丽的山峰或建筑物，只要是逼近住宅，就像泰山压顶一样，在任何元运都是难有大的作为的，甚至容易出凶暴之人。

现举一例加以说明：八运建造的未山丑向的住宅。

辰	丙	未（山）
6 3 七	1 7 三	8 5 五
7 4 六	5 2 八	3 9 一
2 8 二	9 6 四	4 1 九
丑（向）	壬	戌

注：甲 在左侧中部，庚 在右侧中部

八运未山丑向飞星盘

　　此房屋坐未向丑。山盘飞星 8 白旺星飞到山方，为旺山；向盘飞星 8 白旺星飞到向首，为旺向。此局为旺山旺向，山向二方主事。若住宅的西南坤宫未位有一座高楼大厦，距离住宅较近，也构不成逼压，因为未位上有山盘飞星 8 白飞到，8 白为当令之山星。

　　俗语云："山管人丁，水管财。"山盘旺星飞临高处，能发挥山上龙神的作用，八白艮代表少男，因此住宅有旺丁且有催贵的效力。

2. 水路与向星的关系

　　阳宅收水，喜水流从远方屈曲而来，至宅前停蓄；最忌水流斜飞直射，或面临大江河流湖海一片浩荡，散漫难收；也忌水流湍急，发出哗啦流水之声。一般宅前，水的来去两个方位的转变和合水处，是判断水的吉凶性质的重要部位，必须以飞星盘上向盘挨星的生、旺、衰、退、煞、死来判断水对住宅的吉凶影响。水以明见者影响力最大，若是不明显的细水（旱流、暗拱水、阴沟水等），其对住宅影响的力量就较小。

【例】八运坤山艮向住宅，飞星盘如下：

	巽	丙	坤（山）
	4 1 七	9 6 三	2 8 五
震	3 9 六	5 2 八	3 9 一	兑
	8 5 二	1 7 四	6 3 九
（向）艮		坎	乾

此房屋坐西南坤宫向东北艮宫，山盘旺星 8 白飞到向方，犯下水；向盘旺星 8 白飞到山方，犯上山。此局为犯上山下水的败局。

房屋的南方离宫方位，有一条溪流，根据飞星盘中向盘挨星的排位情况，离宫向星为 6 数，6 白星在八运为煞气星，故南方离宫之水是煞气之水，主家业败散，家人生活辛苦，奔波忧愁。说明房屋南方的水，对住宅风水存在不吉利的影响。

七、山上龙神与水里龙神的不同应用

学习玄空风水，山上龙神和水里龙神的概念非常重要，唐朝国师杨筠松（杨益）曾有言："山上龙神不下水，水里龙神不上山。"初学风水者，必须弄明白"山上龙神"与"水里龙神"的真正含义，才能领会古人在风水上的重要诀窍。

1. 山上龙神

山上龙神实际是指飞星盘中山盘的当运旺星和生气星。

【例】八运丑山未向房屋飞星盘，依据前面学习的排山盘的原理及步骤，排出八运丑山未向的山盘。如图：

```
         辰        丙      未（向）
      ┌──────┬──────┬──────┐
      │ 3    │ 7    │ 5    │
      │   七 │   三 │   五 │
      ├──────┼──────┼──────┤
   甲 │ 4    │ 2    │ 9    │ 庚
      │   六 │   八 │   一 │
      ├──────┼──────┼──────┤
      │ 8    │ 6    │ 1    │
      │   二 │   四 │   九 │
      └──────┴──────┴──────┘
   （山）丑       壬        戌
```

　　飞星盘上，各宫运星左上角都有一个数字，整个星盘上一共有九个数字，这九个数就是八运丑山未向飞星盘中的山星。在这九个山星中，当令之星和未来当令之星就是山上龙神。八运中，八白土星为当令之星，九紫火星为未来当令之星，因此山盘上这两个山星就是山上龙神。

　　"山上龙神不下水"的含义：是指玄空的易理和实地环境的配合。首先要明白，龙指的是龙脉与山峰，也就是高突的地方。山盘的龙神喜见高崇的山峰，就是说生旺的山星位置，喜见山峰或高起的建筑物。生旺的山星，指的是得令、得生的当运旺星和未来当旺之星。前面说的八运丑山未向的山星中，旺的山星就是当运之星8数，生气的山星就9与1的数字。凡是旺的山星与生气的山星位置，喜见高山、高的建筑物等，才能使生旺的山星发挥更大的作用，这是"山上龙神不下水"的意义所在。若当旺的山星或生气的山星，所处的位置有水或是低洼之处，就自然地丧失了生旺山星的作用，变成了"山上龙神下水"的凶败格局了。在玄空上，山上龙神下水的情况被称为"犯下水"。

　　"山上龙神宜下水"的含义：上面已指出"山上龙神不下水"的内涵，接下来分析"山上龙神宜下水"的真正含义。山星原来是处于高处为佳，才能发挥山星旺强的力量，但事物是一分为二的，山星处于高处既有好的一面，也有其不利的一面。星盘里一共有9个山星，9个山星中并不是每个星都是有益的，有些山星反而存在极为凶害的信息，倘若有凶害信息的山星位置处于高位之上，就会让其发挥更大的凶性，导致凶事的发生。因此必须让有凶害性质的山星下水，使其不能发挥凶性力量，以至煞力消失。

凶害的山星指的是带有死气和煞气的山星，也就是失令的山星。前例的八运丑山未向，生旺的山星是8、9、1，失令的山星是2、3、4、5、6、7，其中7赤金是退气山星为害不大，6、5、4、3、2这五个山星是煞气和死气之星，煞气很大。煞气和死气星所处山盘中的位置宜见低洼之处或有水之地，使其凶煞之力减弱甚至消失，不能为害。倘若这些煞气和死气山星方位有高物或山峰，其凶害力量很强，自然能带来无穷的祸害。

2. 水里龙神

水里龙神是指飞星盘中的向盘生旺之星。一般向星都写在飞星盘中运星的右上角处。如八运乾山巽向飞星盘中的向盘：

（向）巽　　　午　　　坤

8 七	3 三	1 五
9 六	7 八	5 一
4 二	2 四	6 九

卯　　　　　　　　　　　酉

艮　　　子　　　乾（山）

此飞星盘中，在九宫运星的右边角共有九个数字，从1至9这九个数就是飞星盘上的向星。其中8、9、1三个向星是得令旺星与将来得令之星，称为水里龙神。水里龙神与实地环境配合，必须是见水或处于低洼之地，才能发挥出吉利的作用。也就是说当旺或生气的向星所处的位置，必须是低洼之地或有水池放光的地方，水里龙神见水就会旺气十足，能有效地发挥其吉祥的作用。相反，作为水里龙神当旺或生气的向星，倘若落在高山实地之上，就变成了"水里龙神走上山"的凶格局，生旺的向星不但不能发挥有益的作用，而且还会使其丧失吉气，招来凶祸之事。

与生旺之星性质相反的失令之星，前面已说过。失令之星7、6、5、4、3、2，分别为退气、煞气和死气星，是代表一种凶煞的信息。退气星为害不大，煞气与死气的向星危害极大，因此在煞气与死气向星飞临的位置不能见水，不能落在低洼之地，否则凶星得地为祸百端。如果让煞气、死气的向星处于高山或建筑物之处，就称水里龙神上山。水里龙神上山，能使凶星力量减弱而无法发挥出来，甚至使其煞力消失。

上山与下水的内涵，实际上是阳宅风水布置的重要诀窍。如果能够真正掌握上山与下水的法则，基本上就可以调整阳宅室内布局，特别是家庭以及公司单位装潢时，可以根据上山与下水的原理，布置家具、床位、鱼缸及厨房、卫生间等，对主家有益无害。

第十一节　各种星盘的关系

一、地盘与运盘

运盘是指运星入中排出的飞星盘。三元九运中有九个运，每运都有一个星入中，那么九个运就有九个星分别入中，所排出的九个九宫飞星盘，就是运盘。运盘也叫天盘。

地盘是指后天八卦盘，也就是我们常常说的元旦盘。地盘只有一种盘式，这种盘式就是用八卦乾、坎、艮、震、巽、离、坤、兑来表示东、西、南、北和东北、东南、西北、西南八个大方位，并且所表示的位置是永远不变的，好像大地的八方一样，是始终不变的。

天盘（运盘）与地盘的关系图如下：

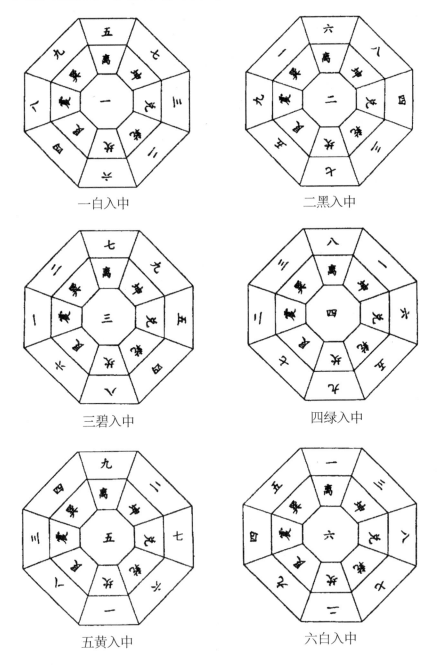

一白入中　　　　　　　　　　二黑入中

三碧入中　　　　　　　　　　四绿入中

五黄入中　　　　　　　　　　六白入中

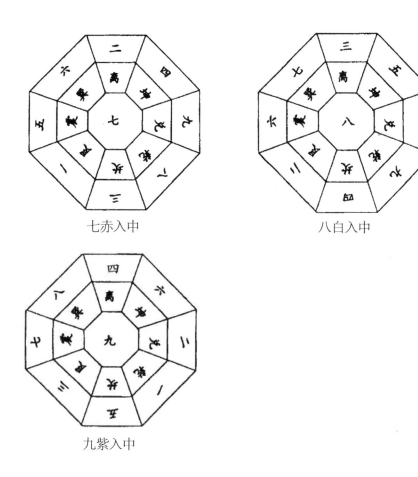

七赤入中

八白入中

九紫入中

天盘是动的，表示气场在地面上的运转规律；地盘是静的，表示地面原始气场的固定方位。不管是天盘还是地盘，都会因季节和昼夜的变化，出现"旺、相、休、囚、死"的状态，也会因太岁轮值和三煞的流转，出现五行强弱与吉凶。太岁是一种"加强力"，它遇吉助吉，遇凶助凶，并不是指人格化的神；三煞是一种相冲之气，并不是神鬼，它只有凶性，没有吉象，三煞遇吉变凶，遇凶更凶。所以，天盘与地盘结合后，地面气场受影响的情况十分复杂。

从地面气场受影响的情况来看，天盘与地盘的关系，基本上属于五行生克的关系，主要表现分为相生、相克、比和三种关系：

第一种：相生关系

一入中时，二与乾，五与离，六与坎，七与坤，九与巽，表现为星与宫的相生关系。

二入中时，七与坎，一与巽，九与震，表现为星与宫的相生关系。

三入中时，五与兑，六与艮，九与坤，一与震，表现为星与宫的相生关系。

四入中时，五与乾，七与艮，八与离，表现为星与宫的相生关系。

六入中时，八与兑，九与艮，表现为星与宫的相生关系。

七入中时，八与乾，二与离，三与坎，表现为星与宫的相生关系。

八入中时，一与兑，三与离，四与坎，表现为星与宫的相生关系。

九入中时，一与乾，二与兑，六与坤，四与离，表现为星与宫的相生关系。

第二种：相克关系

一入中时，三与兑，四与艮，八与震，表现为星与宫的相克关系。

二入中时，三与乾，四与兑，六与离，表现为星与宫的相克关系。

三入中时，四与乾，七与离，八与坎，二与巽，表现为星与宫的相克关系。

四入中时，一与坤，二与震，九与坎，表现为星与宫的相克关系。

六入中时，三与坤，一与离，五与巽，二与坎，表现为星与宫的相克关系。

七入中时，九与兑，四与坤，六与巽，五与震，一与艮，表现为星与宫的相克关系。

八入中时，九与乾，七与巽，六与震，表现为星与宫的相克关系。

九入中时，八与巽，七与震，三与艮，五与坎，表现为星与宫的相克关系。

第三种：比和关系

二入中时，五与艮，八与坤，表现为星与宫的比和关系。

四入中时，六与兑，三与巽，表现为星与宫的比和关系。

五入中时，天盘与地盘重叠，各星飞回本位，表现为全盘星与宫的比和关系。

地盘是固定的方位，它之所以能与天盘建立五行生克关系，是因为地盘原来是后天八卦盘，它有原始的卦气。在不受到气场运转影响的时候，它的卦气常在，方位不变，当地盘受到气场运转的影响后，其卦气亦随之运转，因此卦气发生运转后的地盘，就与天盘发生五行生克的关系了。但是，只要在固定的场所或固定的方位里，其原始卦气是依然存在的。

二、运盘与运盘

运盘的层面有六种，因运盘是随时运流转形成的，所以运盘与运盘之间的关系十分复杂。运盘包括大运盘、小运盘、年运盘、月运盘、日运盘和时运盘六种。不管是哪种运盘，其盘式都是一样，在运用时，是以时间为准则加以区别。

大运盘：大运盘，也叫元运盘。包括上元大运盘，中元大运盘和下元大运盘。每一元为 60 年，即一个六十甲子。三元为三个甲子，合 180 年。

小运盘：三元九运 180 年中，共有 9 个小运，每个小运 20 年。

小运盘分为一运盘、二运盘、三运盘、四运盘、五运盘、六运盘、七运盘、八运盘、九运盘。

年运盘：每年都有一个星进入中宫（天心）主事，入中主事之星顺飞而形成的盘式就是当年的年运盘。年运盘为每年一盘。

月运盘：每月都有一个星进入中宫，主宰当月之运气，入中之星顺飞而形成的盘式就是当月的月运盘。一年有 12 个月，每月一盘，一年合 12 盘。月运盘所管的时间是以农历节气划分的，即一月立春、雨水，二月惊蛰、春分，三月清明、谷雨，四月立夏、小满，五月芒种、夏至，六月小暑、大暑，七月立秋、处暑，八月白露、秋分，九月寒露、霜降，十月立冬、小雪，十一月大雪、冬至，十二月小寒、大寒。

日运盘：日运盘是以每日入中主事的飞星顺布而形成的盘式。每日一盘。

时运盘：每一地支为一盘，一个地支含两小时，代表一个时辰。一日合子、丑、寅、卯、辰、巳、午、未、申、酉、戌、亥十二盘。

在实际运用中，常用的是小运盘、年运盘，其余几种盘较为少用。现将各运盘之间的关系说明如下：

1. 大运盘与小运盘的关系

从黄帝元年（即公元前 2697 年）开始行六白大运，60 年后行七赤大运，再过 60 年后行八白大运，往后依次顺数，至公元 1983 年就已经行了 78 个大运。从 1984 年开始行三碧大运。小运是从黄帝元年开始行七赤运，20 年后行八白运，再过 20 年后行九紫运，往后依次顺数，至公元 1983 年就已经行了 234 个小运。从 1984 年开始行七赤小运。下面以 1984 年开始，三碧大运和七赤小运为例，说明两者的关系。

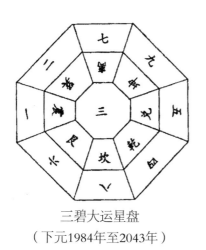

三碧大运星盘
（下元1984年至2043年）

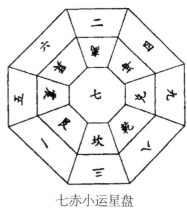

七赤小运星盘
（下元1984年至2003年）

　　三碧大运：三碧为木，原居东方震宫，现入中宫行大旺之运，说明东方在此六十年间兴旺发达。一白水入震宫，水助木生，旺上加旺。五黄土入兑宫，本身为大凶大灾之气，又被三碧木克伤，说明西方在此六十年间末落衰死。南方和东北方为劫财。西南方战乱。北方得"三八为朋"而发旺。东南方、西北方分别处于退气和生气之位，还算吉利。

　　七赤小运：七赤为金，原居兑宫，现入中宫行小旺之运，说明西方在二十年间兴旺发达。五黄土入震宫，东方灾难连绵不断，因五黄土生七赤金，使三碧木难逃灾劫。九紫火入兑宫，克七赤金，使七赤金危机四伏。南方得二七先天火，得"二七同道"，七旺二亦旺，故南方兴旺发达。北方为三，被七赤金所克，是衰死末落之方。东北方为一，得七赤金之生，有发展前途。西南方为四，被七赤金所克，亦是衰死末落之方。东南方虽为退气，但与七赤金同性比和，还有兴旺景象。西北方虽为生气八白，但被七赤旺金窃泄，困难重重。

　　三碧大运盘与七赤金小运盘的关系，是宫位对应的五行生克关系。在应用时，应以大运盘为主，以小运盘为从。现就两类运盘的宫位五行生克关系分析如下：

周易·家居环境入门

乾宫：四木克八土，土强而木弱，土不会被克伤。土坚则木折，因此大运亏，小运盈。

兑宫：五土得火生，五土本属大凶，得火生则凶性更烈，因此大运的西方更衰。

艮宫：六金生一水，因"一六同宫"，两者均为先天水，此水主吉祥，故大运东北方多财富。

离宫：七金得二土生，且合"二七同道"，两者合为先天火，此火不吉，故大运南方多有劫杀。

坎宫：八土被三木克，虽"三八为朋"，两者合为先天木，但此木虚弱，故大运北方只露喜色，未能得到兴旺。

坤宫：九火得四木生，火焰弥漫而冲天，故大运之西南方战火纷乱。

震宫：一水被五土克，故大运之东方初兴中伴有灾害。

巽宫：二土生六金，故小运东南方得利，但多有疾病之灾。

中宫：三木被七金所克，说明大运在最初的二十年间，东方的兴起会受到西方的克制，但到下个小运八运时，这种克制就自会消除。因此，东方的兴旺是必然的，西方的克制是暂时的。

2.小运与年运的关系

现以下元七运（1984年至2003年）七赤入中的小运星盘和七运中1994年六白入中的年运星盘来分析说明。小运与年运的关系，以小运星盘为主，以年运星盘为从。

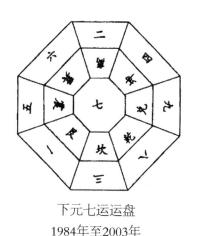

下元七运运盘
1984年至2003年

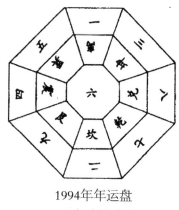

1994年年运盘
1994年太岁在戌

乾宫：八土生七金。七是生气星，又得太岁之助，甚为生旺。七为贼星，故1994年，乾宫西北方多盗贼扒窃。

兑宫：九火生八土，1994年西方得大利。

坤宫：四木三木相和合，但木在夏秋季节之间处于休囚死绝之地，难于发旺。东为春、南为夏、西为秋、北为冬。

离宫：二土克一水。二土为病符，一水在夏季入囚，故1994年南方多有中男夭折。

巽宫：六金得五黄所生。五黄为灾难之气，六金多有灾难，不吉反凶。

震宫：五黄土被四绿木所克，故1994年东方有灾。

艮宫：一水克九火，此年东北方虽有火旱之情，但不算严重，时间也不很长。

坎宫：三木克二土。因冬季木弱，难克病符之土，故北方多疾病。

中宫：七赤与六白比和。七赤为利金，六白为剑戟，两金相遇，为刀剑相交，犯"交剑煞"。故1994年，中宫易发生唇枪舌战，争夺私利颇多。

3. 年运与月运的关系

现以 1995 年五黄入中宫的年运星盘与该年农历正月二黑入中宫的月运星盘来分析说明。年运与月运的关系，以年运星盘为主，以月运星盘为从。

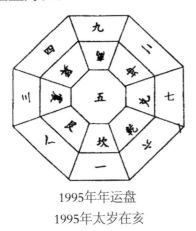

1995年年运盘

1995年太岁在亥

1995年农历正月月运盘

乾宫：六金克三木。六金得太岁之助，三木被克死。

兑宫：七金克四木。四木被克死。

坤宫：二土八土相比和，兴旺。

离宫：九火克六金。六金在春季为囚，又被火所克，受损很大，丝毫不利。逢九七相伴时，为先后天火共旺，故 1995 年 1 月，南方多火灾。

巽宫：四木被一水所生，此方定有淫荡之事发生。

震宫：三木生九火。春季之火原属次旺，又被木生，因此东方存在火患。

艮宫：八土五土相比和，故八土东北之方得利，但多疾病。

坎宫：一水被七金所生，故北方多有酒肉淫荡之事发生。

中宫：五黄土与二黑土比和相会。二五相会为"二五交加"，是灾病大煞，家居必有多人生病，特别是患肠胃疾病的人最多。

三、河图数与运盘

河图之数：一六属水，居北方，称为"一六同宫"；二七属火，居南方，称为"二七同道"；三八属木，居东方，称为"三八为朋"；四九属金，居西方，称为"四九为友"；五十属土，居中央，称为"五十同途"。

河图数：

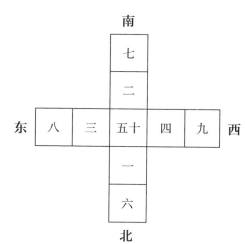

洛书数：

四	九	二
三	五	七
八	一	六

河图之数是生成之数，每对一生一成，互为因果。如：

天一生水，地六成之。一为阳，六为阴，故一六同宫而居北方。

地二生火，天七成之。二为阴，七为阳，故二七同道而居南方。

天三生木，地八成之。三为阳，八为阴，故三八为朋而居东方。

地四生金，天九成之。四为阴，九为阳，故四九为友而居西方。

天五生土，地十成之。五为阳，十为阴，故五十同途而居中宫。

河图之数，应用于洛书的顺逆运盘中，表现为如下三种关系：

第一种情况：用于单个运盘中，只有坎离两宫体现。

一入中，六到坎，坎宫和中宫合为先天水。

二入中，七到坎，坎宫和中宫合为先天火。

三入中，八到坎，坎宫和中宫合为先天木。

四入中，九到坎，坎宫和中宫合为先天金。

六入中，一到离，离宫和中宫合为先天水。

七入中，二到离，离宫和中宫合为先天火。

八入中，三到离，离宫和中宫合为先天木。

九入中，四到离，离宫和中宫合为先天金。

第二种情况：应用于两个盘中，要视对应的两宫的情况而定。

第三种情况：应用于特定的坐向，要视山向两星挨排之后，山星与向星的关系而定。

河图两数所合，相当于洛书的某数。三八合为木，相当于洛书的三碧或四绿木，具有木的五行性质，能生火而克土；一六合为水，相当于洛书的一白水，具有水的五行性质，能生木而克火；二七合为火，相当于洛书的九紫火，具有火的五行性质，能生土而克金；四九合为金，相当于洛书的六白金或七赤金，具有金的五行性质，能生水而克木；五十合为土，相当于洛书的二黑土、五黄土或八白土，具有土的五行性质，能生金而克水。

把河图数应用于洛书运盘中，其中某数是生旺时，相合的另一数亦同样生旺；其中某数是衰死时，相合的另一数亦同样衰死。一入中，一为旺，则坎宫之六亦旺，并非因六处于地盘煞位而为衰煞，二入中，二为旺，则坎宫之七亦旺，并非因七处于地盘煞位而为衰煞，然而坎宫地盘为水，故二七之火被水所克，其火变弱；三入中，三为旺，则坎宫之八亦旺，并非因八处于地盘煞位而为衰煞。然而，坎宫地盘为水，故三八之木被水所生，其旺更盛。其余类推。

　　河图、洛书之数字关系，要灵活运用，并非呆板照套就能凑巧的，需要透彻明了其关系的变化和地盘各因素的影响，才能把握好。学习玄空学的人不要急于求成，只能在实践中逐渐体会，慢慢地积累经验，最终定能把握其奥妙难明的变化规律。

第十二节　　五大规则的应用

一、地运与入囚

1. 地运的推算与应用

　　地运指的是一个坟墓或房屋建成之后，受益时间的长短，换一句话说，就是一个坟墓或房屋风水对主家影响的年限。一般地说，坟墓或房屋造葬之后，其风水的好坏会对主家产生吉凶祸福的影响，但风水对主人的影响是会受到地运限制的，也就是说风水对人的作用都只在地运的年限之内，超出了这个地运年限，风水也就失去了吉凶的效力，不起作用了。但也有特殊情况，一些坟墓葬在地脉绵长的江河大交汇之处，其风水吉凶对人产生的作用会超出地运。

　　地运的长短是由飞星盘中宫的运星和向星的关系决定的。

【例】一运子山午向：

（向）
午

5 6 九	1 1 五	3 8 七
4 7 八	6 5 一	8 3 三
9 2 四	2 9 六	7 4 二

子
（山）

飞星盘中宫的运星是一，中宫的向星就是中宫运星右边上角的 5 数，就是代表中宫向星数。推算房屋和坟墓的地运长短，是根据飞星盘中宫运星右边角上的向星数决定的，向星数所代表的运到来时，向星数进入中宫，意味着某个地运年限结束。如一运子山午向的坟宅，飞星盘中宫运星右边角上向星数为 5，当元运进入五运时，也就是飞星盘中宫的向星数进入中宫时，说明一运建造的子山午向的房屋或坟墓地运年限的结束。一运子山午向是一入中，待五数入中时，前面已经过一运、二运、三运、四运，中间隔四个运，每运二十年，共有八十年，即地运时间为八十年。

【例】八运乾山巽向：

巽（向）　　　午　　　　坤

1 8 七	5 3 三	3 1 五
2 9 六	9 7 八	7 5 一
6 4 二	4 2 四	8 6 九

卯　　　　　　　　　　　　酉

艮　　　　子　　　　乾（山）

飞星盘上，中宫运星右边上角的 7 数，是八运乾山巽向的向星数。立此向的房屋，到了七运时，中宫向星 7 数充当运星就进入中宫。自下元八运到顺行到下元七运，中间经过八运、九运、一运、二运、三运、四运、五运、六运共八个运期，也就是说中间隔八个运限时间，每个运管二十年，共有一百六十年。从而推算出八运乾山巽向房屋风水吉凶，影响主家的时间为一百六十年。

2. 二十四山向地运定数

坎卦：

壬山丙向，地运 80 年。

子山午向，地运 80 年。

癸山丁向，地运 80 年。

离卦：

丙山壬向，地运 100 年。

午山子向，地运 100 年。

丁山癸向，地运 100 年。

乾卦：

戌山辰向，地运 160 年。

乾山巽向，地运 160 年。

亥山巳向，地运 160 年。

巽卦：

辰山戌向，地运 20 年。

巽山乾向，地运 20 年。

巳山亥向，地运 20 年。

兑卦：

庚山甲向，地运 140 年。

酉山卯向，地运 140 年。

辛山乙向，地运 140 年。

震卦：

甲山庚向，地运 40 年。

卯山酉向，地运 40 年。

乙山辛向，地运 40 年。

坤卦：

未山丑向，地运 60 年。

坤山艮向，地运 60 年。

申山寅向，地运 60 年。

艮卦：

丑山未向，地运 120 年。

艮山坤向，地运 120 年。

寅山申向，地运 120 年。

上述的地运，最长者为 160 年，最短者为 20 年，两数相和，共 180 年，玄空学称为"小三元地运"。若建房下葬之地，地脉绵长、气势磅礴，八方之中又有左右城门二宫齐到，且所立星盘全局生成合十，则地运悠长，可得 540 年或 1080 年地运，玄空学上称此为"大三元地运"。一般居屋或墓葬，多为勾搭小地，能得到一百几十年的兴旺已是满足了，若能得到地脉绵长、江河交汇之处，则地运长久。但地脉绵长、江河交汇、气势磅礴的美好环境，多为国家京都城市之处，普通百姓个人难于占有。如北京、上海、广州等京都之地，都是坐在地脉绵长、前方为海湖或江河三叉之地，故地运长久，兴旺发达千年。

3. 入囚的含义

凡建房或下葬的坐山立向，不管是旺山旺向，还是上山下水，其作用都只在地运的年限内，超出了地运年限，向星即入囚。向星入囚，标志着居室即将衰败，墓葬即将失灵。囚的含义，实际上是指人被关起来，失去了人生的自由，原指一些不法分子被司法执行机关逮捕后关押在牢狱里面，剥夺其人身自由的权利。所谓玄空学上的入囚，即指向星依时入中，失去了向星的功能与作用。比如，下图的八运丑山未向，其向星为五，到五运时，向星五进入中宫，原先所立之向就失去了意义，这就是所说的无向可向了。

辰	丙	未
3 6 七	7 1 三	5 8 五
甲　4 7 六	2 5 八	9 3 一　庚
8 2 二	6 9 四	1 4 九
丑	壬	戌

凡向星入囚的房屋，丁财衰败是无可挽救的。但若屋外环境美好，便有囚不住之理，比如，立向之方有大河池水或门路开阔，而且屈曲有情，即囚不住了。即使向星依运入中，但屋外环境优美，也可使居屋继续发旺。

二、城门水法的应用

经曰："入山看水口，登穴观明堂。"可知在风水学上，水口是一个非常重要的概念。在山地丘陵地带，四面环山，只有来去水之方有缺口，这个缺口就称为水口。风水师把四面环抱、藏风聚气的小盆地比喻为一座城，城中有缺口的地方就是水来去的地方，水来去的地方被称为城门。阴宅城门以山地丘陵中小盆地的自然来去水口取用，一般位于向方左右两侧；但阳宅城门的取法就不同了，尤其是现代都市，房屋周围四通八达，不但可在向上开门，也可以在两侧开门，还可以在后方开门，也可以在后两侧开门，十分灵活。

阳宅城门有两种，即正城门与副城门，必须把门开在向首侧面的偏角位上。开门原则是，在理气上选择城门方位，在环境上内外要相合，能吸纳生旺之气，使理气上的城门位置和环境上的城门气口方位达到和谐统一。

1. 正城门

正城门是以元旦盘后天八卦（即洛书九宫图）为主，若与向首合成"一六共宗、二七同道、三八为朋、四九为友"的卦位，都可称为正城门。

【例】阳宅正城门：

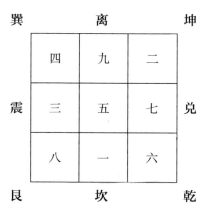

立坎卦向，以乾卦方位为正城门，合成一六共宗。
立兑卦向，以坤卦方位为正城门，合成二七同道。

　　立震卦向，以艮卦方位为正城门，合成三八为朋。

　　立离卦向，以巽卦方位为正城门，合成四九为友。

2. 副城门

　　副城门的位置不以向首相合为主，而以环境或气流进入口的地方为主。也就是说，以房屋前面或左右两旁，十字路口，巷道的入口，平时出入最频繁的门路，来去水口等为主。同时也以城市套房室内门窗以及天地之气来去流通之处，都可以称为副城门。这是初步认识的城门位置，换一种说法，就不是十分正确的城门，但是准确的城门出入口是脱离不了这个大体的城门位的。

　　【例】七运运盘：

　　通过运盘图，可以大体确定每个山向与城门的关系，通常取朝向的左右两旁为城门。八个卦向的城门如下：

　　立离向，取向首左右两旁的坤卦与巽卦为城门。

　　立坎向，取向首左右两旁的乾卦与艮卦为城门。

　　立兑向，取向首左右两旁的乾卦与坤卦为城门。

　　立艮向，取向首左右两旁的震卦与坎卦为城门。

　　立震向，取向首左右两旁的巽卦与艮卦为城门。

　　立坤向，取向首左右两旁的离卦与兑卦为城门。

　　立乾向，取向首左右两旁的坎卦与兑卦为城门。

立巽向，取向首左右两旁的震卦与离卦为城门。

这是一种粗糙的取城门的方法。为了进一步确定城门的位置，必须运用同元纯清取城门的方法，这种方法是在前面取城门方法的基础上加深一步。八个卦位共有二十四山向，每个卦位有三个山向。三元龙即是指天元龙、人元龙和地元龙。同元即指天元对天元、人元对人元、地元对地元。坐山立向取城门，应取同元纯清之处才为大吉，即立天元龙向要取向首两旁天元龙处为城门，立人元龙向要取向首两旁人元龙处城门，立地元龙向要取向首两旁地元龙处的城门。这样才能保持同元纯清之气。

一卦管三山，乾卦管戌乾亥三山，坎卦管壬子癸三山，艮卦管丑艮寅三山，震卦管甲卯乙三山，巽卦管辰巽巳三山，离卦管丙午丁三山，坤卦管未坤申三山，兑卦管庚酉辛三山，也就是说一个卦中含有三个山向。

【例】七运子山午向：

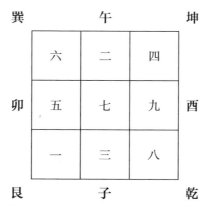

午向左右二旁的巽卦和坤卦共有六个山向。午向是天元龙向，依据同元纯清的取法，必须在坤卦和巽卦上取属于天元龙的卦山为城门。巽卦中含有辰巽巳三山，唯有巽位处属天元龙；坤卦中含有未坤申三山，唯有坤位处属于天元龙。通过分析，明确了午向对应左右两旁的同元龙应为巽位与坤位，那么就确定了子山午向是以巽和坤二方

周易·家居环境入门

位为城门。

3. 二十四山向与三元龙城门的关系

元 龙	阳	阴
地元龙	甲庚壬丙	辰戌丑未
天元龙	乾坤艮巽	子午卯酉
人元龙	寅申巳亥	癸丁乙辛

三元九运取城门法，是在前边两种取城门的基础上确定准确城门位置的方法，相对来说，这是一种比较难把握取城门法。因为坐向的阴阳不同和飞到向首两旁宫位的向星阴阳不同，就出现了下面三种不同情况：

（1）向首两旁同时存在正城门与副城门。

（2）向首只有一旁存在正城门或副城门，另一旁没有。

（3）向首两旁都没有城门可取。向首出现两旁都没有城门可取的原因是：第一，在同元纯清的原则下，不能达到同元一气。同元纯清的原则要求，立天元龙坐向要取向首两旁的天元龙处为城门，立人元龙坐向就要取向首两旁的人元龙处为城门，立地元龙坐向就要取向首两旁的地元龙处为城门。第二，城门的旺衰，是由向首两旁宫位的天盘（向盘）飞星的后天八卦原宫的阴阳性质来决定。

【例】七运酉山卯向飞星盘，求出卯向两旁的城门。

卯向左右两旁分别是艮卦与巽卦。在三元龙中，卯向属于天元龙向，卯向的城门必须在艮卦和巽卦中天元龙的位置，艮卦中的艮位和巽卦中的巽位属天元龙，艮位与巽位就是卯向的城门位置。七运酉山卯向，运盘挨星一到艮方，六到巽方。一的后天八卦原宫在坎，坎的三元龙中子为天元龙，子属阴。依据飞星阳顺阴逆的原则，一入中宫逆飞。一进入中宫逆飞后，挨星七到艮方，七为当运旺星，故艮为卯向的正城门。

一入中宫逆飞的飞星图如下：

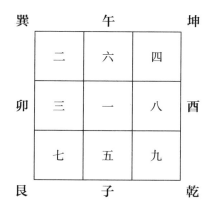

酉山卯向运盘挨星六到巽宫，六的后天八卦原宫为乾，乾宫三元龙中乾位为天元龙，乾属阳。同样依据飞星阳顺阴逆的飞行原则，六进入中宫顺飞。六进入中宫顺飞后，挨星五到巽方，五为煞气星，故巽方没有旺气，这样就可确定巽方不能作为卯向的城门。从上面的推演可知，七运酉山卯向的左右两旁，唯有正城门可取。

4. 二十四山向与三元九运可用城门表

下面用表格说明二十四山向与三元九运城门的关系。

二十四山向与三元九运可用城门表

城门二宫			三元九运可用之城门								
向方	正城门	副城门	一运	二运	三运	四运	五运	六运	七运	八运	九运
丙向	辰	未		未	辰		辰未		辰未	未	辰未
午向	巽	坤	巽坤	巽	坤	巽坤		坤		巽	
丁向	巳	申	申巳	巳	申	申巳		申	巳	巳	
未向	庚	丙		庚丙		庚丙		庚	丙		庚丙
坤向	酉	午	酉午		酉午		酉午	午	酉	酉午	
申向	辛	丁	辛丁		辛丁		辛丁	丁	辛	辛丁	
庚向	未	戌	戌	未	戌	戌	未戌		未戌	未	未
酉向	坤	乾	坤	乾	坤	坤		坤乾		乾	乾
辛向	申	亥	申	亥	申	申		申亥		亥	亥
戌向	壬	庚	壬	庚	壬	庚		壬庚		壬	庚
乾向	子	酉	酉	子	酉	子	子酉		子酉	酉	子
亥向	癸	辛	辛	癸	辛	癸	癸辛		癸辛	辛	癸
壬向	戌	丑	戌丑	丑	戌丑	戌	戌丑			戌	丑
子向	乾	艮		乾		艮		乾艮	艮	乾	乾艮
癸向	亥	寅		亥		寅		亥寅	寅	亥	亥艮
丑向	甲	壬	甲壬		壬	甲		甲午		甲壬	
艮向	卯	子		卯子	卯	子	卯子		卯子		卯子
寅向	乙	癸		乙癸	乙	癸	乙癸		乙癸		乙癸
甲向	丑	辰	丑	丑	丑辰		丑辰	辰	辰	丑	辰
卯向	艮	巽	巽	巽		艮巽		艮	艮	巽	艮
乙向	寅	巳	巳	巳		寅巳		寅	寅	巳	寅
辰向	丙	甲	甲	丙		丙甲		甲	丙	甲	丙
巽向	午	卯	午	卯	午卯		午卯	午	卯	午	卯
巳向	丁	乙	丁	乙	丁乙		丁乙	丁	乙	丁	乙

　　城门法只可用于当运，运过即败。凡立山向，都在向首两旁的宫位取城门，具体取法是：将向首两旁宫位的运星入中，根据山向对应的元龙方位的阴阳属性，决定运星入中的顺飞与逆飞，逢旺星飞临的方位可以用作城门。运用城门催吉是受时间限制的，若时运流转，城门的旺星变成了退气之星，则前运所立的城门就不能再用了。若继续使用失去旺星的旧城门，就会招来灾祸而败落。一般解决前运不吉城门的方法有二种：一是重新起运修造，另取山向；二是转运后原立山向正逢旺山旺向，就将原居旧屋装修翻新。

【例】七运立巽山乾向。此为上山下水，破财损丁之格。

```
      巽              午              坤
    ┌───────────┬───────────┬───────────┐
    │  5  7     │  1  3     │  3  5     │
    │    六     │    二     │    四     │
    ├───────────┼───────────┼───────────┤
卯  │  4  6     │  6  8     │  8  1     │  兑
    │    五     │    七     │    九     │
    ├───────────┼───────────┼───────────┤
    │  9  2     │  2  4     │  7  9     │
    │    一     │    三     │    八    ↘│
    └───────────┴───────────┴───────────┘
      艮              子              乾
```

　　山盘当令旺星 7 飞到乾位向首，为丁星下水；向盘当令旺星 7 飞临巽位坐山，为财星上山。乾向的左右两旁分别为酉卦和坎卦，根据三元龙的对应关系，七运乾向可取兑卦的酉方和坎卦的子方为城门。只有这两个方位有水口或有气流进出，就能使这个犯上山下水的败局扭转乾坤，得旺气辅助就不会马上衰败。但七运一过，进入八运，酉方与子方城门变成退败之气，若继续用之必大败。

　　进入八运后，七运中建造的巽山乾向旧房屋都成了失运屋，对居住在里面的人会产生不利的影响。若将旧房屋的屋顶掀开，重新整理大装修，虽然房屋的坐方不变，但房屋修建时间已变，按修建元运时间起飞星盘，论吉凶。

　　【例】八运巽山乾向飞星盘：

```
      巽              午              坤
    ┌───────────┬───────────┬───────────┐
    │  8  1     │  3  5     │  1  3     │
    │    七     │    三     │    五     │
    ├───────────┼───────────┼───────────┤
卯  │  9  2     │  7  9     │  5  7     │  兑
    │    六     │    八     │    一     │
    ├───────────┼───────────┼───────────┤
    │  4  6     │  2  4     │  6  8     │
    │    二     │    四     │    九    ↘│
    └───────────┴───────────┴───────────┘
      艮              子              乾
```

飞星盘中的山星 8 是当运旺气，飞到巽山，向星当运旺气 8 飞到乾向，此局称为旺山旺向。八运巽山乾向，可用城门是酉方，那么原来使用的城门必须要长期关闭，不宜继续使用。也就是说，转运后，前运留下的旧房屋，若不是逢旺山旺向，原来的城门决不能用，同时也不必重新起运修造，否则不但得不到旺气扶助，而且还会弄巧成拙招来凶祸。

开门要符合城门水法。坐山立向，以向方为门是我国古代建筑取门位之法。古代较大型的建筑群，如有明显中轴式的宫廷、寺庙、大户庭院、四合院、大祠堂、政府衙院、学堂、书院等，大多数在向首开门，直接吸纳零神之气。但现代建筑中，除了极少数政府大院和大学院校在向首开门外，大多数建筑物都是从提高场地面积使用率的商业价值角度来考虑，把门开在向首侧面的偏角位上，有些建筑把商业活动场所的大门与居民住宿区的门分开，各门都各自吸纳不同的外气。无论如何，开门的原则是求取吸纳生旺之气，这是硬道理。因此选择门位必须从理气和环境的结合上来考虑，力求做到内外相合，才算符合城门水法。如果在理气上选择了适合的城门位置，但在环境上却没有当运的城门气口相对应，或者在环境上有城门气口而在理气上却不合城门位置的条件，都不符合城门水法。真正的城门水法，是理气上的城门位置与环境上的城门气口的统一配合。

三、三般卦的作用

玄空飞星盘中，以山向两方位的生成之数或互相合十的基础上形成的连卦，称为三般卦。

两宫互相生成，是根据先天生数与成数的关系来决定的。先天生成数又称为河图生成数，如：

天一生水，地六成之。一为阳为先天生数，六为阴为成数。

地二生火，天七成之。二为阴为先天生数，七为阳为成数。

天三生木，地八成之。三为阳为先天生数，八为阴为成数。

地四生金，天九成之。四为阴为先天生数，九为阳为成数。

天五生土，地十成之。五为阳为先天生数，十为阴为成数。

先天生成之数组合为：一六同宫、二七同道、三八为朋、四九为友、五十同途。

两宫互相合十，是根据后天对宫生成之合十的关系来决定的。对宫生成合十，即为两气相通。

在两宫互相生成与两宫互相合十的基础上产生了两种形式的卦：一是父母三般卦；二是连数三般卦。

1. 连数三般卦

连数三般卦，即为一二三、二三四、三四五、四五六、五六七、六七八、七八九、八九一、九一二共九种。连数三般卦适用于零正两神方位，如子山午向，地盘的正神为坎一，地盘之零神为离九，正神一与零神九合十。在此基础上，再以元运来论，一运子山午向，坐山子位（正神方）之山向两飞星为一一，坐向两方的四个飞星相合为九一二，九一二为连数三般卦之一。二运为一二三，三运为二三四，四运为三四五，五运为四五六，六运为五六七，七运为六七八，八运为七八九，九运为八九一，均为三般卦。这种三般卦，能通三运之气。

2. 父母三般卦

父母三般卦，即一四七、二五八、三六九。父母三般卦是以山向两宫生成之数为基础的，亦包含合十在内。这种父母三般卦的构成原理和用途十分深奥难明，下面从浅入深，步步破解父母三般卦的构成原理。

（1）中宫与坎离两宫相合，形成先天生成之数

从一运至九运，不论任何一星入中宫，都必与坎宫或离相合，形成先天生成之数。

一运时，一白入中宫，坎宫运星是六，故中宫一与坎宫六合为先天生成之数：一六同宫。

二运时，二黑入中宫，坎宫运星是七，故中宫二与坎宫七合为先天生成之数：二七同道。

三运时，三碧入中宫，坎宫运星是八，故中宫三与坎宫八合为先天生成之数：三八为朋。

四运时，四绿入中宫，坎宫运星是九，故中宫四与坎宫九合为先天生成之数：四九为友。

六运时，六白入中宫，离宫运星是一，故中宫六与离宫一合为先天生成之数：一六同宫。

七运时，七赤入中宫，离宫运星是二，故中宫七与离宫二合为先天生成之数：二七同道。

八运时，八白入中宫，离宫运星是三，故中宫八与离宫三合为先天生成之数：三八为朋。

九运时，九紫入中宫，离宫运星是四，故中宫九与离宫四合为先天生成之数：四九为友。

从以上相合情况来看，除五运外，一运至四运，为中宫与坎宫合成先天生成之数；六运至九运，为中宫与离宫合成先天生成之数。故先天生成之数，必是中宫与坎宫、或中宫与离宫相合形成的。

（2）三宫同时相合，卦气相通

如果中宫与坎宫相合，同时又与离宫相合，中、坎、离三宫合成先天生成之数，那么中宫与坎离两宫卦气一贯，前后相通。下面举四个例子加以说明：

【例一】一运子山午向，中宫与坎离两宫一六组合为先天生成之数。右图是表示一运子山午向的中宫、坎宫与离宫飞星盘中的数，可以看出中宫不但与坎宫相合，而且同时与离宫合为先天生成之数。向方离宫的山星和向星都是 1 数，中宫的山星是 6 数，1 与 6 合成先天生成之数，故中宫与离宫的卦气相通；向方离宫的山星和向星 1 数，都能与坐方坎宫的运星六数合成先天生成之数；中宫的山星 6 数和运星一数，一六合为先天生成之数；坎宫的运星六数与中宫的运星一数，一六合为先天生成之数，故中宫与坎宫卦气相通；坐方坎宫向星 9 数，与向方离宫山向二星 1 数，形成一九合十。

【例二】右图是二运壬山丙向飞星盘中的坎宫、离宫与中宫三个宫位示意图，三宫二七组合形成先天生成之数。

离宫山向飞星都是 2 数，中宫山星为 7 数，27 组合成先天生成之数，说明中宫与离宫卦气相通；中宫运星二数与本宫山星 7 数，组合成二七先天生成之数；坐方坎宫运星七数与中宫运星二数，组成二七先天生成之数；坐方坎宫运星七数与向方离宫的山向飞星 2 数，组合成二七先天生成之数；中宫山星 7 数与坐方山星 3 数合十。通过上面分析，三宫卦气连贯，前后相通。

【例三】右图是三运子山午向飞星盘中的坐、向及中宫示意图，坐方、中宫与向方三八组合为先天生成之数。

向方离宫山向飞星均为 3 数，中宫山星 8 数，三八组合成为先天生成之数，同时中宫运三数与离宫运星七数合成三七合十，中宫向星 7 数与离宫向星 3 数合成三七合十；中宫运星三数，与坐山坎宫运星八数，组合成三八先天生成之数；坎宫坐方运星八数，与向方离宫山向飞星 3 数，组成三八先天生成之数。

（向）
午

| 1 1 |
| 五 |
| 6 5 |
| 一 |
| 2 9 |
| 六 |

子
（坐）

（向）
丙

| 2 2 |
| 六 |
| 7 6 |
| 二 |
| 3 1 |
| 七 |

壬
（坐）

（向）
午

| 3 3 |
| 七 |
| 8 7 |
| 三 |
| 4 2 |
| 八 |

子
（坐）

周易·家居环境入门

235

【例四】四运壬山丙向，坐方、中宫与向方三宫四九组合成为先天生成之数。

（向）
丙

| 4 4 |
| 八 |

| 9 8 |
| 四 |

| 5 3 |
| 九 |

壬
（坐）

向方离宫山向飞星 4 数与中宫山星 9 数，四九组合成为先天生成之数，离宫卦气与中宫卦气相通；中宫山星 9 数与运星四数，四九组合成为先天生成之数；坎宫运星九数与中宫运星四数，组成四九先天生成之数；同时，坎宫运星九数又与向方山向飞星 4 数，组成四九先天生成之数。通过上面分析，得知四运壬山丙向的中宫、坐方与向方三宫，处处组成四九先天生成之数，说明这三方卦气一贯、前后通达。

（3）星盘的坐方、中宫与向方的关系

星盘的坐方，中宫与向方前中后三方卦气相通，就出现上中下三元之气，都可通用。

星盘的向方山向飞星相同，都为 1 数者，可通用四运、七运之气，即合为一四七——三般卦。

星盘的向方山向飞星相同，都为 2 数者，可通用五运、八运之气，即合为二五八——三般卦。

星盘的向方山向飞星相同，都为 3 数者，可通用六运、九运之气，即合为三六九——三般卦。

星盘的向方山向飞星相同，都为 4 数者，可通用一运、七运之气，即合为四一七——三般卦。

星盘的向方山向飞星相同，都为 7 数者，可通用一运、四运之气，即合为七一四——三般卦。

星盘的向方山向飞星相同，都为 8 数者，可通用二运、五运之气，即合为八二五——三般卦。

星盘的向方山向飞星相同，都为 9 数者，可通用三运、六运之气，即合为九三六——三般卦。

星盘的向方山向飞星相同，都为8数者，可通用二运、五运之气，即合为八二五——三般卦。

星盘的向方山向飞星相同，都为9数者，可通用三运、六运之气，即合为九三六——三般卦。

以上是论述父母三般卦的原理，下面通过三般卦与飞星盘位置的关系，阐述父母三般卦的用途。

（4）三般卦与飞星盘位置的关系

一四七、二五八、三六九，这三种三般卦出现在飞星盘上的宫位，是由向方双旺星所处的宫位决定的。

如果双星出现在离宫，那么三般卦就出现在离、震、乾三个宫位上；

如果双星出现在震宫，那么三般卦就出现在震、乾、离三个宫位上；

如果双星出现在乾宫，那么三般卦就出现在乾、离、震三个宫位上；

如果双星出现在坎宫，那么三般卦就出现在坎、兑、巽三个宫位上；

如果双星出现在兑宫上，那么三般卦就出现在兑、巽、坎三个宫位上；

如果双星出现在巽宫，那么三般卦就出现在巽、坎、兑三个宫位上；

如果双星出现在艮宫，三般卦就出现在艮、中、坤三个宫位上；

如果双星出现在坤宫，那么三般卦就在坤、中、艮三个宫位上。

实际上，三般卦在九宫中分为三组：即离、震、乾三宫为一组，称为"离宫组"；坎、巽、兑三宫为一组，称为"坎宫组"；艮中坤三宫为一组，称为"艮宫组"。

在玄空风水的三般卦中，每种卦都存在通用的现象，这种通用之法称为"打劫"。如一四七三般卦，即一运之气可通四运、七运，也就是说把四运、七运之气提前盗用，这种提前盗用的做法，称为"劫"或"打劫"。说透一点，就是在使用一运之气的同时，可以盗用四运、七运之气，或称为打劫四运、七运之气。

所谓双星，实际上就是飞星盘中向方宫位上的山向飞星相同，如向首山向飞星都是 1 或 2 数。相对来说，三般卦出现在飞星盘上的位置是固定的，一般都可以依据向方双星所在的宫位来推算。

【例】八运子山午向飞星盘，向方双星 8 数所在的宫位是离宫，那么三般卦在飞星盘上的位置必是离、震、乾三个宫位。如下图：

	（向） 午	
巽		坤
3 4 七	8 8 三	1 6 五
震 2 5 六	4 3 八	6 1 一 兑
7 9 二	9 7 四	5 2 九
艮	子 （坐）	乾

又如：二运午山子向飞星盘。向方坎宫双星 2 数飞临，三般卦二五八在飞星盘中分布于坎、巽、兑三个宫位。如下图：

	（坐） 午	
巽		坤
5 8 一	1 3 六	3 1 八
震 4 9 九	6 7 二	8 5 四 兑
9 4 五	2 2 七	7 6 三
艮	子 （向）	乾

（5）打劫所在宫位

自古以来，阴阳两宅，尤其是阳宅，南北坐向者居多。在先天八卦，南为乾，北为坤；在后天八卦，南为离，北为坎。坐山立向，多数以南北为轴。因此，离、震、乾三宫的三般卦，称为"离宫打劫"；坎、巽、兑三宫的三般卦，称为"坎宫打劫"；艮、中、坤三宫的三般卦，称为"三般巧卦"。下面举三例说明"打劫"所在宫位的位置。

凡是三般卦在飞星盘中离、震、乾三宫的位置，称为离宫打劫。

【例一】一运子山午向，离宫打劫。离、震、乾三宫合为一四七，为一七四离宫打劫三般卦。

（向）

巽	午	坤
5 6 九	1 1 五	3 8 七
4 7 八	6 5 一	8 3 三
9 2 四	2 9 六	7 4 二
艮	子 （山）	乾

震在第二行左侧，兑在第二行右侧。

凡是三般卦在坎、巽、兑三个宫位上，称为坎宫打劫。

【例二】二运午山子向，坎宫打劫。坎、巽、兑三宫合为二五八，为二八五坎宫打劫三般卦。

（山）

巽	午	坤
5 8 一	1 3 六	3 1 八
4 9 九	6 7 二	8 5 四
9 4 五	2 2 七	7 6 三
艮	子 （向）	乾

震在第二行左侧，兑在第二行右侧。

三般巧卦和打劫局不同。

【例三】二运艮山坤向三般巧卦

巽	午	坤（向）
4 7 一	9 3 六	2 5 八
3 6 九	5 8 二	7 1 四
8 2 五	1 4 七	6 9 三

震（左侧）　兑（右侧）

（山）艮　　坎　　乾

　　向方坤宫没有出现山向相同的飞星，但向方、中宫与坐山三宫分别出现二五八、五二八与八二五，并且飞星盘中各个宫位的山星、向星与运星各自组成三般卦。如离宫山星为9数，向星为3数，运星为6数，组成三六九三般卦；坐方艮宫山星为8数，向星为2数，运星为5数，组成二五八三般卦；巽宫山星为4数，向星为7数，运星为1数，组成一四七三般卦。其余各个宫位均是如此，也就是说这个飞星盘中各个宫位都成三般卦，是全局组成三般卦，可称为三般巧卦。

　　（6）二十四山向的二百一十六局中（如果包括替卦，则有四百三十二局），凡双星到向的"下水"局都可用七星打劫之法，而艮坤两宫的"上山下水"局都有三般巧卦。为了易于辨别，现将六十四局山向与三般卦的关系分别排列如下：

离宫打劫局：

子山午向：一运，一四七。

　　　　　三运，三六九。

　　　　　六运，三六九。

　　　　　八运，二五八。

酉山卯向：二运，二五八。

九运，三六九。

辰山戌向：一运，一四七。

四运，一四七。

庚山甲向：一运，一四七。

八运，二五八。

壬山丙向：二运，二五八。

四运，一四七。

七运，一四七。

九运，三六九。犯伏吟，不宜用。

辛山乙向：二运，二五八。

九运，三六九。

癸山丁向：一运，一四七。

三运，三六九。

六运，三六九。

八运，二五八。

巽山乾向：六运，三六九。犯伏吟，不宜用。

九运，三六九。

巳山亥向：六运，三六九。犯伏吟，不宜用。

九运，三六九。

坎宫打劫局：

午山子向：二运，二五八。

四运，一四七。

七运，一四七。

九运，三六九。

卯山酉向：一运，一四七。

八运，二五八。

戌山辰向：六运，三六九。

九运，三六九。

甲山庚向：二运，二五八。

九运，三六九。

丙山壬向：一运，一四七。犯伏吟，不宜用。

三运，三六九。

六运，三六九。

八运，二五八。

乙山辛向：一运，一四七。

八运，二五八。

丁山癸向：二运，二五八。

四运，一四七。

七运，一四七。

九运，三六九。

乾山巽向：一运，一四七。

四运，一四七。犯伏吟，不宜用。

亥山巳向：一运，一四七。

四运，一四七。犯伏吟，不宜用。

三般巧卦（全局合成三般卦）：

艮山坤向：二运（全局合成三般卦）。

五运（全局合成三般卦）。

八运（全局合成三般卦）。

坤山艮向：二运（全局合成三般卦）。

五运（全局合成三般卦）。

八运（全局合成三般卦）。

寅山申向：二运（全局合成三般卦）。

五运（全局合成三般卦）。

八运（全局合成三般卦）。

申山寅向：二运（全局合成三般卦）。

五运（全局合成三般卦）。

八运（全局合成三般卦）。

丑山未向：四运（全局合成三般卦）。

六运（全局合成三般卦）。

未山丑向：四运（全局合成三般卦）。

六运（全局合成三般卦）。

离宫打劫三般卦有 24 局，坎宫打劫三般卦有 24 局，艮宫打劫三般卦有 16 局。三种三般卦共 64 局。

（7）打劫局的功用

打劫之法，只在卜地占房或下葬时才使用。打劫局的作用，实际上是布局风水时提供一种吉利的选择，由于很多房屋在建筑时，受到各种因素的影响，难以选择最佳坐向来达到趋吉的目的，因此我们就得运用打劫的方法来布局阳宅风水。相对来说，打劫局比旺山旺向较为逊色，与全局合十有同等的功效。

在 64 局中，唯有艮坤两宫所形成的三般巧卦最为难得，也最为名贵。在艮坤两宫的 16 局中，名为全局合成三般卦，能通上、中、下三元之气，用之吉利长久，代代昌荣。艮坤两宫所形成的三般卦，不受上山下水的局限，如果能倒骑龙，就为最妙选择。

使用打劫局三般卦，必须要做到理气与环境格局相配合，也就是做到"要山得山而制水，要水得水而收山"的五行生克相配合，否则不起作用，甚至会无端招致祸患。因为，打劫的本质含义是劫夺未来之气，如果环境与理气不能配合达成一体，那么打劫局也是一种徒有虚名，不能起到实质的作用。飞星盘中打劫未来之气的方位上，要有门或窗，能进气场，这样才能达到劫夺未来之气的效果。

所谓未来之气，实际是指未来旺气。旺气是由元运决定的，是指当运之星气，如下元八运，飞星盘中的向星八数就是当运旺气之星，若向盘八数飞临的方位上有门窗，就能收到八运当令旺星之气；未来旺气是指下运的旺。在八运，八为当运旺气，九是下运（九运）的旺气，也就是说九为八运的未来旺气。未来旺气实际上是一种元运之气，打劫未来之气即一运时收二运之气，二运时收三运之气，三运时收四运之气，四运时收五运之气，五运时收六运之气，六运时收七运之气，七运时收八运之气，八运时收九运之气等。

未来旺气与打劫局中的未来之气是有差异的，实际上打劫局中的未来之气，是指上元劫夺中元之气，中元劫夺下元之气，下元劫夺上元之气。

【例】 八运子山午向飞星盘：

	（向） 午	
巽		坤
3 4 七	8 8 三	1 6 五
卯 2 5 六	4 3 八	6 1 一 酉
7 9 二	9 7 四	5 2 九
艮	子 （坐）	乾

八运子山午向飞星盘上，离宫向星为 8 数，震宫向星为 5 数，乾宫向星为 2 数，三宫组成二五八离宫打劫局，若有环境配合适当，八运就能劫夺上元之气。理气上形成打劫局三般卦，运用环境来配合非常重要。八运属于下元，八运子山午向要劫夺上元之气，必须在午方开大门，乾方处必须要有门或窗，才能收入向星 2 黑之气，同时震宫卯位上必须要有门或窗，才能收入向星 5 黄之气。只要离宫的午位、震宫的卯位和乾宫的乾位这三个方位都有门窗，能使气流进出，促使三方之气流通，就能形成三角磁场效应。如果乾位有门窗而震宫卯位上没有门窗，

这个打劫局只能夺取上元之气，不能夺取中元之气；如果受到各种因素的限制，在震宫卯位和乾位上都没有开门或窗，那么这仅仅是一种理气上的打劫局，实际上并没有发挥打劫的功能与作用，根本不能夺取上元之气和中元之气，因此这个打劫局是毫无益处的，危害很大。

据古书记载，在离宫打劫与坎宫打劫两者中，离宫打劫的功效较大，玄空风水上称为真打劫；坎宫打劫的功效较小，称为假打劫。虽然两种打劫的功效不同，但只要环境配合，同样可以使用，只仅仅是功效大小不同而已。提醒大家注意，凡是打劫局犯伏吟时，一般不宜用，也就是打劫局三个方位上不宜设置门窗收取宅外气流。

四、飞星盘中的伏吟与反吟

（一）伏吟与反吟的体现形式

1. 伏吟的形式

在排飞星盘时，山盘和向盘飞星会出现一种特殊的情况，就是山星或向星与地盘（元旦盘）完全相同，表现为一种山星或向星的数与地盘数重叠现象。构成这种特殊现象的主要因素，就是山星或向星为五数入中宫顺飞。

飞星盘中的地盘就是后天八卦盘，而后天八卦盘就是洛书九宫图。地盘数是运用后天八卦数来替代的，故地盘的数是永远不变的，在排飞星盘时一般都没有排出地盘数。如下图：

巽	离	坤
四	九	二
三 震	五	七 兑
八	一	六
艮	坎	乾

图中每个宫位的数字就是地盘数。这些数字是永远不会变动的，排飞星盘时这些数都是没有出现的，因为已经是由四面八方的卦代表各个宫位的数。地盘数就是后天八卦数，即乾卦为六数，坎卦为一数，艮卦为八数，震卦为三数，巽卦为四数，离卦为九数，坤卦为二数，兑卦为七数。

排飞星盘时，倘若山盘或向盘的飞星5数入中宫顺飞，那么整个飞星盘中的山星数或向星数必然与地盘数重叠。如，山星5数入中宫后顺飞，山星6数自然要进入西北乾宫，而乾宫的地盘数为六，这样飞星盘上山星6数和地盘六数重叠。这种相同性质星数的重复现象，玄空学上称为伏吟。

例如，一运壬山丙向下卦飞星盘：

辰	丙	未
7 4 九	2 9 五	9 2 七
8 3 八	6 5 一	4 7 三
3 8 四	1 1 六	5 6 二

甲（左侧）　庚（右侧）

丑　壬　戌

这个飞星盘中的运星一数入中宫，山星6数入中宫，向星5数入中宫。飞星盘中的地盘数已经没有出现在飞星盘上，但不能说这个飞星盘没有地盘。实际上，任何一个飞星盘中都有地盘数存在，地盘数是通过八个卦体现的，只不过是地盘数暗藏在内，没有直接写出来罢了。如西北乾宫代表的地盘数是六，西方兑宫代表的地盘数是七，其他宫位依次类推。

上面例举的壬山丙向下卦飞星盘中，向盘飞星5数进入中宫与中宫所代表的地盘数五重复，向盘飞星 6 数进入西北乾宫与乾宫所代表的地盘数六重复，向盘飞星 7 数进入西方兑宫与兑宫所代表的地盘数七重复，向盘飞星 8 数进入东北艮宫与艮宫所代表的地盘数八重复，向盘飞星 9 数进入南方离宫与离宫所代表的地盘数九重复，向盘飞星 1 数进入北方坎宫与坎宫所代表的地盘数一重复，向盘飞星 2 数进入西南坤宫，与坤宫所代表的地盘数二重复，向盘飞星 3 数进入东方震宫与震宫所代表的地盘数三重复；向盘飞星 4 数进入东南巽宫，与巽宫所代表的地盘数四重复。也就是说，在这个飞星盘中，向盘九个飞星和地盘全部重复，玄空学上把这种重复的格局称为伏吟局。

以上的例子是说明向星犯伏吟的现象，现在再举一例说明山星犯伏吟的情况。例如，九运壬山丙向下卦飞星盘：

辰	丙	未
4 5 八	9 9 四	2 7 六
甲 3 6 七	5 4 九	7 2 二 庚
8 1 三	1 8 五	6 3 一
丑	壬	戌

此飞星盘中，山盘飞星 5 数进入中宫顺飞，5 数入中与地盘中宫的五数重复；山盘飞星 6 数进入西北乾宫，6 数与地盘西北乾宫六数重复；山盘飞星 7 数进入西方兑宫，7 数与地盘西方兑宫七数重复。其他宫位依次类推，山盘飞星与地盘数全部出现重复。

2. 反吟的形式

反吟是由山星或向星五数进入中宫后逆飞引起的，因为山向飞星 5 数入中宫后逆飞，其他宫位的山向飞星都与地盘数相反。也就是说，山向飞星与其所飞临的宫位存在对冲、相克的关系。例如，八运丑山未向下卦飞星图：

辰	丙	未
3 6 七	7 1 三	5 8 五
4 7 六	2 5 八	9 3 一
8 2 二	6 9 四	1 4 九

（左侧「甲」，右侧「庚」；底部「丑」「壬」「戌」）

飞星盘中，向盘飞星 5 数进入中宫逆飞后，向盘飞星 6 数飞临东南巽宫方位。巽宫地盘本质之气是四绿木，向星 6 数的性质之气是六白乾金，四绿木与六白乾金明显存在相克关系，即金克木。向盘飞星 7 数，飞临东方震宫方位。震宫地盘本质之气为三碧木，7 数的性质之气是七赤金，也就是在东方震宫方位上存在二种相反性质之气，金克木。其他宫位的情况依次类推。以上这些相反五行性质之气同居一宫的现象，玄空上称为反吟。

（二）伏吟与反吟的本质含义

犯反、伏吟，实际上是犯卦气相冲和卦气重叠的现象，这种现象主要表现为如下三种情况：

1. 坐山立向双方犯反、伏吟

凡坐山立向，其中一方山星或向星为五黄者，必犯反吟。因五黄一方本来就犯反吟，加之其入中宫顺飞，飞星又犯伏吟。

例如，二运寅山申向下卦飞星图：

4 7 一	9 3 六	2 5 八
3 6 九	5 8 二	7 1 四
8 2 五	1 4 七	6 9 三

乙（左中）　　　　辛（右中）

寅　　　　癸　　　　亥

　　此为二运坐东北寅位向西南申位房屋的飞星盘。山星 5 数进入中宫顺飞，各宫山星数与地盘数出现重复伏吟现象。若向首的向星是 5 数，就是既犯伏吟，又犯反吟。二运寅山申向，向盘飞星 5 数进入申位，既犯伏吟，又犯反吟。

　　凡坐山立向，其中一方山星或向星为五黄者，必犯反吟。中宫山星 5 数入中犯伏吟，向首的向星为 5 数犯反吟，因此这个飞星盘既犯伏吟又犯反吟，简称犯反伏吟。犯反吟的真正本质含义是，因同一个宫位现二种不同五行之气相克，或卦气相冲关系。如上面的飞星盘图中，二运的五黄代表二黑土气，进入艮宫为二黑土与八白土相冲，即是阴阳戊己两土相冲。相冲者，互为克煞的现象，即是两种相反性质之气同宫相克而成灾煞。犯反吟，就是犯卦气相冲，祸害甚烈。

2. 反伏吟的二种特殊现象

　　一种是飞星盘既犯伏吟，又犯反吟；另一种情况是飞星盘出现卦气重叠，只犯伏吟，不犯反吟。

　　犯伏吟，存在两种不同吉凶情况的差异。凡是当运旺星犯伏吟，不会为害，反会招福；如果是生气星犯伏吟，也不会为害，反会有利。实际上，犯伏吟是飞星重叠的情况，能增强一个飞星的力量。倘若是当旺或生气之星犯伏吟，也就是使吉星的力量增强，理所当然是有益的；倘若是退气、衰气、死气或煞气之星犯伏吟，便增强了凶星的力量，会凶上加凶，自然会招致重重灾祸。

例如，三运甲山庚向飞星盘：

（丙）

（辰）巽　　　　　　离　　　　　　坤（未）

9 4 二	5 9 七	7 2 九
8 3 一	1 5 三	3 7 五
4 8 六	6 1 八	2 6 四

震（甲）　　　　　　　　　　　　兑（庚）

（丑）艮　　　　　坎　　　　　乾（戌）

（壬）

房屋坐东方震宫，向西方兑宫。飞星盘中，向盘飞星7赤金星飞临向方兑宫，到了七运确是旺向。向星7数进入西方兑宫与地盘之数犯伏吟，增强了向星7赤旺星的力量。坐山与立向二宫都没有五黄星出现，不犯反吟。

3. 山盘或向盘五黄入中逆飞，造成坐山和立向二宫外的其他宫位犯反吟

山盘或向盘五黄入中宫逆飞，造成坐山与立向二宫之外的其他宫位犯反吟的现象，不利用于建造房屋，但是如果坐山与立向二宫有旺星飞到，自然也能得发福之喜。

例如，七运卯山酉向下卦飞星盘：

6　1 六	1　5 二	8　3 四
7　2 五	5　9 七	3　7 九
2　6 一	9　4 三	4　8 八

震（卯）　　　　　　　　兑（酉）

艮　　　　子　　　　乾

　　这个飞星盘上，山星 5 数进入中宫后逆飞，坐山立向两个宫位上有旺星飞临。坐山震宫的山星 7 数为旺星到山，向方兑宫的向星 7 数为旺星到向，坐山震宫的山星 7 与向方兑宫上的向星 7 数为旺星到山到向，实为旺山旺向的格局。但其他宫位山星出现犯反吟现象。如离宫山星 1 数为一白水星，一白水星与离宫的地盘本气九紫火星是水火不兼容的，存在两种不同性质五行的相克关系；再如巽宫的山星六白金星和地盘本气四绿木星相克，这些情况都是犯反吟现象。

　　一般地说，凡是犯反伏吟的房屋，风水多有不利，但若逢七星打劫时，自然也能逢凶化吉。

　　虽然五运的艮山坤向、寅山申向、坤山艮向、申山寅向，这四个山向的坐向两宫均犯反吟现象，但是并非山盘或向盘五黄入中逆飞而形成，不属此例。

五、阴阳合十法

1. 阴阳合十的含义

　　合十是指飞星盘中的运星与山星或与向星合十，也就是飞星盘上的运星与山星或向星数字相加等于十。

　　阴阳合十，有三种情况：

（1）全局合十

全局合十即指星盘中每个宫位上的三个数，其中有两个数可以合为十数，或是山向飞星两数合十，或是运星数与山星数合十，或是运星数与向星数合十。现将二十四个合十局分列如下：

乾山巽向：一运，运星与向星合十。

九运，运星与山星合十。

亥山巳向：一运，运星与向星合十。

九运，运星与山星合十。

巽山乾向：一运，运星与山星合十。

九运，运星与向星合十。

巳山亥向：一运，运星与山星合十。

九运，运星与向星合十。

丑山未向：二运，运星与向星合十。

八运，运星与山星合十。

未山丑向：二运，运星与山星合十。

八运，运星与向星合十。

子山午向：三运，运星与向星合十。

七运，运星与山星合十。

午山子向：三运，运星与山星合十。

七运，运星与向星合十。

癸山丁向：三运，运星与向星合十。

七运，运星与山星合十。

丁山癸向：三运，运星与山星合十。

七运，运星与向星合十。

庚山甲向：四运，运星与山星合十。

六运，运星与向星合十。

甲山庚向：四运，运星与向星合十。

六运，运星与山星合十。

（2）坐山与立向对宫运星合十，或山星与向星对宫合十。如五运的坤艮、艮坤、寅申、申寅的坐山立向。

（3）按形局，而不以数论的天心十道

比如来龙与向水拉成直线，坐向之星又当旺，亦谓之合十。这种情况一定要形局的两边等量平分，若来龙为过卦之向，是不能使用的。

2. 合十的功用

合十的功用在于通气，亦称通卦，即全局各卦互相通气，山向两卦互相通气。总之，合十是吉利的，不怕上山下水。三元九运二十四山向二百一十六局中，一运和九运没有旺山旺向之局，可采用全局合十之局来补救。例如，七运子山午向飞星盘：

（午）

巽	离	坤
4 1 六	8 6 二	6 8 四
5 9 五 卯	3 2 七	1 4 九 酉
9 5 一	7 7 三	2 3 八
艮	坎	乾

（子）

九个宫位中，运星与山星全部合十，每个宫位都有两气互为相通，坎宫7与三通，三木之气与7金之气相通，7旺三亦旺，三旺7亦旺，两气皆可旺丁；离宫8与二通，8旺二亦旺；乾宫八与2通，兑宫九与1通，艮宫一与9通，坤宫四与6通，震宫五与5通，巽宫六与4通。此外，卦与卦之间亦相通，即坎卦通中宫，中宫通离卦，离卦通巽卦和坤卦，巽卦通艮卦和兑卦，离卦通乾卦，艮卦通震。

这样，七运子山午向，九宫运星与山星全部合十，互为相通，全旺人丁。

如果是七运午山子向的飞星盘：

（午）

巽	离	坤
1 4 六	6 8 二	8 6 四
震 9 5 五	2 3 七	4 1 九 兑
5 9 一	7 7 三	4 2 八
艮	坎	乾

（子）

九个宫位运星与向星全部合十，九宫互为通气，主旺钱财。

即使不是旺山旺向，由于全局合十，亦有旺山旺向的功效。这是全局合十对没有旺山旺向的一运与九运所作的补救。运星与山星全部合十，故旺丁；运星与向星全部合十，故旺财。因为山星管人丁，向星管财禄，所以山星与向星合十存在旺丁与旺财两个偏向。七运子山午向偏于旺丁，七运午山子向偏于旺财。

合十是吉利的，可以化解上山下水的凶局。如上例七运子山午向，山星7数为旺星，飞到坐方，称为旺星到山，但山盘生气之星8却飞到离宫方位，离卦为向，一般都为低处，为下水；向星7数为旺星，飞到坐方称为上山，说明此房屋犯龙神上山下水的格局。可幸的是坐方坎宫运星数为三，山星和向星均为7数，也就是说坎宫的运星和山星、向星的数都能合十，虽然坎宫犯上山，但合十为大吉之应，可以化解上山引发的诸多不利之事。离宫位置，运星二和山星8数能合十，也可以化解山星8数下水的不利之事。但离宫向星6数不能合十，又处在下水之地，可以说退气变成煞气，同时运星数和向星数不能合十，无法化解向星 6 数的煞气。一般来说，向星掌管财运，向星煞气旺强时对主家财运不利，根据以上分析，七运子山午向，其房屋周围环境是前低后高，可以判断此房屋旺丁不旺财。

第十三节　年月日时刻星入中运行的方式

学习玄空风水，不仅要牢牢掌握玄空风水学的基本原理，更重要的是能够掌握运用玄空风水学原理去分析阳宅风水的操作方法。用玄空风水学理为人勘察和布局阳宅风水，必须以整个房屋为中心，由外及内分析阳宅风水的吉凶情况，运用飞星理气布局各房间内部的山水物件，如卧室内的主人床位、家具的摆设、鱼缸的摆放位置、书画的贴挂方位、书房的方位及小孩书桌的坐向，各个房间灯光的调配和颜色的配置等。

由于阳宅室内的调整布局，必须结合年月日时刻的有利时间，才可以取得较为理想的效果。因此对于初学者来说，了解年、月、日、时、刻飞星的飞布方法是十分必要的。下面逐一分析年、月、日、时、刻飞星入中运行的方法。

一、年月日时刻飞星入中运行的规律

1. 年星入中运行

三元九运 180 年中有九个小运，每个小运有二十年。在小运的二十年中，由于每年都有一个星入中飞行，因此每年的气运各不相同。阳宅重气流，气流的吉凶是会随时间的不同而发生变化，阳宅风水的吉凶除了注重元运的变化和住宅的坐向外，还必须分析每年风水的吉凶情况。要判断住宅每年风水的吉凶情况，必须要掌握与运用年星入中飞布的方法。

年星入中飞布的方法，古人留下三句口诀，我们可以遵循。诀曰："上元甲子一白求，中元甲子四绿游；下元甲子七赤起，九星顺行逆年头。"此诀称为年家紫白诀。

第一句诗诀：上元甲子一白求。意思是指上元甲子60年中，由一白入中开始，逆行流年。第一年是甲子年，甲子年是一白入中宫顺行九宫，因此上元甲子年九宫方位的气运是由一白入中顺布各星而决定的。但是飞星逆行流年，即是流年顺数，飞星倒数（逆数）。也就是说甲子年是一白入中，乙丑年应该是九紫入中，丙寅年八白入中，丁卯年七赤入中，戊辰年六白入中，己巳年五黄入中，庚午年四绿入中，辛未年三碧入中，壬申年二黑入中……逆数至二黑再循环。

第二句诗诀：中元甲子四绿游。意思是中元甲子60年中由四绿入中开始，逆行流年。第一年为甲子年，甲子年是四绿入中宫顺行九宫，因此中元甲子年九宫方位的气运是由四绿入中顺布局各星而决定的。但飞星是逆行流年的，即中元甲子年四绿入中，乙丑年三碧入中，丙寅年二黑入中，丁卯年一白入中，戊辰年九紫入中，己巳年八白入中，庚午年七赤入中，辛未年六白入中，壬申年五黄入中……逆数至五黄再循环。

第三句诗诀：下元甲子七赤起。意思是下元甲子60年中，由七赤入中开始，逆行流年。第一年为甲子年，甲子年是七赤入中宫顺行九宫，因此下元甲子年九宫方位的气运是由七赤入中顺布各星而决定的。但飞星逆行流年，即下元甲子年（1984年）七赤入中，乙丑年（1985年）六白入中，丙寅年（1986年）五黄入中，丁卯年（1987年）四绿入中，戊辰年（1988年）三碧入中，己巳年（1989年）二黑入中，庚午年（1990年）一白入中，辛未年（1991年）九紫入中，壬申年（1992年）八白入中，癸酉年（1993年）七赤入中……逆数至八白再循环。

下面是三元九运 180 年的年星入中表：

上元	中元	下元	流年						
一白	四绿	七赤	甲子	癸酉	壬午	辛卯	庚子	己酉	戊午
九紫	三碧	六白	乙丑	甲戌	癸未	壬辰	辛丑	庚戌	己未
八白	二黑	五黄	丙寅	乙亥	甲申	癸巳	壬寅	辛亥	庚申
七赤	一白	四绿	丁卯	丙子	乙酉	甲午	癸卯	壬子	辛酉
六白	九紫	三碧	戊辰	丁丑	丙戌	乙未	甲辰	癸丑	壬戌
五黄	八白	二黑	己巳	戊寅	丁亥	丙申	乙巳	甲寅	癸亥
四绿	七赤	一白	庚午	己卯	戊子	丁酉	丙午	乙卯	
三碧	六白	九紫	辛未	庚辰	己丑	戊戌	丁未	丙辰	
二黑	五黄	八白	壬申	辛巳	庚寅	己亥	戊申	丁巳	

从上表中，可以查找三元九运 180 年每年进入中宫的飞星。

流年飞星进入中宫运行的轨迹与前面学习的运星进入中宫运行的轨迹是相同，都是顺行的。飞星顺行轨迹是：自中宫飞到西北方乾宫为第一步，从西北乾宫飞到西方兑宫为第二步，从西方兑宫飞到东北方艮宫为第三步，从东北方艮宫飞到南方离宫为第四步，从南方离宫飞到北方坎宫为第五步，从北方坎宫飞到西南方坤宫为第六步，从西南方坤宫飞到东方震宫为第七步，从东方震宫飞到东南方巽宫为第八步，最后从东南方回归中宫，完成了从一至九步的飞星运行轨迹。

第四句诗诀：九星顺行逆年头。意思是流年飞星进入中宫是顺行九宫的，但飞星进入中宫的规律是年顺星逆，下面举两个例子加以说明流年飞星入中运行的情况：

【例一】2004 年（甲申年）。从上表中可查到甲申年与三元九运飞星入中的对应关系：分别是上元甲申年八白入中，中元甲申年二黑入中，下元甲申年五黄入中。2004 年是处于下元八运中的流年，查表可知是五黄进入中宫运行。2004 年的流年飞星盘如下：

【例二】2005 年（乙酉年）。2005 年属于下元八运中的流年，查表可知，该年是四绿进入中宫运行。2005 年的流年飞星盘如下：

2. 月星入中运行

每年的运气是不同的，是因为每年都有一颗星进入中宫运行，主宰着一年当中的运气。每年中有 12 个月份，每个月都有一个飞星进入中宫，主宰着一个月的气运，因此 12 个月中，各月的气运又各有不同。

诗诀曰："子午卯酉八白起，寅申巳亥二黑求，辰戌丑未五黄发，先定中宫顺水流，月推飞星何处起，掌上飞宫星逆游。"从诗诀的含义可知，月星进入中宫的运行轨迹与运星入中宫的运行轨迹亦是相同的，都是顺行。

运用诗诀之法，是以流年推知每月入中飞星的，如"子午卯酉八白起"一句，是指子午卯酉四流年的正月，都是八白入中宫；"寅申巳亥二黑求"一句，是说寅申巳亥四流年的正月，都是二黑入中宫；"辰戌丑未五黄发"一句，是说辰戌丑未四流年的正月，都是五黄入中宫；"先定中宫顺水流"一句，是说明流月飞星进入中宫后是顺行九宫的；"月推飞星何处起，掌上飞星宫逆游"一句，意思是指一年12个月中，先定正月入中的飞星，其他月份如二月至十二月入中的飞星依月顺星逆的方法推定。

现将不同年份每月的入中飞星列表如下：

	子午卯酉年	辰戌丑未年	寅申巳亥年
正月	八白	五黄	二黑
二月	七赤	四绿	一白
三月	六白	三碧	九紫
四月	五黄	二黑	八白
五月	四绿	一白	七赤
六月	三碧	九紫	六白
七月	二黑	八白	五黄
八月	一白	七赤	四绿
九月	九紫	六白	三碧
十月	八白	五黄	二黑
十一月	七赤	四绿	一白
十二月	六白	三碧	九紫

例如，2008年（戊子年）正月，是八白土星入中宫。2008年（戊子年）正月的月星入中运行飞星盘如下：

巽　　离　　坤

七	三	五
六	八	一
二	四	九

震　　　　　　兑

艮　　坎　　乾

注：每月的月星进入中宫都顺行九宫，但飞星逐月进入中宫的规律是月顺星逆。

2008年农历正月是八白入中宫飞行，那么二月入中的飞星应为七赤金星，三月进入中宫的月星是六白金星，四月进入中宫的月星是五黄土星，五月进入中宫的月星是四绿木星，六月进入中宫的月星是三碧木星，七月进入中宫的月星是二黑土星，八月进入中宫的月星是一白水星，九月进入中宫的月星是九紫火星，十月进入中宫的月星是八白土星，十一月进入中宫的月星是七赤金星，十二月进入中宫的月星是六白金星。

3. 日星入中运行

在一年12个月中，每月的气运各不相同，原因是每个月都有一颗飞星进入中宫，主宰着一个月的气运。那么在每个月的30天中（小月28天、大月31天），每日也都有一颗飞星进入中宫运行，主宰着一日的气运，因此每日的气运亦各不相同。

地球绕太阳运转一圈，就是需要一年时间，一年时间换算为日，即一年等于365日。在一年365日中，地球绕太阳运转时出现两个波峰：一个波峰为"冬至"节令。自冬至后，阳气渐渐增多增强，因此从冬至那天开始，每日入中的星是按逆行轨迹飞布；另一个波峰为"夏至"节令。从夏至之后，阴气渐渐增多增强，因此从夏至那天开始，每日入中的星是按顺行轨迹飞布。

日家紫白诀：

冬至阳生前后节，顺行甲子一宫移，

雨水顺从七赤起，谷雨便从四绿推。

夏至阴生九宫逆，处暑前后三碧是，

霜降六白起甲子，顺逆分明十二支，

看是何星值何日，移入中宫顺逆飞。

现把一年的不同季节，日星运行情况列表如下，以供学者的查阅。

节气　日	冬至至立春节末日	雨水至清明节末日	谷雨至芒种节末日	夏至至立秋节末日	处暑至寒露节末日	霜降至大雪节末日
甲子	一白	七赤	四绿	九紫	三碧	六白
乙丑	二黑	八白	五黄	八白	二黑	五黄
丙寅	三碧	九紫	六白	七赤	一白	四绿
丁卯	四绿	一白	七赤	六白	九紫	三碧
戊辰	五黄	二黑	八白	五黄	八白	二黑
己巳	六白	三碧	九紫	四绿	七赤	一白
庚午	七赤	四绿	一白	三碧	六白	九紫
辛未	八白	五黄	二黑	二黑	五黄	八白
壬申	九紫	六白	三碧	一白	四绿	七赤
癸酉	一白	七赤	四绿	九紫	三碧	六白
甲戌	二黑	八白	五黄	八白	二黑	五黄
乙亥	三碧	九紫	六白	七赤	一白	四绿
丙子	四绿	一白	七赤	六白	九紫	三碧
丁丑	五黄	二黑	八白	五黄	八白	二黑
戊寅	六白	三碧	九紫	四绿	七赤	一白
己卯	七赤	四绿	一白	三碧	六白	九紫
庚辰	八白	五黄	二黑	二黑	五黄	八白
辛巳	九紫	六白	三碧	一白	四绿	七赤
壬午	一白	七赤	四绿	九紫	三碧	六白
癸未	二黑	八白	五黄	八白	二黑	五黄
甲申	三碧	九紫	六白	七赤	一白	四绿
乙酉	四绿	一白	七赤	六白	九紫	三碧
丙戌	五黄	二黑	八白	五黄	八白	二黑

李计忠解
《周易》

节气\n日	冬至至\n立春节末日	雨水至\n清明节末日	谷雨至\n芒种节末日	夏至至\n立秋节末日	处暑至\n寒露节末日	霜降至\n大雪节末日
丁亥	六白	三碧	九紫	四绿	七赤	一白
戊子	七赤	四绿	一白	三碧	六白	九紫
己丑	八白	五黄	二黑	二黑	五黄	八白
庚寅	九紫	六白	三碧	一白	四绿	七赤
辛卯	一白	七赤	四绿	九紫	三碧	六白
壬辰	二黑	八白	五黄	八白	二黑	五黄
癸巳	三碧	九紫	六白	七赤	一白	四绿
甲午	四绿	一白	七赤	六白	九紫	三碧
乙未	五黄	二黑	八白	五黄	八白	二黑
丙申	六白	三碧	九紫	四绿	七赤	一白
丁酉	七赤	四绿	一白	三碧	六白	九紫
戊戌	八白	五黄	二黑	二黑	五黄	八白
己亥	九紫	六白	三碧	一白	四绿	七赤
庚子	一白	七赤	四绿	九紫	三碧	六白
辛丑	二黑	八白	五黄	八白	二黑	五黄
壬寅	三碧	九紫	六白	七赤	一白	四绿
癸卯	四绿	一白	七赤	六白	九紫	三碧
甲辰	五黄	二黑	八白	五黄	八白	二黑
乙巳	六白	三碧	九紫	四绿	七赤	一白
丙午	七赤	四绿	一白	三碧	六白	九紫
丁未	八白	五黄	二黑	二黑	五黄	八白
戊申	九紫	六白	三碧	一白	四绿	七赤
己酉	一白	七赤	四绿	九紫	三碧	六白
庚戌	二黑	八白	五黄	八白	二黑	五黄
辛亥	三碧	九紫	六白	七赤	一白	四绿
壬子	四绿	一白	七赤	六白	九紫	三碧
癸丑	五黄	二黑	八白	五黄	八白	二黑
甲寅	六白	三碧	九紫	四绿	七赤	一白
乙卯	七赤	四绿	一白	三碧	六白	九紫
丙辰	八白	五黄	二黑	二黑	五黄	八白
丁巳	九紫	六白	三碧	一白	四绿	七赤
戊午	一白	七赤	四绿	九紫	三碧	六白
己未	二黑	八白	五黄	八白	二黑	五黄
庚申	三碧	九紫	六白	七赤	一白	四绿
辛酉	四绿	一白	七赤	六白	九紫	三碧

节气\日	冬至至立春节末日	雨水至清明节末日	谷雨至芒种节末日	夏至至立秋节末日	处暑至寒露节末日	霜降至大雪节末日
壬戌	五黄	二黑	八白	五黄	八白	二黑
癸亥	六白	三碧	九紫	四绿	七赤	一白

提示：上面表格中，节气一栏的"末日"二字，是指每个节令的最后一天。例如，表中的"立春节末日"是指立春交节后至雨水交节之日的前一天，如2000年立春交节的日子是在1999年十二月廿九，雨水交节的日子是在正月十五，立春节末日是指雨水的前一日，即是正月十四。正月十四就是立春节期间最末一日，正月十五就交雨水气令。表中其他节令，如清明节末日、芒种节末日、立秋节末日、寒露节末日等意思相同。

例如，某人在七运2000年农历正月十三搬进新房，要想知道此日飞星与宫位的关系，就必须依据上面图表排出此日的飞星运行盘（日星盘）。通过查阅万年历，2000年农历正月十三处于立春节期间，十三为乙巳日。在表格上查找，乙巳日是六白金星入中宫，排该日星盘如下：

从这个日星盘中可以看出，五黄煞星飞临东南巽宫方位，因五黄大煞喜静不喜动，故在这天搬进新房时，千万不要在东南巽宫铺床或乱动。同时，七运旺星七赤金飞到西北乾宫位置，故西北乾宫方位是

周易·家居环境入门

有旺财的方位，可通过合理布局来增强财星的力量。

4. 时星入中运行

每日有 24 个小时，每 2 个小时合为一个时辰。在每个短短的时辰中，都有一颗飞星进入中宫运行，使每个时辰的气运各具不同的特点，因此在每日的气运中，每个时辰的气运各不相同。

时家紫白诀：

三元时白最为难，冬至阳生顺莫差。

孟日七赤仲一白，季日四绿发萌芽。

每把时辰起甲子，本是星曜照光华。

夏至阴生逆回首，孟归三碧季六白。

仲日九紫起甲子，掌上飞遁切莫差。

注：古代用孟、仲、季分别表示第一、第二、第三的顺序。

以上十二地支分为三组：子午卯酉日，寅申巳亥日，辰戌丑未日。由于节气不同，相同的日支在不同的节令，时星入中运行分为顺飞与逆飞。如下表：

子午卯酉日	冬至后	子一	丑二	寅三	卯四	辰五	巳六
		午七	未八	申九	酉一	戌二	亥三
	夏至后	子九	丑八	寅七	卯六	辰五	巳四
		午三	未二	申一	酉九	戌八	亥七

寅申巳亥日	冬至后	子七	丑八	寅九	卯一	辰二	巳三
		午四	未五	申六	酉七	戌八	亥九
	夏至后	子三	丑二	寅一	卯九	辰八	巳七
		午六	未五	申四	酉三	戌二	亥一

辰戌丑未日	冬至后	子四	丑五	寅六	卯七	辰八	巳九
		午一	未二	申三	酉四	戌五	亥六
	夏至后	子六	丑五	寅四	卯三	辰二	巳一
		午九	未八	申七	酉六	戌五	亥四

以 2000 年农历正月十三午时用事为例，经查万年历得知，2000 年农历正月十三为乙巳日，根据上面表格，知道该日是属于冬至后的情况，那么午时是四绿木星入中宫运行。排出乙巳日午时飞星盘如下：

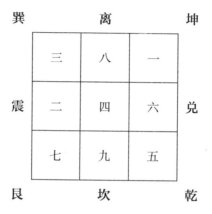

通过这个飞星盘得知，五黄煞星飞到西北方乾宫位置，五黄煞星喜静不喜动，因此选择 2000 年农历正月十三（乙巳日）在乾宫动工装修或铺床时，在午时必须停工休息，即可避开五黄大煞的凶性。同时可以看到七运的七赤旺星飞临东北方艮宫方位，风水的作用主要是给主人避凶趋吉的，因此可以在艮宫位置布局旺财，以增强财星的活力。

5. 刻星入中运行

用刻计时的方法，是把时辰再细分得来的，把一个时辰（120 分钟）细分成八个等份，每一个等份称为刻。15 分钟为一刻，一个时辰共有八刻。

现以夏至后的庚子日戌时为例。查时星运行表可知，夏至后的子日戌时是飞星八白进入中宫运行，也就是说，八白星统管着戌时（晚上七点至九点这段时间）。把戌时分为八刻，每一刻的时间长达 15 分钟，每一刻的入中飞星是由八白顺数的下一位算起共八星，分别是九紫、一白、二黑、三碧、四绿、五黄、六白、七赤。即记为：

戌时一刻：即晚上 7：00 至 7：15，九紫火星入中运行。

戌时二刻：即 7：15 至 7：30，一白水星入中运行。

三刻：即 7：30 至 7：45，二黑土星入中运行。

四刻：即 7：45 至 8：00 正，三碧木星入中运行。

五刻：即 8：00 至 8：15，四绿木星入中运行。

六刻：即 8：15 至 8：30，五黄入中运行。

七刻：即 8：30 至 8：45，六白金星入中运行。

八刻：即 8：45 至 9：00 正，七赤金星入中运行。

通过上面分析可知，夏至后的庚子日戌时五刻的入中飞星与方位的吉凶关系。五刻即是 8：00 至 8：15，四绿木星进入中宫飞行。飞星图如下：

	巽	离	坤	
震	三	八	一	兑
	二	四	六	
	七	九	五	
	艮	坎	乾	

通过戌时五刻进入中宫的飞星运行情况，知道五黄杀星飞到乾宫，因此在戌时五刻之时，应避免在乾宫动工装修等。同时，八运的八白旺星飞临离宫，故可以在离宫布局调整旺财，以激活八白当旺财星的活力。

二、年月日时刻飞星入中运行的轨迹

把握了年、月、日、时、刻星的各自运行规律后，接下来学习年月日时刻星的运行轨迹。

飞星的运行轨迹，实际是指飞星运行时的路线和先后顺序。年月日时刻星和运星的运行轨迹相同，但要注意区别，当元得令的运星进入中宫后顺飞，年月日时刻星却是依据某种特定的规律，确定某星进入中宫后顺飞。

年月日时刻飞星入中运行的先后次序图如下：

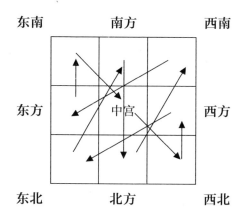

先后次序为：中宫→西北→西方→东北→南方→北方→西南→东方→东南→回归中宫。

飞星进入中宫后，运行时每个步骤都是固定的，永远不变的。

现将年月日时刻星的九星进入中宫运行轨迹制成图表，以供学者们参考：

巽	离	坤
九紫	五黄	七赤
八白	一白	三碧
四绿	六白	二黑

震（左侧） 兑（右侧）
艮 坎 乾

一白水星入中宫

巽　　　　　离　　　　　坤

一白	六白	八白
九紫	二黑	四绿
五黄	七赤	三碧

震（左）　兑（右）

艮　　　　　坎　　　　　乾

二黑土星入中宫

巽　　　　　离　　　　　坤

二黑	七赤	九紫
一白	三碧	五黄
六白	八白	四绿

震（左）　兑（右）

艮　　　　　坎　　　　　乾

三碧木星入中宫

巽　　　　　离　　　　　坤

三碧	八白	一白
二黑	四绿	六白
七赤	九紫	五黄

震（左）　兑（右）

艮　　　　　坎　　　　　乾

四绿木星入中宫

四绿	九紫	二黑
三碧	五黄	七赤
八白	一白	六白

震　　　　　　　　　　　兑

艮　　　　　坎　　　　　乾

五黄土星入中宫

巽　　　　　离　　　　　坤

五黄	一白	三碧
四绿	六白	八白
九紫	二黑	七赤

震　　　　　　　　　　　兑

艮　　　　　坎　　　　　乾

六白金星入中宫

巽　　　　　离　　　　　坤

六白	二黑	四绿
五黄	七赤	九紫
一白	三碧	八白

震　　　　　　　　　　　兑

艮　　　　　坎　　　　　乾

七赤金星入中宫

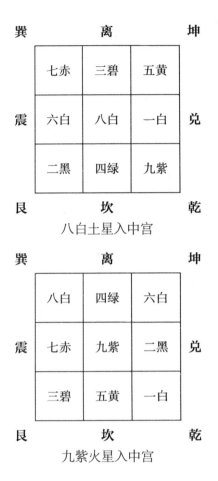

巽　　　离　　　坤

七赤	三碧	五黄
六白	八白	一白
二黑	四绿	九紫

震　　　　　　　兑

艮　　　坎　　　乾

八白土星入中宫

巽　　　离　　　坤

八白	四绿	六白
七赤	九紫	二黑
三碧	五黄	一白

震　　　　　　　兑

艮　　　坎　　　乾

九紫火星入中宫

第十四节　飞星宇宙气场在风水上的运用

一、飞星理气应用

1. 九星的得令与失令

若想在风水上运用好飞星理气，就必须掌握每一颗星宿的吉凶性质，还要明白飞星"得令"与"失令"的真正含义。

（1）一白贪狼星，五行属水

一白星在得令的时候，代表升官、名气、中状元等财官文昌运；

失令的时候，此星为桃花劫，破财损家，甚至性病、绝症，异乡流亡。

（2）二黑巨门星，五行属土

二黑星代表病符。此星在得令的时候并非病符，代表位列尊崇，能成霸业。但此星失令的时候，是一级大凶星，破财损家，代表死亡绝症、破财横祸，与五黄星并列为最凶之星。此星最容易招来阴灵。

（3）三碧禄存星，五行属木

此星在得令时，代表因口才而成名，大利律师、法官等职。但此星失令的时候，代表是非、官非、破财招刑。

（4）四绿文曲星，五行属木

四绿文曲星，在得令时代表文化艺术、才华、文思敏捷，可旺文昌运。失令时，为桃花劫星、必招酒色之祸。

（5）五黄廉贞星，五行属土

廉贞星得令时，代表位处中极、威崇无比，中极为皇帝之最尊最贵的位置。但此星失令时，称为五黄煞，又名正关煞，代表死亡绝症、血光之灾、家破人亡。此星失令必招来邪灵之物。

（6）六白武曲星，五行属金

六白星是偏财星，与一白、八白合称为三大财星。六白得令时丁财两旺，失令时失财损丁，倾家荡产。

（7）七赤破军星，五行属金

七赤星当运的时候，大利口才工作的人，包括歌星、演说家、占卜家等，大利通信传播。但七赤星退运的时候，代表口舌是非、世界大战、刀光剑影，又代表及身体上呼吸、肺部的毛病。

（8）八白左辅星，五行属土

八白星得令时为太白财星，能带来功名、富贵、田宅、科发，为九星中第一吉星。此星失令时，为失财失义、瘟疫流行、失财于刹那间。

（9）九紫右弼星，五行属火

九紫星当令时，为一级喜庆星及爱情星，代表桃花人缘及天乙贵人，大利置业及建筑。但此星失令的时候，为桃花劫星，损丁破财，亦主火灾、爆炸、心脏病、眼病、流血等。

2. 星运的交替

自 2004 年开始，星运进入了八运。

过去 20 年的七运，由于七赤金星当时得令，使歌星、传媒、占卜等与口才有关的行业蓬勃发展起来。在 1984 年前 20 年的六运，歌星开演唱会只能用小舞台，收入极有限。1984 年进入七运后，歌星开演唱会几乎都在数万人的场合里举行，收入大大增加并取得名利双收，靠口才工作的人和唱歌的人都赚了大钱。七赤破军星本是一颗吉凶参半的星，由于在七运中七赤破军星乘时得令，因此七赤破军星中凶险部分的信息暂时隐藏起来，而在七运末期才逐渐显现出来。2003年七运与八运互相交替，七赤星中蕴含的刀光剑影、兵荒暴死的凶险信息就显露出来了，发生的"美伊战争"与"非典"疫情，这就是七赤破军星将 20 年来积聚的凶险信息一次性地爆发出来的。

七运退出后，自 2004 年开始踏入八运，而七运中那些叱咤风云的行业也就开始滑坡了，如开演唱会的大多数都要赔本的。

进入了八运，八白星属土，代表地产及与人体有关的化妆、美容行业，这些行业都会兴旺起来。在人体上，八白土星代表手，因此靠"手"写文章及操作网上资讯去发展具有八运特色的各种业务相当发达。现在流行的脚底按摩、推拿，也是八运用手来发展事业的特色。八白星是一级财星，这代表社会上将出现一种现象，就是贫者越贫、富者越富。八运要发达须凭财力，当人们拥有财富，便可以通过财富去吸纳丰厚的回报。

未来的九运，九紫星属火，电脑及其相关的科技工作或产品均属火，因此九运大利电脑、电子科技产品等产销行业；由于九紫星为大桃花星，色情行业将在未来的九运继续大行其道。

二、三元九运的应用

凡学习风水者，都必须认识三元九运。在中国历法上，每60年称为一元，三元就是三个60年，分为上中下三元，上元管60年，中元管60年，下元管60年；运就是每元中又分三个小运，每运管20年，每元包含三个小运；三元九运一共180年。

将九宫中的9颗星套入这180年当中，每一颗星掌管20年的运气。

一白星掌管的20年，称为一运；

二黑星掌管的20年，称为二运；

三碧星掌管的20年，称为三运；

四绿星掌管的20年，称为四运；

五黄星掌管的20年，称为五运；

六白星掌管的20年，称为六运；

七赤星掌管的20年，称为七运；

八白星掌管的20年，称为八运；

九紫星掌管的20年，称为九运。

当从一运至九运180年结束后，又再由一白星入中掌管一运主事，接着二运、三运……，循环不息地计算着地球的时空。三元九运是太阳系星球运转的产物，九星与九运分管时间是对宇宙时空的一种划分，是计算地球在宇宙大空间中的变换位置以及地球运转时产生的磁场对风水形成吉凶影响的方法。

1984年至2003年，地球在宇宙空间中进入七运时空，由七赤金星主宰管事；从2004年至2023年，地球进入八运时空，在这段时空中，由八白土星主宰管事；从2024年开始，地球将进九运时空。这些年份的计算，是根据木星与土星的运行次数计算出来的，属于宇宙星象的计算方法，不是凭空想象出来的。

目前，正处于八运，掌管八运的八白星称为"当令星"。在八白星主运的这20年中，八白星所飞到的方位均称为得令方位。若能追踪到八白星的飞伏，就可以吸纳这颗大财星的磁场，自然会乘时得令，富不可当。在八运中，凡是八白星所到的方位，都代表当时得令。

处于八运时候，掌管九运的九紫星被称为"未来旺星"。未来旺星也是吉星，通常称为生气星。在八运中，九紫星所到之处，都能够带来吉运，凡9的数字都代表吉祥。

当七运退下来，由八运接上的时候，七运中的七赤金星被赶出中宫，成为退运星，被称为失令星。从一白星到七赤星中，有些星是凶中带吉的中性星，有些是死气星，有些是极凶的煞气星。这些星宿飞伏的地方，必须通过摆设风水物品，才能将凶煞的星气化解。

在八运中，八白星为当令旺气星，九紫星为生气星，一白星为次生气星。六白与五黄星为死气星，四绿、三碧与二黑星为煞气星，七赤星为退气星。旺气星为大吉星，生气星为次吉星，退气星为中，死气星为凶星，煞气星为大凶星。

三、飞星宇宙气场在住宅风水上的应用

1. 宅内峦头与理气的配合

凡风水师为人勘察家居风水时，都不会忘记峦头和理气的配合。

在家居风水布置中，峦头是代表家中的床、桌、椅和电器等家具。将床头靠墙摆放，床边摆放床头柜，这就是家宅中峦头的布置，实际上也是空间方位的应用。地球在一刻不停地转动运行，整个地球以至整个宇宙空间的物质都每时每刻处于不断地运动和变化之中，在不同的时间里形成不同的风水方位气场，这种根据时间的变化去选择风水方位气场的学问就是理气。一间房屋的门前出现尖角暗射，峦头不好，容易发生病伤之灾，但若想知道在什么时间不好，就要计算理

气，才能清楚峦头引发的凶祸发生在具体时间。

用峦头与理气知识来解释某些祖屋。同一间祖屋，其峦头形势是固定的，为什么第一代人居住时兴旺发达，第二代人开始衰落，到了第三代子孙便一败涂地呢？这是因时间推移而理气发生变化导致的。不同的理气所产生的风水效应是不同的，一间屋在最初建成入住的时候吉度达到 100 分，但到了某个时间段可能会跌至几分，甚至跌到 0 分。因此推断风水的吉凶一定要配合时间上的理气，不能单纯从峦头形势上去做分析，家宅里风水物品的摆放也要根据不同的时间进行。

根据峦头，睡床靠着墙壁，这代表着有靠山，是一种好的峦头。但假如计算理气就会发现当时得令的风水方位在窗前，那就要把睡床搬到窗前了。现在，有很多学习风水的人，还不懂得风水的理气，仍然停留在峦头的基础阶段。特别是一些文化水平较低的风水师，只懂得物品摆放的峦头理论，根本不懂时空的转移。在家居风水调理中，只运用峦头的摆放方法，不重视理气的作用，是无法给宅主营造一个优良的环境气场的，难于达到趋吉避凶的目的。

在某种程度上，理气比峦头更加重要，因为峦头是可以完全改变，而理气是无法改变的。即峦头可以通过家居环境的设计布局来改变，但理气中由时间推移所形成的宇宙磁场和飞星组合气场是不能改变的，只能用五行生克制化原理进行化解。

2. 运用流年飞星入中飞伏，判断当年风水方位的吉凶

下图是 2008 年流年飞星图：

九	五	七
八	一	三
四	六	二

2008年一白水星飞入中宫。从上面的九星飞伏图中得知，二黑病符星飞进代表父老的西北方，五黄毒药星飞进代表中女的南方，这种飞伏状态，代表家中的父老和中女，都受到这两颗星的影响，犯了煞星，极容易生病。其余七颗星，同样会对其所到的方位代表的人物造成吉凶不同的影响。

下图是2009年流年飞星图：

八	四	六
七	九	二
三	五	一

2009年，九紫火星飞入中宫。从上面的九星飞伏图可知，二黑病符星飞进代表幼女的西方，五黄毒药星飞进代表中男的北方。这种飞伏状态，说明了家中的中男和幼女都分别受到这两颗不同性质的凶星影响，犯了凶煞星气，极容易生病。其余七颗星所到方位，同样会对该方位所代表的人物造成吉凶影响。

3. 房屋中大小空间的布局方法

将飞星盘套入整个房屋里去计算风水的吉凶，这个房屋就是一个大宇宙，但在日常生活中，常常是将飞星盘套进小房间和睡床上去计算风水，那么主人所住的房间和使用的睡床，就成了小宇宙。同样，套入厨房中，厨房便成为小宇宙。只要将房间分成九格，就马上知道主人应该睡在什么方位才吉利，若房间某方位出现双旺星或六八同宫，那么选择睡在这个地方是吉利的；若某方位上的飞星组合为五九，那就应该避免睡在那个方位上。

用飞星盘套入厨房之中，就可以知道哪个是水位，哪个是火位。飞星盘宇宙原理的应用，可以判断整体房屋以至房屋中每个房间风水的吉凶，可以决定布置的方案，房屋中的大空间和小空间都可以用这个方法去摆设布局。

4. 睡床的布局方法

将睡床分成九格，用飞星盘套入宅主的睡床上，使飞星盘的九宫格与睡床的九格对应，就可以知道应该睡在床上哪个位置才获吉利。由于飞星掌管 20 年时间，若以现在的八运计算，能够睡在床上当令旺星八白飞临的位置，就可以享受 20 年的吉气。运用飞星布局睡床必须要兼看流年，因为流年飞星在住宅中应验的速度不及应验在床上快，但也不必要每年都去移动睡床。

例如，宅主的睡床是坐南向北（坐午向子），年星是九紫火，那么得出九紫火星飞到床上各方位的飞星图。如下图：

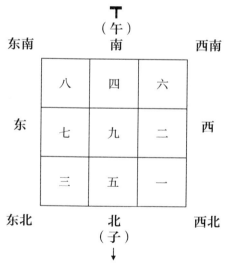

年星入中，不分阴阳，一律顺飞。若在九紫火星入中当年，睡床之人每天都从床的西方下来，就代表着他每天都受到二黑病符星的影响，每天起床后都会感到不舒服。若每天都从床尾北方下来，即是从五黄位下来，则每天都会受到五黄毒药里的影响。最好的下床方位，应当选择东南方的八白星位置和西北方一白星位置。在八运中，若在睡床边摆放龙、狗、牛、羊的吉祥物，就可以增强八运的旺气。假如 2009 年行九紫年运，九紫火星入中，那么 2010 年就是八白星入中宫顺行九宫，东北方的飞星就变成二黑了，最忌在东北方位置下床，要改在西北方的九紫火星位和西方的一白水星位置下床，才以纳取吉气。

5. 写字台（办公桌）的布局法

布局写字台的方法与布局睡床的方法同理，将写字台分成九个格子，这九个格要按照东南西北的方位去摆设。假设写字台的坐向是坐北向南（坐子向午），如下图：

```
                    ↑
  东南             南              西南

        ┌──────┬──────┬──────┐
        │  八  │  四  │  六  │
        ├──────┼──────┼──────┤
  东    │  七  │  九  │  二  │    西
        ├──────┼──────┼──────┤
        │  三  │  五  │  一  │
        └──────┴──────┴──────┘

  东北             北              西北
                    ⊥
```

九紫火星入中宫之年，主人坐在北方位置办公，电话是生意与好坏消息的来源渠道，将电话摆放在八白星的位置和九紫星、一白星最为适当；传真机也是授收消息的重要仪器，最好放八白星位置上，电脑也可以放在八白星位置上。

假如写字台是坐南向北，电话必定摆放在八白位上，在二黑与五黄是飞临的位置上摆放铜器去化泄即可。以上就是根据流年飞星对睡床与写字台的布局方法。

6. 鱼水定位应配合八宫五行与元运

家中的鱼缸是根据八宫方位的五行去摆设的，如由于东方代表木，在东方摆放水，水能生木，木就会泄掉水气，因此东方不能摆水；由于南方属火，在南方摆设鱼池，会形成水火相冲，因此南方不是一个好方位；由于西方属金，金能生水，原则上西方是可以摆放鱼缸的；由于北方五行属水，在北方放水可以互相配合，十分理想。以上是根据八宫五行来分析家中的水位布置方法，但这种方法太笼统，欠缺精确，因此不要千篇一律地去用这种方法学去布阵。

根据元运的旺衰确定水位的方法比较准确，在家宅中布置水位还是以元运为主。如，八运中，西南方为零神位，零神见水可以大旺财运，因此鱼缸最好还是摆在西南方。

第十五节　理论与经验的结合断吉凶

一、布置风水应结合宅主的八字命局喜忌

布置家居风水，必须配合宅主命中的五行喜忌情况，以补益宅主命中的喜用五行为主，才能收到较好的效果。论宅主命局中的五行喜忌，有两种情况：

1. 计算命卦，分析宅主命中五行喜忌

勘察房屋风水时，当分析了所有飞星盘后，就可以拟订家居风水布局的方案了，然后根据布局方案决定睡床、大门、厨房、炉灶的方位。作为一个合格的风水师，应该明白煞气的出现是应验在不同的家庭成员身上的，并非家中每个人都会出事。原因是每个人都有自己的命卦，命卦能与房屋配合就可以发旺，命卦不能与房屋配合就会受灾。一间房屋盖成之后，家庭成员中哪个人会受灾，哪个人会旺发，这就关系到个人的命卦问题。

人的命卦有一白到九紫共九种，也就是说风水学将人命分成九个类型。命卦的名称与飞星的名称是一样的，即一白命卦、二黑命卦、

三碧命卦、四绿命卦、六白命卦、七赤命卦、八白命卦、九紫命卦。在洛书元旦盘中，中宫的五黄没有卦位，假如命卦数字为五，男性用坤卦去代替，女性用艮卦去代替，即"男寄坤，女寄艮"，这称为替卦。

（1）用命卦配屋的方法

首先，要看宅盘中宫一格位置的山向飞星组合，了解家宅中宫的山向飞星是否刑克命卦。例如，一个命卦为二黑命的人，住进一间七运壬山丙向的房屋内，从该房屋的宅盘可以看出家宅中宫位置的山向飞星组合为32；三碧星五行属木，二黑星五行属土，木能克土，因此命卦为二黑星的人住进这间屋，就会受三碧木星克伤，其他家庭成员不会受中宫星气所克。假若一间屋的宅命盘的中宫山向飞星为68，六白星五行属金，八白星五行属土，土能生金，因此这间屋特别有利于六白命卦的人居住，而八白命卦的人会因金泄土气，耗泄八白命卦人的元气，耗泄八白命卦人的元气，但并不是克煞的风水，仍然是适合居住的。

其次，要根据宅盘找出房屋大门口的向星是否刑克命卦。若一个人的命卦是四绿，其家宅大门口的向星是七赤星，七赤五行属金，四绿五行属木，金会劈木，因此宅主出入大门口时，会受到七赤金星的克制，身体健康会受到影响。

再次，查出每个房间门口方位的向星，然后分析房门向星与各种命卦的生克制化的关系。假设一间房屋内有3个小房间，每个房间的房门都各向着不同的方向，要决定每个房间适合哪一种人居住，就必须查出每个房间大门口方位的向星。

总之，命卦的原理很简单。但将命卦套入飞星学之后，就会有更准确的断事效果。假如一个人的命卦是土，其居住一间大门口的向星是四绿木的房屋与住进一间大门口的向星是九紫火的房屋，出现的情况是有很明显的区别。火能生土，命卦属土的人适宜住在大门口向星为九紫火的房间里，但不宜住在大门向星为四绿木的房间内。因为四绿木会克土，会克伤此人的元气，土代表人体上的脾胃，因此此人的脾胃容易出现毛病，这就是从五行去决定方位的选择。用更深层次的原理去解释，如果人的命卦是八白土，住宅大门的向星是九紫火，当此人住进这间房屋后，住宅对其吉凶影响要以九八组合的含义判断。假如人的命卦是八白土，而住宅大门的向星是四绿木，此人住进这间房屋后，住宅对其吉凶的影响要以四八同宫的含义判断，这样才可以知道住进这间房屋以后会有什么事情发生。

真正细心，用功的风水师，会将住宅中各方位的飞星组合细微认真地计算，最起码都会将住宅的中宫、大门口与主人居住的小房间的飞星组合认真推敲一番；马虎大意的风水师，只会将八卦的大方位套入房屋中，做出一些简单、粗糙的判断。其实，浅白易学的风水理论，准确性并不高，那些复杂难学的风水理论精确度很高，住宅风水的设计和布局操作中，对理气与峦头的配合要达到最复杂、最精确的计算，才能最准确地推断吉凶。

当风水师为一个家庭勘察风水时，要将家中所有家庭成员的命卦都排列出来，首先找出房屋中宫的山星与每个家庭成员的关系，中宫山星克制或泄耗家庭成员的命卦者以凶论，中宫山星生助家庭成员的命卦者以吉论。其次找出住宅大门口的向星与家庭成员命卦的关系，大门口的向星五行生助命卦五行者以吉论；克制泄耗命卦五行者以凶论；再次，找出每一个房间门口向星五行和家庭成员命卦五行的关系，若房间门口向星五行生助某人的命卦，那么这个房间就适合此人居住；若房间门口向星五行克制泄耗某人的命卦五行，那么这个房间就不适合此人居住。

（2）命卦计算公式（20世纪生人适用）

男性命卦 =（100- 出生年份最后2位）÷9，取余数作为命卦。

女性命卦 =（出生年份的最后2位 -4）÷9，取余数作为命卦。

风水师给人占算命卦时，可以根据当年所运行的流年飞星配合人的命卦推当年的理气。

飞星的诱导作用，是通过人的命卦来实现的。计算出人的命卦后，可以根据飞星诱导原理去判断宅主适合睡在什么方位，例如宅主命卦为九紫火星，而住宅中的东方有九紫火星飞临，那么宅主适于睡在住宅的东方；若宅主命卦是二黑，而住宅的东南方有二黑星飞临，那么宅主适于睡在东南方。

2. 分析八字命局，了解宅主命中五行喜忌情况

当确定住宅的坐向后，就分析房屋各个方位飞星的五行，再分析家宅主八字命局中的五行喜忌，然后根据宅主命中的五行喜忌配合方位的特殊本性，对家居住宅进行合理的摆设与布局。

例如，某男生于 1964 年农历正月初八日戌时。排八字如下：

$$
\begin{array}{cccc}
官 & 印 & 土命 & 官 \\
\textbf{甲} & \textbf{丙} & \textbf{己} & \textbf{甲} \\
\textbf{辰} & \textbf{寅} & \textbf{亥} & \textbf{戌} \\
劫 & 官 & 财 & 劫
\end{array}
$$

乾　造：

交运岁数： 5 岁

大　运：	5	15	25	35	45	55	65
	丁	戊	己	庚	辛	壬	癸
	卯	辰	巳	午	未	申	酉

命局分析：日主己土。春季木旺，土生于春季寅月处于死地。日主偏弱，应以印为喜用神。

家居摆设和布局的风水物品，应以帮扶火土两种五行为主，才能真正起到补益宅主的催吉作用。

二、布置家居风水应配合九星的本质含义

只有弄明白了九星与家居风水的关系，才能更好地运用飞星风水

原理给宅主营造一个美好舒适的家居环境。九星五行与家居风水的关系如下：

1. 一白贪狼星

一白贪狼星，五行属水，代表的颜色是蓝色、黑色。

一白星代表水，套入家居生活之中，代表家中的厨房、洗手间，与水位结下不解之缘。

一白星与鱼缸、泳池、河边有关，亦与老鼠、猪有关。

在运用时候，一白飞星与家居中所有水性物质有关。

2. 二黑巨门星

二黑星是病符星，五行属土。在八运中，二黑是代表病符、寡妇、死亡。

在日常家居生活摆设中，二黑星与陶瓷、杂物、砖头有关系，因此风水良好的家宅不要在二黑星飞临的方法摆放杂物、陶瓷和砖头，否则会增强二黑病符星的凶性。特别是不要摆放杂物，因为杂物代表土的五行。

家中的垃圾桶代表二黑星，不可在二黑星飞临的方法放置垃圾桶，否则会影响家人的身体健康。

二黑星代表阴暗的地方，因此家中二黑星飞临的方位要保持明亮，否则会增强二黑病符的凶性，祸及家人。

二黑星代表发霉、发臭的东西，在家居中，二黑星飞临的地方若有霉臭之物，应及时清理干净，否则会增强二黑病符星的凶性，影响主人身体健康。

3. 三碧禄存星

三碧星又称为是非星，五行属木。

三碧星代表一切不漂亮和枯谢的花草树木。

三碧星代表家宅中的破烂之物和闲置的旧鞋，代表过期变黄发霉的旧书籍，亦代表裂开的木地板和木门。

因此三碧星飞临的方位上，若见枯谢的花草树木、破烂物，闲置的旧鞋、旧书籍、裂开的木地板与木门，就会增强三碧星的本性。

4.四绿文曲星（文昌星）

四绿星是文昌星，五行属木，摆设兔子可以补充四绿的磁场。补充四绿星的磁场，可在四绿星位置摆放四只兔子。要使小孩子的功课做得好，摆放四只兔子，其实兔子即是文昌。

四绿星代表图书、生长旺盛的花草树木，代表家中的木造家具、木床、木地板、木刻等。三碧星代表家中闲置的旧鞋，而四绿星是代表新鞋，即家人每天都穿着的鞋。

四绿星亦代表家中的吸尘器，这个秘密很少有人知道。二黑星五行属土，代表家中所有的尘杂物（杂物五行属土），假如家宅中土的磁场太旺，就利用吸尘器（四绿星）将土的磁场降低。

假如宅主命中本身的五行土太多，家中堆放很多杂物，又不是经常吸尘，因此家中的风水就会变得极差。原因二黑代表杂物，二黑星与五黄凶星的五行均属土，在二黑飞临的方位堆放杂物，再加五黄星飞到，便会助长二黑病符星的凶气。二黑星磁场与五黄星磁场是煞气的聚集之处，不能堆放杂物。

保持家居的洁净，是风水学问的最大要诀，在一间肮脏的房屋内调理风水，无论摆放多少风水物品，都无法令这间房屋的风水转吉。干净的家居住宅，已经是符合吉利风水的最基本条件了，在一间干爽洁净的房屋内调理风水，只要罗盘使用正确，把适量的风水物品摆放于恰当方位上，这些风水物品就会立即发生磁场感应，使这间房屋的风水达到锦上添花的最佳效果。

5.五黄廉贞星

五黄星是毒药星，五行属土（五黄在中宫，其五行纯属土；五黄星因飞行离开中宫后，带有火性，具有火土两行，但以土为重）。

五黄是九星中唯一看不见的星，是隐形的煞星。在物质形态上，家中的杂物代表二黑，旧鞋代表三碧，新鞋代表四绿，但找不到能代表五黄的东西，因为五黄是一项因果数，是宿世的因果使人要面对的灾难，是一种最难平复的灾难。

五黄与二黑有共同点，即凡是污秽、堆积、潮湿、阴寒的地方都指五黄，这些地方逢五黄飞临之时，容易产生毒煞之气，会严重影响家人的身体健康。

五黄方位可以通过理气计算出来，但一般人是找不到五黄的，只有学懂玄空飞星风水之后，才能找出五黄的方位。当找出家宅中的五黄方位后，在那里摆放（吊挂）一串六帝铜钱，便可以化泄五黄煞了。化泄五黄煞气的铜钱不能用得太多，不要特别制造一串巨型的六帝铜钱，也不须一次吊挂很多串。化泄五黄只需花少量的钱，购买刚好足够的铜钱就可以了。

五黄煞星五行属土，化解五黄煞气是用金五行，因为土能生金，金可泄土，故金可以化掉五黄的煞气。大铜钟具有极强的金磁场，大铜钟除了钟本身属金外，敲击时发生的叮当声音亦含有极强的金。在五黄煞星飞临的方位，虽然没有挂六帝铜钱，但只要摆一个会发生叮当声音的大铜钟，同样可以化掉五黄。

6. 六白武曲星

六白星是偏财星，五行属金。六白星代表家居中所有的金器、铜器、铜床等。

大铜钟俗称大笨钟，会发出叮当的洪亮声音，除了钟本身属金外，被敲击时发出叮当的声音是极强的声音，大铜钟具有极强的金磁场。在家宅的五黄方位摆一个会响的大铜钟，可以化解五黄星的煞气。

八字命局中需要金的人，睡铜床当然比睡木床好，睡在五行属金的方位再配铜床更加好。除了大铜钟之外，家中的空调、冰箱都是极金之物，假如宅主本身需要金的五行，就在家中六白星飞临之方，摆放一个大冰箱，将冰箱的温度调校至最低度数，或者装一部空调，可以马上令家居风水转吉。相反，如果宅主命中忌金，家中就要使用小冰箱，并将冰箱的温度调高。

家中所有尖利的金属器具，如刀、剪、斧、锯等五行亦属金。厨房里放一个插刀座，上面插满刀子，这种摆设形成了极强的金磁场。在六白星飞到的方位摆放五行属金的器物，就会增强金的磁场能量，金太旺了，就会招致破损、开刀、出血等凶恶现象，如一间屋内西南方的申位上插着一把尖利的日本刀，用飞星学计算，当年的流年飞星六白飞到申位，申位主人的大肠要动手术。

金水太多会引发人体患上肾病、中耳炎、膀胱炎、肠癌、糖尿病等症。

7. 七赤破军星

七赤星五行属金，代表刀光剑影，代表家中的菜刀、剪刀等金属利器。

在七赤运的时候，家中利器的摆设要分外小心，不能把金属利器摆放在七赤旺星飞临的方位，否则容易出现问题。

七赤星亦主口，代表唱卡拉 OK，拿麦克风，假如某人命中五行忌金，不适宜唱卡拉 OK 或拿麦克风。

8. 八白左辅星

八白星五行属土，在八运中为行令的财星，也就是说在八运中，八白星代表财。

在家居中，八白星代表陶瓷器皿。在家宅中八白星飞临的方位上摆放陶瓷物品，可以增旺八白土星磁场能量，但这里是指靓的陶瓷制品，如精制的陶瓷工艺品、紫砂茶壶等。

家中的土（指五行为土的物品）很容易与二黑五黄扯上关系，摆设家居风水时要特别小心。在家中用土五行的物品摆投财位可以招财，但亦可以招来二黑符与五黄毒药，这就是在飞星风水中看到的财多身弱的情况。

9.九紫右弼星

九紫星是桃花星，五行属火。玄空风水中所谓的犯桃花，就是九紫星的错误运用，使桃花出现问题。在家居中，九紫星代表炉灶，炉灶代表家宅中的火。因此炉灶与每个人的桃花有着密切的关系，想得桃花或希望避开桃花，均可在炉灶上做文章。

三、布置家居风水必须了解八卦的本质含义

八卦五行在家居风水中的运用，主要表现为方位、家庭成员、身体部位等方面。家居风水的摆设和布局是很重要的，家中的每一物均有玄机（五行），任何一物的放置都会影响家人的运气。若能真正掌握每一物的本质含义，就可以在家居风水摆设中得到出神入化的最佳效果。

（1）坎卦 ☵

坎卦代表正北方，代表水的五行。

在家居风水中，坎卦代表中男，坎卦方位风水的吉凶会影响家中老二事业的兴衰成败和身体强弱。在单位（公司）风水中，坎卦代表董事长之下的总经理，公司中坎卦风水的好坏会影响总经理。

坎卦为一白星，一白星代表官贵和社会上的坏分子。一白星在得令时代表官星，即代表政府部门工作的政要官员，也代表人的荣誉、威信和地位；一白星退运失令后，代表没有正气的官员，即是代表黑警察和黑社会的头面人物。

在家居风水摆设中，一白星代表动物鱼、猪、狐狸。家中不会有狐狸、一般是指家人在衣柜摆放的狐狸皮衣物。

当今社会中，有一种特殊情况是很少有人知道的，就是宅主只生一个儿子，没有中男和少男，那么一白星代表中男的本性就转移到儿子的玩具，即儿子玩具中的超人、变形金刚等便是家中的中男

（次子）。

（2）坤卦 ☷

坤卦代表西南方，代表土的五行。

土五行掌管家人的脾胃，家宅中坤卦风水的好坏会影响家人的饮食胃口。坤卦风水佳，家庭主妇就能够煮出可口的饭菜，丈夫自然喜欢回家里吃饭，小孩子脾胃健康，进食香甜，家庭必然幸福；相反，若坤卦五行摆设布局犯煞气，家人的脾胃消化能力必然会差，就会影响日常的饭菜进食量，还会感觉到家庭主妇煮出的饭菜味道很差，不想回家吃饭。坤卦风水犯煞，不仅表现在家人日常的食欲差，还会使家人长期出现脾胃不适的疾病，严重者则患脾胃癌等不治之症。

坤卦代表家中的老母亲，坤卦风水的好坏都会影响家宅中的母亲。坤卦风水吉，则母亲受益；坤卦风水凶，则母亲必定遭殃。

坤卦代表大肚的人，无论男性或女性，凡是大肚腩的人都属于坤卦。住宅的坤位凸出来，家中就会出现大肚子的家庭成员。若家中大肚子需要瘦身，只要在家宅的西南方位动脑筋就可解决，不须花数万元去减肥瘦身的。

（3）震 ☳

震卦代表正东方，代表木的五行。

震卦代表家中的长子，住宅的震卦方位的风水好坏，会影响长子事业的兴衰成败和身体健康。若一间屋的东方缺角，代表这间房屋没有儿子，即使有儿子的话，也意味着这个儿子没有用或儿子身上有很多病痛，特别有肝病。

震卦亦代表徒弟、代表同辈中的领袖人物（如读书时的班长等）。

在动物群中，震卦代表龙、蛇和马鸣，现代社会里，马鸣即是汽车的喇叭声等令人难于安宁的嘈杂声。是非星飞到东方，就会受到恐吓响音的影响。

（4）巽卦 ☴

巽卦代表东南方，代表木的五行。

巽卦代表家中的长女，巽卦风水的好坏，就会影响到长女事业的兴衰成败和身体健康。

巽卦代表人身体上的大腿、盘骨和尾龙骨的位置，巽卦位置若犯风水煞气，所对应人体上的部位就会出现毛病。巽卦亦代表风湿病症，巽卦犯煞，则家人易患风湿病。

巽卦代表山林道人、寡妇、僧道之人等，巽卦出仙气，但邪气往往也是由东南引起的。西北为龙头，东南为龙尾。水库位于东南，凡地势宜西北高、东南低。西北宜建塔，东南宜建亭为文昌门。

（5）乾卦 ☰

乾卦代表西北方，代表金的五行。

乾卦代表男主人，住宅乾卦方位风水的吉凶会影响家中男主人事业的兴衰成败和身体健康。

在人的身体上，乾代表头、骨、肺等部位。若乾卦方位犯风水煞气，则家中就会有人患头痛、骨节疾病和肺脏疾病，疾病多数应验在家中的老父或男主人、长子的身上。

乾卦亦代表政府官员、名人、长者等。

乾卦代表的动物是马、天鹅、狮子、大象等。

（6）兑卦 ☱

兑卦代表正西方，代表金的五行。

兑卦代表家中的幼女，兑卦方位风水的好坏会影响家中幼女的兴衰成败。兑卦与色情结下不解之缘，代表妾、娼、明星、占卜、风水、翻译、巫师、奴隶等。

兑卦亦代表被困，被困指两个方面：一方面是指肉体被困，肉体被困指人的身体受束缚、不自由；另一种是心灵被困，心灵被困表现为家人不开心，感到如囚笼中的小鸟。这些情况都是受兑卦的影响，凶星飞临时应验。

（7）艮卦 ☶

艮卦代表东北方，代表土的五行。

艮卦代表家中的幼男，住宅艮卦方位风水的好坏，会影响幼男。

艮卦亦代表社会中的小人物、闲人、山林中人、童子以及小孩子的玩具。

（8）离卦 ☲

离卦代表正南方，代表火的五行。

离卦代表家中的次女，住宅离卦方位风水的好坏，会影响家中的次女。

离卦亦代表穿红衣、佩枪的人（即警察），身体正在流血或发热的人。

四、布置家居风水必须了解五行的本质含义

下面总结"金木水火土"五行所代表的家居物品及其摆放的方法：

◎金

金代表家居中所有金器、铜器、金属制尖物和利物，也代表鸡和猴子。命中缺金的人可以戴金银首饰。

在地盘八卦中，西方是金旺之地，命中缺金需要补充之人，可以在西方摆放金属器物，金属器物中以铜制的器物磁场最强。在地盘八卦的西方进行旺金摆设布局，一定要参考飞星组合能量。

◎水

水代表家居中的洗手间、鱼缸和米老鼠、猪。洗手间和空调出现漏水的现象，说明家中水位不健康。

命中需要补充水的人，可以在家中的浴室里设置浴缸，浴缸代表储水盆和水池。

在地盘八卦中，北方是水旺之地，命中缺水需要补充的人，可以在北方布置水局旺水，但一定要参考飞星理气。

◎木

木代表家中所有的木门、木床、木器、木柜、木地板及图书等。

当旺的木，代表家中的吸尘器、新鞋、花草树木等。失运的木，代表家中不穿的闲置的旧鞋、枯谢的花草树木等，也代表官非和是非口舌。

木代表兔动物和猫动物。兔只代表木五行；猫代表木、火二种五行，如招财猫是代表木和火二五行的。

地盘八卦的正东方是木旺之地，命中喜木之人可以在东方布置木局以旺木，但一定要参考飞星理气，方能取得良好的效果。

◎火

火代表家中的炉灶，飞星中的九紫离火代表桃花，所以炉灶代表主妇，亦代表主妇的桃花。桃花亦代表贵人和人缘，经常入厨房煮饭菜宴客的人自然会受到欢迎，自然广结人缘。如果平日从来不煮饭的人，必须在其他方位或者在衣着打扮上尽量增强九紫离火。

炉灶除了掌管主妇的命数，亦是整间屋子火的渊源。如果家中的人需要火，便需要在厨房增强火的五行。

炉灶的火直接影响周边环境的磁场，因此炉灶是火之巅。至于家中的电饭煲、电水壶等电器用品，对旁边的磁场影响较轻微。

一个爱煮饭菜的家庭主妇，才是一个受欢迎的太太和母亲，而且她的夫运会很好，家庭中的地位也能得以巩固。如果家庭主妇或未婚的女人不经常煮饭菜，或者她将煮饭菜的责任全部交给女佣，于是女佣就会得到很好的夫运，但女主人就会失去夫运。因此厨房对妇女的运气影响很大，厨房吉则妇女得利，厨房凶则妇女倒霉。

放在厨房里的姜葱，五行都属于火，假如你放一片姜在厨房里，姜葱的辛辣味会令蚂蚁远离。

人亦是一个宇宙能量场，把姜和辣椒放在衣服的口袋中，一样可以改变你身体的磁场，因此命中需要火的可以在口袋中放姜或辣椒去增旺火运。

灯胆的五行属火，是直接测试火的五行的东西。灯胆是九紫离火，也就是说九紫离火星代表家中的灯胆。九紫火的灯放在一白星的水位上，代表火旺能将水气压低；若将灯放在土位上，火能生土，土太旺会影响脾胃功能，造成胃热。灯胆有白色与黄色两种，白色灯胆发出的是寒光，适合忌火的人照明使用；黄色灯胆发出的是热光，适合需要火的人使用。

电池的充电器，在充电的程序中吸纳很多火，若将充电器放在火位上给电池充电，可以大量地吸纳火气，增强火五行的磁场能量。假若将充电器放在家宅中五黄二黑的土位上，火能生土，那么每次充电都会增加五黄二黑的煞气磁场能量，即使挂上六帝铜钱也是化解不掉的；假若将充电器放在一个需要火的地方，如九紫火星的桃花位或者八白星财位上，就可以得到增旺桃花或加强财运的良好效果。

现代人使用的电脑，是火性很强的风水物，其他的电器用品包括电动玩具、红色玩具车等都是属火之物，这些东西对家居环境磁场会产生很大的影响，因此在家居风水的摆设与布局中不可忽略这些东西。

综上所述，说明了家居风水的吉凶，不能单靠飞星的位置去判定，应配合家中的实际环境去勘察风水。例如，通过对磁场的计算，我们知道了水位的方位，但若在水位所处的地方摆放一盏很大的灯泡，那么火五行强旺的灯泡就是把水位上的水气烘干，在旺水时仍然把那个地方看成水位是错误的。

一个小孩子不肯洗澡，说明他命中忌水；一个小孩子坚持每天要用冷水浴身，原来他命中忌火喜水；也有一些小孩子喜欢将玩具放到水里去玩，说明他命中忌火喜水；干电池的五行属火，有一些小孩子对所有的玩具都看不上眼，喜欢将干电池当玩具且每天爱不释手，说明他的八字中缺火。因此，通过眼睛所看到的古怪行为，用五行去解释，其实最简单不过的。

◎土

土代表二黑与五黄两星，代表家居中的杂物、陶瓷。

杂物是风水上的大忌，最忌的是堆放杂物的地方遇上二黑五黄星飞临，二五交加时煞气更加严重。假如把杂物放在木箱里或装进塑料袋里，可以说这是风水上看不见的煞气，最少可以减少五黄二黑飞临杂物堆上引发煞气的机会。

第十六节　八运阳宅布局提示

一、八运壬山丙向

1. 壬山丙向下卦

八运壬山丙向下卦图

令星双八会合坐山，为上山局，主旺丁不旺财。八白为阳丁，坐后有高山者，大旺男丁。屋后先见小水而后见山者，可得丁财两旺。坐后不宜见大水，特别忌见流动性很强的河流，否则有损丁之嫌。

向首97，"赤紫兮，致灾有数""九七合辙，常招回禄之灾"。七为先天火，九为后天火，先后天火相并合成火煞，又飞到火气亢旺的离宫，更是火上浇油，容易发生火灾和血光之灾。向盘飞星7飞到向首，八运7赤为衰星，主口舌是非、破财、败家、家中出恶妇等，故向方切忌见水，见水则招大祸导致破家。此局向宜在门槛下埋一个三寸大的白色水晶球，水晶球要用方形或圆形的玻璃盒盛装，亦可以用花岗岩、大理石盒来盛装。

向首两旁，辰方为正城门，未方为副城门，均为不可用之城门。但未方向星9紫火为近旺财星，为生气星，故可开城门。但未方飞星组合为957合局煞，"紫黄毒药，临宫兑口休尝""青楼染疾，只因七弼同黄"，主牢狱、性病、毒症等。若在未方开城门，宜在城门处摆放一对三脚金蟾化解，埋六枚大型五帝铜钱亦可（但力量较小）。

中宫、乾宫飞星组合分别为43或34，为"碧绿风魔"。在八运中，木煞方位是最凶的方位，不宜做厨房和主卧室。乾宫运星为九紫火，可以化解了木煞，危害不大。

厨房首选方位应为坐山双八旺星方位，因厨房用水为小水，不会造成损丁。其次为震宫，震宫地卦六白为官星，天卦一白为远旺财星，飞星组合166为吉星。因此，震宫做厨房，用小水能旺起财官。

震宫亦可做主卧室，用白色风水球可以催财催官，是一个上好的吉位。

艮宫天卦六白死气星飞到，宜见山不宜见水，在该方布文昌位，用文昌塔或四支大毛笔来催文昌，利读书、文章、出文人秀士。

巽、兑宫两宫犯二五交加，虽然对于八运而言不为凶，但亦非吉位，宜作卫生间或其他用房，不宜做主卧室和厨房。如做卧室，最好在该方纳气口（门窗）的下方埋六枚乾隆钱化解。

八运造壬山丙向宅，凡流年二黑、五黄、七赤、九紫飞到向前均凶，三碧和四绿飞到向首亦不利。只有一白、六白、八白到向首者，才大利。

向首 973 和坤宫 975，最忌安炉灶，特别是向首方位最忌。

2. 壬山丙向替卦

辰	丙	未
7 9 七	2 5 三	9 7 五
甲 8 8 六	6 1 八	4 3 一 庚
3 4 二	1 6 四	5 2 九
丑	壬	戌

八运壬山丙向下卦图

旺星落入震宫，坐向均无旺星，坐向均衰为衰局，主财丁均不旺。坐山地卦虽有一白远旺丁星飞到，但一白毕竟为跨元之星（注：三元九运到了八运已近尾声，该正元即将结束，而一白为下一个正元的开始，所以难于借用），要到下一个三元九运的一运才能旺起男丁。向首死气，为"毫无生气入门，粮难一宿"，故为败财向。

辰方符合"城门诀"，又为生气方，故开门可旺财。但"九七合辙，常遭回禄之灾"，飞星组合为不利，故开城门或在辰方布风水球、风水轮旺财的同时，要在该方埋一个三寸大的水晶球化解。

未方 957 合局煞，"紫黄毒药，临宫兑口休尝"，为凶方。未方见水、开门或有动象，主男盗女娼、损丁破财、血光火灾、毒症、性病等灾祸。如在该方位有纳气口，无动象亦凶，宜用三脚金蟾进行化解。

甲方山向两星均为旺星，可惜不为主事之宫，旺财旺丁的作用力不大。最宜在此方作厨房。也可以布金鱼缸、风水轮或风水球来旺财，亦可以铺床旺丁，但不能在震宫安厕所，否则会败财损丁。

坐山 164 为文昌星，宜作文昌位。坐山如有厕所，不但污秽文昌，还对中男不利。

中宫向星一白飞入，主一运旺财星入囚，意味壬山丙向宅至一运已失去机能，等于人已死，万事皆空。地运四十年，是一个短命宅。

五、庚两方为三四碧绿风魔。在八运，此煞最凶，宜作厕，不宜做卧室及厨房，否则会有中风、伤风、骨病之灾。宜用紫水晶或红色灯泡化解。总之，该局凶多吉少，立向宜慎。

二、八运子山午向（含癸丁）

1. 子山午向（癸丁同）下卦

```
        巽        午        坤

      3 4      8 8      1 6
       七        三        五

卯    2 5      4 3      6 1    酉
       六        八        一

      7 9      9 7      5 2
       二        四        九

        艮        子        乾
```

八运子山午向（癸丁）下卦图

双星会向，为土星打劫局。离、震、乾三宫合成二五八父母三般卦，如在此三方开门或开窗纳气，打劫成功者，不但丁财两旺，而且主田庄、房产、矿产等发富之格。若立此向，加上门窗设计合理，打劫成功者，贫穷之人在一两年之内可以变富，小康之人在一两年之内可变成大亨。八运旺局、打劫局，一般只主富而不主贵，若想获贵，则要靠命运安排了。这是真正的救贫格局。

七星打劫局只能开正门，不能开城门，否则一败涂地。正城门为巽，副城门为坤。巽方为可用城门，但巽方飞星为34碧绿风魔，主中风、抽筋、骨痛等疾病；坤方为16，为死气之方，开坤门则会损丁破财（一白见水主损丁，六白死星见水破财）。

离、震、乾打劫三宫宜开门、开窗，可作主卧室、厨房等，千万不要用作厕所，否则不但打劫不成功，还会出盗贼。

西方161，可做文昌位。远旺财星一白飞到，利于财。该宫可作厨房等多种用途，但不宜作厕所。

巽方凶位，宜作厕所，但厕所门要做一条门槛挡煞。

中宫亦为凶位，不宜有动象。因该位不主事，无动象则不需化解。

坐山、艮宫均为"九七合辙，常招回禄之灾"的较凶位置。可用水晶球化解凶煞后作卧室之用。坐山不宜见水，因近旺丁星飞到。艮宫宜见水，因近旺财星飞到，利旺财。

例：某主八运立子山午向，（2004年）建造住宅。四周有空地，可开窗纳气。根据八运子山午向飞星盘，底层正向开正门，纳入双旺星气场。楼梯间设于乾宫，并在此方开一小后门，纳入乾方52气场。

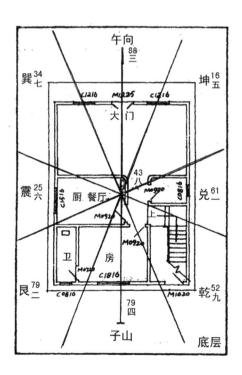

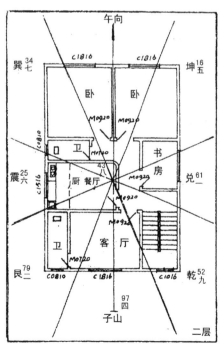

震宫作厨房、餐厅，开窗纳入震方25气场。这样，底层离、乾、震三方均有气口纳气，形成父母三般卦（258）打劫成功。

二层向首前悬挑1.2米，作房两间，均纳向首方双旺星气场。震宫在二层以上可作厨房，亦可作其他用房。在震、巽交界处设一卫生间。兑宫设一小房间作书房用。坐山方可作客厅。艮方设一卫生间，可作浴、厕两用。

2. 子山午向（癸丁同）替卦

巽	午	坤
5 3 七	1 7 三	3 5 五
4 4 六	6 2 八	8 9 一
9 8 二	2 6 四	7 1 九

卯（左侧） 酉（右侧） 艮 子 乾（底部标注）

（八运子山午向（癸丁）替卦图）

旺星八白落入它宫，为衰局。天卦二入中，一二运即囚，地运60年。向方天卦衰星七赤飞到，为退财败家。向首飞星组合为17，为"金水多情，贪恋花柳"，主出淫荡好色之徒。向上如见水，不但退财而且还会损男丁（一白运旺丁星飞到，一白星为阳星，主中男）。

巽为正城门，坤为副城门，坤方可用"城门诀"，但巽坤两方飞星组合均为凶。为死气之位，因此均不能开城门补救。该局为不可救药之局，因为主事方位均不能利用。

中宫为62，为"乾坤神鬼，与它相克非祥"。中宫土重埋金，不利长男，若见动象，则有怪事发生。

卯方双四会六，"金木相战，是非日有"，此为凶方，可作厕所。

艮方为当旺财星飞到，在此布风水轮、风水球之类，能稍改善格局之凶败。

　　酉方为当旺丁星飞到，在此铺床，可旺丁，但因此局为衰败局，效果不会太好。乾宫虽有远财星一白飞到，但七一组合犯"金水多情，贪恋花柳"，见水虽能旺财，但亦犯桃花。

　　坐山亦为"乾坤神鬼"之方，见水亦不吉，亦会出现鬼怪之事。

　　该局属于败凶之局，八运建宅，千万不要立子午兼向，而要立子午正向。

　　农村风水师都喜欢用中针（人盘）立向，结果大部分屋向都犯大空亡或小空亡，兼向落空亡者为凶宅，建房的主人千万要小心。

三、八运丑山未向下卦（无替卦）

辰	丙	未
3 6 七	7 1 三	5 8 五
甲　4 7 六	2 5 八	9 3 一　庚
8 2 二	6 9 四	1 4 九
丑	壬	戌

八运丑山未向下卦图

　　八运丑山未向正向及其兼向，为八运旺山旺向宅局之中最好的宅局，但兼向比正向稍差。在立向时，立正向最好。

　　此局为旺山旺向，主丁财两旺。坐山、中宫和向首在一条线上组成二五八父母三般卦，主田庄之富，利田庄、房地产、矿产等。天卦五黄入中，为无困之宅局，地运180年。如为山龙大地，龙真穴的、山水分明者，地运长达540年。

此局只能用于山龙，若用于颠山倒水形势则大败。亦不宜用于厨房、卫生间设于坐山方位的城市单元套间等，如能合理设计及布局，定能旺吉无比。

丑未旺山旺向要开正门，如开城门必凶。庚方为正城门，丙方为副城门，均为不可用"城门诀"。庚方飞星组合为931，水生木，木生火而克本宫，叫作"逼宫"不利。又为无生气之方，开门必败。丙方飞星组合七一，为"金水多情贪恋花柳"，虽为远旺财星飞到，但主出淫荡之徒，不宜采用。

戌方149，水生木，木生火。"一四同宫，准发科甲之显"，"木见火而生聪明奇士"，为文昌位。利文昌、读书，可布书房以利学子。

辰、甲两方为"金木相战，是非日有"的凶方位，不利布局主卧室及厨房，利于布局卫生间。

壬方飞星694，木生火，火克金，是"火烧天而张门相斗，家生骂父之儿"的凶位，不利父。可用水晶球化解后，设计楼梯或卧室之用。

总之，即使旺山旺向最好的格局，亦要有良好的室外形势、室内合理布局设计来配合，否则枉费心机。

例：有一栋八运丑山未向住宅，从2005年建造入住后，才过几年，原来家境贫寒的宅主就赚了十多万元，生活水平比建此宅前翻了几十翻。其室外形势和室内布局情况如下：

八米宽宅基地，只利用7米×8米，前后左右均留出空地，做散水坡、檐台及采光、透气之用，特别是农村房子，不要逼得太紧。

底层：开正门，离方远旺财星飞到，作厨房用。乾、坎两宫作楼梯间，巽宫凶位做卫生间。底层一大厅一房一厨一厕。

二层：设计三房二厅一厕。

设计平面图如下图所示：

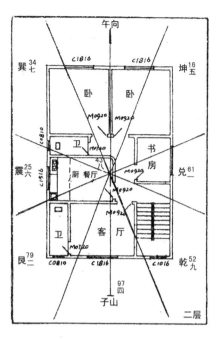

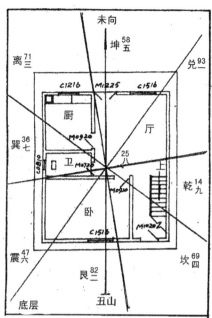

四、八运艮山坤向、寅山申向下卦（艮山坤向无替卦）

巽	午	坤
1 4 七	6 9 三	8 2 五
9 3 六	2 5 八	4 7 一
5 8 二	7 1 四	3 6 九
艮	子	乾

卯　　　　　　　　　　　　　酉

八运艮山坤向（寅申）下卦图

　　此八运艮山坤向，寅山申向，局犯上山下水，若用于山龙形势之宅，则损丁破财。但如果用于"颠山倒水"形势，亦能发财。

　　犯上山下水之宅局，坐山、中宫和向首形成的二五八父母三般卦就不为吉了，而是凶上加凶了。八运艮山坤向兼向（替卦）与此同。

酉方为正城门，午方为副城门，正副城门均可用"城门诀"。午方为近旺财星九紫飞到，宜开城门，使败宅起死回生。但该方位的飞星组合是69，为火克金。是骂父、伤父之格局，对父不利。因此如在午方开门、布风水轮或风水球旺财，则要加埋（或置）一个三寸大的水晶球进行化解。酉方城门不宜开，因七赤为衰星，又为是非之星，主败财，宜用此方做文昌位。

酉方天卦为远旺财星飞到，可做厨房。但此方犯"金水多情，贪恋花柳"，在此败局主出淫荡之子孙。

巽方147文昌位，宜布置书房，有利读书、写作文章等。可以布作旺丁房之用，也许能催出聪明之子孙。

卯方936，为"火克金兼木，数惊回禄之灾"的凶位，只宜做杂物房、客房和卫生间之用。

乾方369，组合的情况与震宫差不多，亦非吉利。

总之，宅局一败，无论怎样化解布局，亦只能博得一时之兴旺，最后还是要败下去的。

五、八运寅山申向替卦

巳	丁	申
9 4 七	5 9 三	7 2 五
8 3 六	1 5 八	3 7 一
4 8 二	6 1 四	2 6 九
寅	癸	亥

乙 …… 辛

八运寅山申向替卦图

当旺财星八白上山，用于山龙，则败家破财。当旺丁星落于它宫，不旺丁。远旺丁星一白入中被囚，至一运败丁。实际上为损丁破财的宅局。

向首飞星组合为725，"阴星满地成群，红粉场中空快乐"的凶位，主损丁出寡妇。"毫无生气入门，粮难一宿"，破财贫寒。

正城门辛方可用"城门诀"，但此方为"三七叠至，被劫盗更见官非"凶方，又为衰气之方不利。只能作杂物房或卫生间。

副城门丁方为近旺财星九紫飞到，可以开城门旺宅。但此方犯"紫黄毒药"，又在丁方，为凶。若在丁方开门、布水（风水轮、风水球之类）旺财要埋或置一对开光的三脚金蟾进行化解。

坐山正财位，可设计成厨房。

乙方为当旺丁星飞到，但"三八会损小口"，对男丁不利。如此方作旺丁房，则需用紫水晶或红色灯泡来化解方吉。

癸方614为文昌之宫，宜在此方布文昌位，同时一白为远旺财星，亦可同时布财位。

亥方26犯"乾坤神鬼"为凶方。不宜作主卧室及厨房。

巳方947，为"火克金兼化木，数惊回禄之灾"之凶位。

如果替卦为凶败之局，特别是落入"空亡位"，则更加凶败无比。一般无法布局，只能拆掉不住。

六、八运甲山庚向下卦

	辰	丙	未	
辰	7 9 七	2 5 三	9 7 五	未
甲	8 8 六	6 1 八	4 3 一	庚
	3 4 二	1 6 四	5 2 九	
	丑	壬	戌	

八运甲山庚向下卦图

双旺星会坐，用于山龙，主旺丁旺财。向首飞星组合43为碧绿风魔毫无生气，不但败财，而且凶狠无比，主中风、骨痛、抽筋、肝癌等病灾。中宫主事，618三吉星亦只能稍旺文昌而已，不能将败财局起死回生。

未方为正城门，戌方为副城门，正城门可用"城门诀"，副城门不可用"城门诀"。正城门为957合局煞，"紫黄毒药，临宫兑口休尝"。副城门529合局煞，全为阴星。故正、副城门均不宜开门、布水（风水轮、风水球），否则，会更凶更败。

壬方164。为文昌及远旺丁星之宫，也布文昌位，又可以铺床旺丁。

辰方为近旺财星飞到，但飞星组合97为"九七合辙，常招回禄之灾"，非吉位也。在此方布财位，有动象则逞凶，宜用一个三寸大的水晶球来化解。

艮宫丑方亦犯34碧绿风魔，亦为凶位，只宜布厕所、杂物房。

丙方253方。在八运，"二五交加"不算凶，但凶败之局逢此组合，必招凶祸。

所以，此局九宫中有六宫不吉，其凶的程度可想而知。不能只当作"上山局"论，若在八运造该向住宅者，要多加小心才是。

七、八运甲山庚向替卦

<table>
<tr><td>辰</td><td>丙</td><td>未</td></tr>
<tr><td>7 1
七</td><td>6 2
三</td><td>9 8
五</td></tr>
<tr><td>8 9
六 (甲)</td><td>6 2
八</td><td>4 4
一 (庚)</td></tr>
<tr><td>3 5
二</td><td>1 7
四</td><td>5 3
九</td></tr>
<tr><td>丑</td><td>壬</td><td>戌</td></tr>
</table>

八运甲山庚向替卦图

甲庚兼向比正向稍好，因为未方正城门有当旺财星8白飞到，若在未方开门，布水（风水轮、风水球），均可使败宅变旺。飞星98，为生人，故财星更旺。

当旺丁星到坐山，用于山龙，则能旺丁。此局如为城市私宅别墅洋楼，设计合理者，（可开未方城门）主丁财两旺。

如果不开未方城门而开正门，那就惨了。因为向首方双四纯卦，一白泄本宫气以旺巽卦，虽为文昌星，但八运这种组合为大凶。而且四绿木为死气之星，"毫无生气入门，粮难一宿"，故主败财破家。中宫62为"乾坤神鬼"，如中宫主事，则怪事不断。

戌方城门不可用。飞星组合为539为木生火，火生土，土煞重，虽在八运不算大凶，但亦非吉位。

丑方亦非吉位，不宜做主卧室及厨房。

壬方为远旺丁星飞到，可纳气以旺丁。壬方，飞星组合为147，为文昌大旺之方，亦可以旺文昌，利读书。

辰方717为"金水多情，贪恋花柳"，但一白为远旺财星，又是文昌星，可利用此方旺财旺文昌。

丙方26为"乾坤神鬼"，可作卫生间或非主要用房。

八、八运卯山酉向（乙辛同）下卦（无替卦）

巽	午	坤
5 2 七	1 6 三	3 4 五
4 3 六	6 1 八	8 8 一
9 7 二	2 5 四	7 9 九
艮	子	乾

卯 ... 酉

八运卯酉兼乙辛下卦图

此八运卯山酉向乙山辛向局为七星打劫局，兑、坎、巽三方之天、地二卦合成二五八父母三般卦，为阴卦打劫，如三方通气，打劫成功者，则主田庄之富。

在房屋设计中，要特别注重兑、坎、巽三个宫位，大门要开正门酉方，其他两方可作厨房、楼梯间或主卧室等有动象的主要用房。

七星打劫只能开正门，不能开城门。正城门坤方为可用"城门诀"，但此方345为"碧绿风魔，他处廉贞莫见"，为中风、抽筋、骨痛、肝癌等病灾信息方位。副城门乾方，为不可用"城门诀"，飞星79为"九七合辙，常招回禄之灾"凶方，即使近旺财星飞到，亦不利于开门。如布水旺财，亦要用三寸大的水晶球化解方吉。

坐山亦为"碧绿风魔"方位，

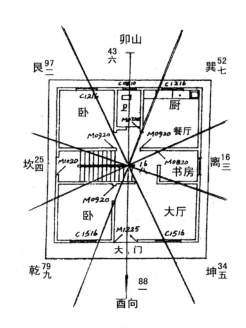

此方可设计布置卫生间或其他用房。

午方近旺丁星飞到，飞星组合16可做文昌位，布四支大毛笔可旺文昌，利读书。

艮方亦为"九七合辙，常招回禄之灾"的凶方，而且全为阴卦，不利于旺丁，虽有近旺丁星九紫飞到，亦不能用于做旺丁房。

中宫及坐山均不主事，但中宫168为三吉星，主大吉。

例如：有一宅基地，四周有空余，可任意开门开窗。根据地形宜立卯山酉向偏乙2°，2004年进入八运时宅主建造。初步设计如上图所示。

向首开本位门，乾方用水晶球化解后作主卧室。楼梯间在中宫起步，坎宫打劫方开后门，巽宫作厨房，开窗纳气打劫。午方设一小书房，艮方房间亦要用水晶球进行化解。

九、八运辰山戌向下卦

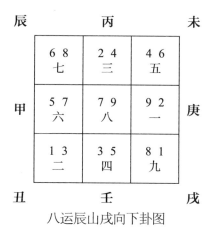

八运辰山戌向下卦图

八运辰山戌向犯"上山下水"，用于山龙，主损丁破财，不但是败宅，而且是"短命"宅，天卦九入囚。到九运即死。地运只有二十年。"上山下水"局，山向皆败。以中宫主事，中宫"九七合辙，常招回禄之灾"，主血光之灾、火灾等祸害。

　　但如用于"颠山倒水"的形势，则可大发，因该局中央一条线678、891三般卦，而且九宫全局三般卦，符合"收山出煞"条件，主丁财两旺。

　　正城门为壬，为可用"城门诀"，但飞星盘纳入的是死气，"毫无生气入门，粮难一宿"，并且飞星三四五组合。经云："碧绿风魔，他处廉贞莫见。"为凶祸之方，故不宜开城门，只能作厕所或杂物房之用。

　　副城门在庚，为不可用"城门诀"，又纳入病符星气场，二为先天火，九为后天火，犯"火灾煞"。主有热毒症，亦不可开城门。

　　向首有远旺财星飞到，但当旺丁星又飞到，如果布局旺起远财，就会损丁。故该局实为不可取之局。

　　其他方位：丑方远旺丁星飞到，勉强作旺丁房。甲方57同宫，主有喉症。丙、未两方亦非吉位。

十、八运辰山戌向替卦

辰	丙	未
8 6 七	4 2 三	6 4 五
7 5 六	9 7 八	2 9 一
3 1 二	5 3 四	1 8 九

（甲 左侧　庚 右侧）
（丑 左下　壬 下中　戌 右下）

八运辰山戌向替卦图

　　八运辰山戌向兼向，为旺山旺向，主丁财两旺，而且是全局三般卦，为大吉之宅局。宜兼巽乾，不宜兼乙辛，因为本宫兼好，出卦兼不好。阴兼阴、阳兼阳，这是谬论。

该局为凶局，最好少用，慎用为宜。如果是地理形势造成非用不可者，最好请技术较高的风水师来放线立向，因为兼向只在 4° 以上 6° 以内的非常狭小的范围内，由于罗盘存在偏差，如果地师技术不高，又没有经验，有可能立得正向，亦有可能立得空亡线。所以千万要小心才是。

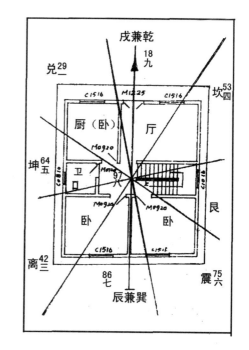

九宫全盘三般卦，吉者助吉，凶者助凶。此为旺局。中央一条线上 891、789 和 678 均为上升三般卦，主要还是旺财。向上远旺丁星和当旺财星同时飞到，宜小水不宜见大水，见大水则有损中男。

正城门壬方和副城门庚方均为不可用"城门诀"。而且两方均凶，故不开城门为吉。宜庚方近旺财星飞到，可布水旺财或可作厨房之用。壬方碧绿风魔遇廉贞，只能布厕所。

丑方为远旺财星飞到，布水亦可旺财。布四支大毛笔可旺文昌。

未方 456，四绿为文昌，六白为官星，布静水则可旺官旺文昌，利读书，利考举，利升官。

丙方 234，四绿为文昌。二黑为病符，可用六枚乾隆钱化解。

甲方 567，"酉辛岁，戊己吊来，喉间有疾"，用"安忍水"化解。此间只能作客房，不宜作主卧室及厨房。

例：有一宅基地，立辰山戌向，八运"上山下水"局，几年后改立辰山戌向兼巽乾 5° 变成旺山旺向，设计上图所示。

十一、八运巽山乾向（巳亥同）下卦（无替卦）

巽	午	坤
8 1 七	3 5 三	1 3 五
卯 9 2 六	7 9 八	5 7 一 酉
4 6 二	2 4 四	6 8 九
艮	子	乾

八运巽山乾向（巳亥）下卦图

八运巽山乾向、巳山亥向卦均为旺山旺向，用于山龙，主丁财两旺。

坐山、中宫和向首中央一条线上，地卦星从向到山为678三般卦并趋上升之势，天卦星从向到山为891三般卦，亦趋上升之势，且当旺星到向，主大发。天卦星九紫入中，九运即败，若在天卦的五黄方（此向即离宫）布水或有水，可挽救败局，否则九运即败。地运只有20年，为短命宅，此局宜慎用。

子为正城门，为不可用城门，飞星24，为风魔遇病星，不利，不宜开门、布水。

酉为副城门，可用"城门诀"，但飞星为571，为"辛酉岁，戊己吊来，喉间有疾"，凶。天卦飞星为衰星，不宜开门，只宜作厕所及杂物房。

午方天卦五黄飞到，到九运九紫财星入囚时，在此方布水（风水轮、风水球），如外局有水在此方开门（设计时开侧门），可解决卯方九运财星入囚之困。

坤方可作文昌位。此方文昌位上要布四支大毛笔才能旺文昌。

卯方飞星92，犯"火病煞"，九紫火生病符星，是"热症"之处所，不宜作主卧室。

艮方46，金木相战。可置静水化解，能作文昌位。

总之，该局虽为旺山旺向，但除坐山中宫和向局一条线的位稍吉外，其他六宫并非吉位，况且九运财星九紫又入囚，并非理想宅局。

十二、八运丙山壬向下卦

辰	丙	未
2 5 七	7 9 三	9 7 五
1 6 六	3 4 八	5 2 一
6 1 二	8 8 四	4 3 九
甲 (left)		庚 (right)
丑	壬	戌

八运丙山壬向下卦图

此局双旺八白会合向首，坎、兑、巽三宫天地二卦之星合成二五八父母三般卦。为坎宫打劫局。如壬方有气口，向上有小水，打劫成功者，主丁财两旺，如向上有大水者，须种竹、木来遮光透气，否则有损丁之嫌。如向上无水、无路，有高山、高楼挡住者，不成打劫局，不旺。如一般的山龙，前后见小水或路，不构成打劫局者，主"两头财"。但坐山为"九七合辙，常招回禄之灾"，需水晶球化解方吉。

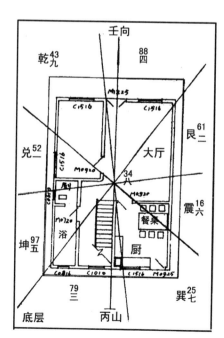

向首两旁戌为正城门，为不可用城门诀，因为飞星 34 为"碧绿风魔"。凶位，不能用。此方只能作厕所用。丑为副城门，可用"诚门诀"，又为远旺财星飞到，如需要者可以布水以催财。此方做厨房最佳。

甲方 166 为文昌位，又为远旺丁星飞到，宜见山不宜见水，可作旺丁房用。

未方为近旺丁星飞到，可是全为阴卦，而且"九七合辙，常招回禄之灾"。如加上父母卦，为 957 合局煞，"紫黄毒药，临宫兑口休尝"，为此局最凶的方位，不宜作厨房和主卧室，如做其他用房，可用一对金蟾进行化解。

中宫不主事，34 木克父母卦八白虽为凶，如中宫无动象，则不需化解。

例如，有一宅基地为丙山壬向，八运造，四周采光好。设计底层、二层如上图所示：坎、兑、巽三宫有大的气口（门、窗）。

十三、八运丙山壬向替卦

辰	丙	未
9 7 七	5 2 三	7 9 五
8 8 六	1 6 八	3 4 一
4 3 二	6 1 四	2 5 九
丑	壬	戌

甲 ……（左）庚 （右）

八运丙山壬向替卦图

旺星落入它宫，丁财均衰，此为衰局。向首远旺财星一白飞到，还有点生气，尚不至于全败，如向上有水，就可旺财旺官旺文昌，但效果不会十分明显。

中宫168为三吉星，但远旺丁星一白入囚，坐山又不旺丁，故主丁星不旺。如中宫有天井、动水、水池等动象者，主损丁。

八运有个怪现象：二五交加一般主酿疾堪伤，但八运旺局、打劫局逢二五交加则为吉断，衰败之局逢二五交加则为凶。坐山二五交加，主人丁凶。

向首两旁为城门。正城门在戌，丙替七顺飞，符合"城门诀"，但天卦飞星为死气之星，又为凶侠，不宜开城门。副城门在丑，二未不替逆飞，亦为可用"城门诀"，但该方"碧绿风魔"遇病符星，为凶上加凶，更不宜开城门。此方亦不宜作厨房和主卧室。

甲方双旺星飞到，为纯卦。此双旺星绝对不能与七星打劫局的双旺星相比，因为此为衰局，双旺星很脆弱，要么见水旺财而损丁，要么铺床旺丁而损财。

庚方314，为"碧绿风魔"大旺之宫，因有父母卦一白水泄兑宫之气而生木，八运则最忌水，故为最凶方位。

坐山两边亦很凶。辰方977，虽然近旺丁星飞到，但"阴卦满地成群，红粉场中空快乐""九七合辙，常招回禄之灾"，故有损男人和遭回禄之灾。未方957合局煞，"紫黄毒药，临宫兑口休尝"，主毒症、吸毒等信息。

十四、八运午山子向（丁癸同）下卦

<table>
<tr><td>巽</td><td>午</td><td>坤</td></tr>
</table>

4 3 七	8 8 三	6 1 五
5 2 六	3 4 八	1 6 一
9 7 二	7 9 四	2 5 九

卯 （左）　　酉 （右）

艮　　　子　　　乾

八运午山子向（丁癸）下卦图

此局双星会坐，用于山龙，大旺男丁。八白为阳丁，旺男丁最佳，但背后不宜见大水、冲水，否则阳丁易损，阴丁生命力强。所以，如双旺阳星会坐，背后不宜见水，如双旺阴星会坐，宜见水。

近旺财星到向，向上见水能旺财。向首"九七合辙，常招回禄之灾""火克金兼化木，数惊四禄之灾"，主血光、火灾，不吉。向首要用水晶球化解方吉。最好布风水球，将石球换成水晶球，既可旺财又能化解，一举两得。

中宫最为不利，因 34 组合为"碧绿风魔"，克制父母卦八白土，为凶。如中宫静而不主事，不用化解，如有动象，则用紫水晶球或红色灯泡化解。

向首两旁城门位。乾为正城门，可用"城门诀"，但天卦五黄为死气之星，"毫无生气入门，粮难一宿"，不利。艮为副城门，不可用"城门诀"，天卦衰星飞到，主败财，而且全为阴卦（972），又为火煞，大凶之方位，不宜作主卧室。可用水晶球进行化解。

卯方 526，二五交加有六白星化解，非凶位，亦非旺位，故只能作一般用房使用。

西方 161，近旺丁星飞到，又为可用文昌位，可作文昌房。

坤方615，土生金，金生水，为远旺财星飞到，为旺吉之位，宜作厨房或主卧室、楼梯等主要用房。

巽方437，为"碧绿风魔，遇兑口"，风魔自口入，为大凶之方，八运最忌。此方宜作卫生间。

有一宅基地，为午山子向偏丁癸2°，计划于公元2004年建宅，建房方案设计如右图所示。

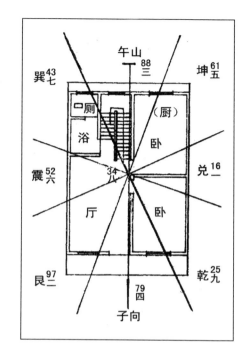

门开正门，客厅主要纳气口在向首坎宫。艮宫有窗口，用水晶球化解。乾宫房间主要纳入坎宫气口，为近旺财星。正门下亦应埋水晶球化解。坤宫房间可在一层做厨房亦可在顶层做厨房。楼梯间的底层可开后门，纳当旺之财。亦可以不开，因有损丁之嫌，有窗口足矣！

十五、八运午山子向（丁癸同）替卦

巽	午	坤
3 5 七	7 1 三	5 3 五
卯　4 4 六	2 6 八	9 8 一　酉
8 9 二	6 2 四	1 7 九
艮	子	乾

八运午山子向（丁癸）替卦图

旺星落入它宫，山向均不旺，故为衰局。坐山天地二卦飞星为71，为"金水多情，贪花恋柳"，主出淫荡子孙。向首624，犯"乾坤神鬼，与宫相克非祥"，如向上有动象，主有鬼怪物形。《易》不言鬼神，有鬼神者，皆由气之聚也。衰局中宫主事，中宫飞星组合26，亦为"乾坤神鬼"，与向首对应，如立得午山子向兼向，家人不得安宁，不是疾病多就是鬼怪多端。敬告广大福主在八运建造坐南向北宅，千万别立午山子向兼向，特别不要用"中针"立午山子向（注：中针立午山子向在正针为午山子向兼向）。

向首两边城门。乾为正城门，可用"城门诀"，但飞星为17，远旺丁星飞到，开门则有损中男之嫌，而且"金水多情，贪恋花柳"，主出淫荡。艮为副城门，不可用"城门诀"，虽得近旺财星飞到，同时又有当旺丁星飞到，开门则主损丁。不论门外有水无水，均不宜开门。但此方如作主卧室，可铺床旺丁。

卯方纯卦，四巽为木，父母卦为六白乾金，形成金木相战，凶象宜作卫生间，不宜作卧室、厨房和楼梯间。

酉方有近旺丁星和当旺财星飞到，因近旺丁星为阴卦，见水不妨，故该方可布风水轮、风水球之类旺财物品催财。

坐山两边巽坤均为凶位。三为震为木，为脚，遇五黄廉贞煞，与之相克凶，主手脚损伤，或伤长男。做主卧室及厨房多有不宜。

总之，衰局旺位很难旺起来，衰局凶位的凶性会更凶。

十六、八运未山丑向下卦（无替卦）

辰	丙	未
6 3 七	1 7 三	8 5 五
7 4 六	5 2 八	3 9 一
2 8 二	9 6 四	4 1 九

（甲 左侧；庚 右侧；丑 左下；壬 下中；戌 右下）

八运未山丑向下卦图

八运未山丑向替卦同下卦，无替。此局旺山旺向，用于山龙，丁财两旺。二入囚，地运六十年，到上元二运即败。可于二运拆旧翻新，二运未山丑向又为旺山旺向。

中央一条线上，天、地二卦组成 258 父母三般卦，主田庄之富。是八运中较为理想的宅局。如懂得元运转换之道，每隔 60 年拆旧翻新一次，则永立于不败之地。如不懂玄空飞星碰巧立得此向，就嫌地运太短了，因为不懂得元运转换之理，难于及时翻新转吉。

八运未丑，甲为正城门，壬为副城门，均为可用"城门诀"，但均不宜开门，否则旺局变成败局。

甲在震宫，飞星 746，金木相战，毫无生气入门，不但衰，而且凶。

壬在坎宫，飞星 964，为"火克金兼化木，数惊回禄之灾""火烧天而张牙相斗，家生骂父之儿"，不但败家，而且火灾、血光，家出不肖子孙。

戌方 419 为文昌位，此方为书房或学龄儿童房，则大旺文昌，才高八斗。

辰方 637，亦为"金木相战，是非日有"，并非吉方。

丙方 173，为"壬甲排庚，最异龙催屋角"。主刑灾，犯罪，但

周易·家居环境入门

近旺丁星飞到，可作旺丁房用。

庚方391，近旺财星飞到，最宜布水旺财。同时39组合为"木见火而生聪明奇士"，此为木旺火明之方，故可作文昌位。

例：有一宅基，向上有水，坐后为山，标准山龙，拟八运造，未山丑向。四周均可采光。

根据飞星方位，兑宫，为近旺财星飞到，宜设楼梯。坐山大部分作旺丁房，因坤、离两宫均为旺丁方位。乾宫为文昌位，又为远旺财星飞到，底层或顶层可作厨房。二层（中间层）可作书房。最不利者为向首旁的坎宫，为凶位，只能作杂物房，并要水晶球化解。

十七、八运坤山艮向、申山寅向下卦（坤山艮向无替卦）

巽	午	坤
4 1 七	9 6 三	2 8 五
3 9 六 （卯）	5 2 八	7 4 一 （酉）
8 5 二	1 7 四	6 3 九
艮	子	乾

八运坤山艮向（申寅）下卦图

此为上山下水局，用于山龙，损丁破财。如用"颠山倒水"之形势，则主田庄之富。此局有多个文昌位，并且全局合父母三般卦，吉。所以此局正用则凶，颠倒用则吉。

卯方为正城门，不可用"城门诀"，但近旺财星飞到，如在卯方开门，门外有水，则可救败宅。有起死回生作用。

子为副城门，不可用"城门诀"。子方衰星飞到，远旺丁星又飞到，飞星17组合为"金水多情"，故千万不要在子方开城门，否则损丁破财并出淫荡之子孙。

坎、巽兑三宫飞星组合均为147，均可作文昌位。但坎宫子位宜见山，不宜开门或见水，否则大凶。巽方宜见水不宜见山，最宜布风水轮或风水球。既可旺财又可旺文昌。

离、乾两宫飞星组合为963，为"火烧天而张门相斗，家生骂父之儿"，均为凶位，主火灾、血光之灾，出不肖子孙，不宜作主卧室及厨房。

十八、八运申山寅向替卦

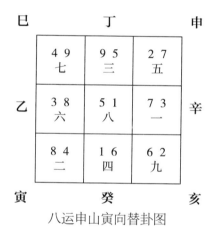

八运申山寅向替卦图

当旺丁星八白下水，如向上见水，则损丁。向上飞星组合为84，"四八会伤小口"，对小口不利。且四为死气之星，"毫无生气入门，粮难一宿"，该局如开正门，则损丁破财。248组合犯三刑。大凶。

坐山275，二七合化火生五黄煞，主火灾、血光。又全为阴卦，"阴卦满地成群，红粉场中空快乐"，主对男人不利，大凶之象。

中宫518，土重克水，主损中男。一白入囚，地运只有四十年，四十年后即败，为"短命"宅。

正城门在乙，为不可用"城门诀"，但此方有当旺财星飞到，开城门旺财最利。但三碧星克八白土，为克入，凶。可挂九只灯笼或用紫水晶球来化解。此方做厨房、主卧室或布水旺财亦佳。

　　癸方可作文昌位，但远旺丁星飞到，不宜见水。

　　巳方近旺财星飞到，可布风水球、风水轮旺财，并能化解。

　　寅位凶方，只宜作厕所、浴室。

十九、八运庚山甲向下卦

```
    辰           丙           未

    9 7         5 2         7 9
    七           三           五

甲  8 8         1 6         3 4   庚
    六           八           一

    4 3         6 1         2 5
    二           四           九

    丑           壬           戌
```

八运庚山甲向下卦图

　　该局双星会向，向上开门，门外有小水，且在离、震、乾三宫的丙甲戌方均有气口，能打劫成功者，主丁财两旺，并主田庄之富。如向上有大水又打劫不成功者，主旺财而损丁。

　　在七运（公历1984—2003）建造此向的人，一定心有余悸。七运造庚山甲向宅，可搞得家败人亡，永无翻身之日，但八运（公元2004—2023）造此向，情况可大不一样了。旺向之局必定要开正门，如开城门，则为凶论。

　　正城门为丑位，飞星组合234，为"碧绿风魔"，见病符星。如在丑方开门、置水，则病魔不断，而且会使家计立败。

　　副城门辰位，飞星组合为977，全为阴卦，不但败财，还主火灾、血光之灾，为大凶之方，故千万不能开门，而且"九七合辙，常招回禄之灾"。坐山飞星组合为341，"碧绿风魔"得一白来生，则更为凶上加凶。故该方不开门窗纳气为好。可用红色灯泡和紫水晶球化解为好。

壬方飞星组合，坎宫164，为文昌大旺之方。一白远旺财星飞到。此方最宜作厨房和书房，既可旺财（布风水球、风水轮）又可旺文昌，一举两得。

中宫168三吉星。中宫不宜见动象为吉。

未方虽为近旺财星飞到，可旺财，但飞星组合为975，"九七合辙，常招回禄之灾""紫黄毒药，临宫兑口休尝"，为凶方，首先要化解凶煞，可用一对经开光了的三脚金蟾进行化解。如果该局形成七星打劫局，打劫成功者，毫无必要再利用近旺财星旺财了。

【例】有一住宅，为七运造庚山甲向，出了很多意想不到的凶祸，人称为"鬼宅"，后来宅主学玄空才知道，并不是"鬼宅"而是凶宅，放弃不住。八运庚山甲向为七星打劫局，为旺吉宅局，于是拆除重建。

底层：大门在甲位，开本位门，为打劫正方；楼梯设在乾宫，开侧门纳入打劫气场；客厅在离宫，开窗纳打劫气场。三方纳气形成，打劫成功。

坎宫壬方生气加文昌，作厨房或书房。底层做厨房，二层做书房。

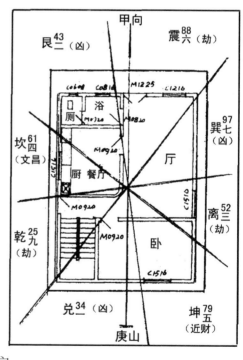

兑为凶方，不能开窗纳气。未方为近财，开窗纳气，但需化解。

艮宫为凶方，只宜作厕所、浴室。

二层：与底层基本同。

二十、八运庚山甲向替卦

辰　　　　丙　　　　未

1 7 七	6 2 三	8 9 五
9 8 六	2 6 八	4 4 一
5 3 二	7 1 四	3 5 九

甲　　　　　　　　　　　庚

丑　　　　壬　　　　戌

八运庚山甲向替卦图

　　八运庚山甲向替卦与下卦相比，简直天壤之别。中宫替后，变成"乾坤神鬼"。

　　当旺财星到向，主旺财，用于山龙，向上有水者，亦能大发。但坐山双四纯卦，为八运最忌。因为八白艮星属土，最忌纯木来克，故坐山为大凶之方位，不但损丁，而且疾病作难。

　　向首两旁城门均为凶方。丑方为无气之方，地卦五黄，与父母卦二黑组成二五交加，又见天卦三碧木，为凶，辰方飞星组合为177，"金水多情，贪恋花柳"，若在辰方开门见水，不但主淫，而且损丁破财。

　　离宫丙方飞星组合为62，"乾坤神鬼，与它相克非祥"，父母卦三碧星。与他们相克，大凶。

　　坎宫壬方飞星组合为147，可作文昌位。又为远旺一白星财星飞到，可布水旺财。

　　未方当旺丁星飞到，可作旺丁房之用。此方如见水，则必损丁。

　　乾宫359亦为凶方，慎用为宜。

　　总之，该宅局只得一个旺财门可用，其他的可用价值均不是太大，九宫中有六宫为凶，故为凶多吉少，慎用为宜，尤其是坐山有纯卦的凶宅局，千万不要用，否则灾祸绵绵无限期。

二十一、八运酉山卯向（辛乙同）下卦（无替卦）

巽	午	坤
2 5 七	6 1 三	4 3 五
3 4 六	1 6 八	8 8 一
7 9 二	5 2 四	9 7 九

卯 ——（左侧） 酉 ——（右侧）

艮 子 乾

八运酉山卯向（辛乙）下卦图

八运酉山卯向辛山乙向下卦与替卦相同。

此为上山局，旺丁不旺财。

向首 34 为"碧绿风魔"，为八运最凶的星数组合。天卦四绿，为无气之星，"毫无生气入门，粮难一宿"。即使此局能旺丁亦为穷丁，难成才，无用！此宅局，为败凶之宅局，建议不要用此宅局。

艮方为正城门，二坤入中顺飞，为不可用之城门诀。但天卦有近旺财星飞到，如此方开城门，尚能救一宅之败。凶祸难解。因此宫飞星 729，"阴卦满地成群，红粉场中空快乐"。有损男人之嫌。坐山旺丁，城门损丁，得不偿失！

巽方为副城门，七兑入中逆飞。八白旺星到巽，为可用之城门诀，但飞星 257，为"二五交加，酿疾缠身"，阴卦，又为死气之星，开门则损丁破财。

午方 61，可用文昌方，远旺财星飞到，布水可勉强作为旺财之方，亦可作书房之用。

坤方 435，"碧绿风魔，他处廉贞莫见"，为大凶之方。

子方二五交加，亦非吉、旺之位。

乾方979，全为阴卦，且"九七合辙，常招回禄之灾"，亦为凶方，可用水晶球化解。

可见，此局虽旺丁但为穷丁，伏藏着凶机，不用此宅局为好，否则凶祸难料。

二十二、八运戌山辰向下卦

辰	丙	未
8 6 七	4 2 三	6 4 五
甲 7 5 六	9 7 八	2 9 一 庚
3 1 二	5 3 四	1 8 九
丑	壬	戌

八运戌山辰向下卦图

八运戌山辰向为上山下水，用于山龙，必丁财两败。损丁破财，为败宅。因全局三般卦，如用于颠山倒水的形势，不但丁财两旺，而且满局贵气。

丙方为正城门，三入中顺飞七到丙方为不可用城门诀，飞星组合423。为"碧绿风魔，遇病符"，主疾病绵绵，风湿骨痛、中风、四肢伤残之灾。故不可开门。

甲方为副城门，六入中逆飞，八到甲方为可用城门诀，但75同宫，主是非、咽喉疾病。五黄为煞，又为死气之星，不但不能旺财，反而遭受病灾。

丑方有远旺财星飞到，此方可用风水轮、风水球布财位催财。

未方64，为"金木相战，是非日有"，为凶方，坎宫壬方534，为"碧绿风魔见廉贞"，为八运之最凶方。

庚方29组合犯火灾煞。但近旺财星可催财。

二十三、八运戌山辰向替卦

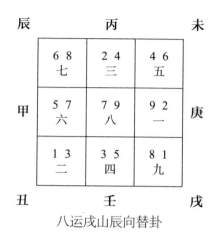

辰	丙	未
6 8 七	2 4 三	4 6 五
5 7 六	7 9 八	9 2 一
1 3 二	3 5 四	8 1 九
丑	壬	戌

甲 ... 庚

八运戌山辰向替卦

此局与辰山戌向兼一样，是兼向中少有的旺局。

在兼向中找旺局很危险，若罗盘稍有偏差，要么立得正向下卦，要么立得"空亡"坐向，两者均凶，不得不慎呀！

如有福之人立得此向，不但丁财两旺，而且全局三般卦，满局贵人；如为山龙，会速发。此为"邪"，古书曰"越邪越速"也。但是，速发亦速败，九运财星入囚，地运只得二十年，为非常短命之宅，最好不用此局为宜。

旺山旺向必定要开正门，方能获吉。如开城门，因左右两旁均无生气，立见败家计。

俗语云："一旺解百灾。"旺山旺向之三般卦均为吉，而败局三般卦，凶者更凶。故本局近旺、远旺财星方位均可催财。远旺一白丁星方位（艮宫）可催丁。

注意：旺山旺向局中的三般卦，见吉助吉，败局中的三般卦，见凶助凶。

二十四、八运乾山巽向（亥巳同）下卦（无替卦）

巽	午	坤
1 8 七	5 3 三	3 1 五
卯　2 9 六	9 7 八	7 5 一　酉
6 4 二	4 2 四	8 6 九
艮	子	乾

八运乾山巽向（亥巳）下卦图

八运乾山巽向（亥巳）无替卦，替卦同下卦。

此局为旺山旺向，用于山龙，向上有水者，主丁财两旺。但远旺丁星一白到向，向上不宜大水或直冲之水，否则到一运损丁。

七入中，地运160年，为地运较长的宅局。

此局只得坐山、中宫和向首一条线旺而吉，所以一定要开向首本位门方吉。如开城门，均为不利。

午方为正城门，可用"城门诀"。但飞星533组合为凶。若午方开门且有水则收煞气入屋，则立败家计。

卯方为副城门。不可用"城门诀"。虽有近旺财星飞到，但不如当旺财星好，而且飞星组合296，二为先天火，九为后天火，先天后天之火合并克父母卦六白金，对父不利。而且犯"火病煞"。若开门必有动象不化解为大凶。宜用水晶球化解此方煞气。

艮方64，为"金木相战，是非日有"的凶位，若流年一白飞到此方，则可以作文昌房用，否则为凶。

坤方315，三为卯，一为子，天元龙为子卯相刑，再犯五黄煞，则为大凶。但此方为远旺财星飞到，布风水轮、风水球等，可以动水催财。

子方飞星 424，两木克土，母不利。又为阴星聚居之方位。病符飞到，只宜作卫生间。

西方 75，"酉辛岁，廉贞飞来，喉间有疾"，主是非、喉疾之灾祸，此为凶方。

例如，有一宅基，乾山巽向，七运造为"上山下水"，不利。八运乾山巽向为旺山旺向，主丁财两旺，此宅基最宜。公元 2004 年（甲申）流年五黄人中，一白到坎宫，故坎宫可作文昌位之用。

旺山旺向开本位门，故底层大门开在正向首方位，纳入当旺财气，如向上有水，则大发。楼梯间设于震宫，近旺财星飞到，若有动象，则利财。但此方必须用水晶球化解方能使用。

坤方远旺财星一白飞到，可作厨房。艮方金木相战，为凶，故作厕所、浴室。

坐山作房间两个，窗口纳气均集中于乾宫，纳入旺丁气场。但宅后千万不要见水，否则有损丁之嫌。

总之，宅局虽得旺山旺向，但并不一定全吉。因此房屋的设计、布局十分重要！

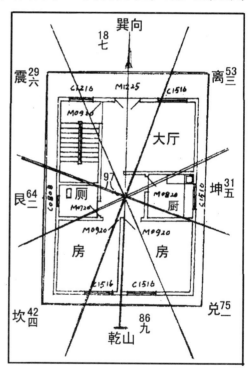

周易·家居环境入门

第五章　三合风水

　　在古代，三合风水主要用于勘察阴宅风水吉凶和指导人们修造阴宅，主张把祖先的遗骸埋葬在吉利的地理位置上，让其与地脉气场发生良性感应，使亡魂的后代子孙丁财旺盛、身心健康，宗族兴旺发达、家运亨通；劝告人们不要把祖先的遗骸埋葬在不吉利的地方，否则将会祸及子孙，家业衰败。长期的风水造作实践证明，三合风水的理论不仅可以用于指导修造阴宅，也可以用于勘察和指导建造阳宅。凡合局者吉祥如意，居住之人丁财旺盛、身心健康、家运兴旺发达；凡破局者凶险不堪，会导致居住之人丁财败绝，夭贫相伴。

　　三合水法，是古人在"天人合一"的理论指导下，对阴阳二宅的相地、勘察和造葬经验积累，一般是根据元朝宰相刘秉忠先哲所著《玉尺经》一书中的四句话为主，分乙、辛、丁、癸四大龙局的左旋右旋，以双山五行为配合，使龙合向、向合水，构成龙、向、水三者相配合论吉凶。元朝国师刘秉忠立着《玉尺经》，把他归纳的二十四山与六凶六吉水法留传于世间，其立论是三合水法以生、养、衰、旺、冠、临这六方来水为六吉水，以沐、病、死、墓、绝、胎这六方来水为六凶水。强调立阳向要顺布十二长生，立阴向应逆布十二长生。《玉尺经》问世后，三合水法广泛流传天下。

　　《玉尺经》内的造微赋四句是：

　　1. 乙丙交而趋戌：为火龙局水，配合立向，故其龙由丙午位入首，宜立向艮寅位生向，其水去必流于辛戌墓库之位。

　　2. 辛壬会聚于辰：为水龙局水，配合立向，故其龙由壬子位入首，宜立坤申位生向，其水去则必流于乙辰墓库之位。

3. 斗牛纳丁庚之气：为金局水，配合立向，故其龙由庚酉位入首，宜立巽巳位生向，其水去则必流于癸丑墓库之位。

4. 金辛收癸甲之灵：为木龙局水，配合立向，故其龙由甲卯位入首，宜立乾亥位生向，其水去则必流于丁未墓库之位。

龙、向、水三者的配合，即是以阴阳左右旋的来龙决定坐向，依水立向（以向为主）。水的去向以流归墓库之方位为主，此称为自库；水的去向不流于墓库之方位者，称为借库；其所定坐向之方位，以天盘之方位并以双山法为主，不分净阴净阳。龙、向、水能紧密相配合，此谓玄关通窍。玄关通窍，玄是指向，关是指龙，窍是指水口。如果确有真龙、真穴、真砂、真水、真案，并配合妥当，其向位又合，无阴阳混杂，自然可以使用。这就是三合风水的依水立向法、双山五行法和龙、向、水三合法的运用。

三合风水的微妙之法，主要是通过四大龙局体现出来的，即"乙丙交而趋戌"——是火局乙龙。乙长生在丙午，逆行，旺在艮寅，墓在辛戌（水口），故寅午戌三合火局。"辛壬会聚于辰"——是水局辛龙。辛长生在壬子，逆行，旺在坤申，墓在乙辰（水口），故申子辰三合水局。"斗牛纳丁庚之气"——是金局丁龙。丁长生在庚酉，逆行，旺在巽巳，墓在癸丑（水口），故巳酉丑三合金局。"金羊收癸甲之灵"——是木局癸龙。癸长生在甲卯，逆行，旺在乾亥，墓在丁未（水口），故亥卯未三合木局。

以上具体的用法，配合寅午戌火局、申子辰水局、巳酉丑金局、亥卯未木局，就称为三合风水。

第一节　三合风水基础理论

一、五行的分类

（一）正五行

东方木，南方火，西方金，北方水，中央土。

正五行在三合风水上的用法，就是东方甲乙寅卯属木、南方丙丁巳午属火、西方庚辛申酉属金、北方壬癸亥子属水、中央戊己辰戌丑未属土。

（二）三合五行

申子辰、坤壬乙文曲从头出，水局；

寅午戌、艮丙辛位位是廉贞，火局；

巳酉丑、巽庚癸尽是武曲位，金局；

亥卯未、乾甲丁贪狼一路行，木局。

三合五行在风水上的用法，就是二十四山中分为四大格局，每局六山。

图解如下：

坤壬乙。申子辰
文曲从头出水局

艮丙辛。寅午戌
位位是廉贞火局

巽庚癸。巳酉丑
尽是武曲位金局

乾甲丁。亥卯未
贪狼一路行木局

（三）四长生五行

1. 四阳长生：

　　甲木长生在亥；丙火长生在寅；

　　庚金长生在巳；壬水长生在申。

此四阳长生五行在地理用法上，分为四大格局定长生，俱是左旋顺起论水。

2. 四阴长生：

　　乙木长生在午；丁火长生在酉；

　　辛金长生在子；癸水长生在卯。

此四阴长生五行在地理用法上，分四大格局定长生，俱是右旋逆起论龙。

（四）双山五行

经云：“二十四山双双起，少有时师通此义。”三合风水，把二十四山分为十二组，每组二山，称为双山。双山五行是一天干和一地支同宫论五行。即：壬子（水）、癸丑（金）、艮寅（火）、甲卯（木）、乙辰（水）、巽巳（金）、丙午（火）、丁未（木）、坤申（水）、庚酉（金）、辛戌（火）、乾亥（木）。

下面是二十四山合为十二个方位立向基础图，亦是三合家用来演变每个局及来去水的原理。在三合派风水中，双山五行是立向的最基本法则。

（五）元空五行

丙丁乙酉原属火，乾坤卯午金同坐；

癸亥艮甲是木神，戌庚丑未土为真；

子寅辰巽辛兼巳，申与壬方是水神。

（六）向上五行

向上五行，即以向上起长生也。如立寅申巳亥自生向，即从向上起长生；如立子午卯酉自旺向，即从向上起帝旺，不必拘定于本局水口，只以向上作主，或衰方，或沐浴，或胎方俱为借库消水，不论归正库不归正库。

（七）纳音五行

甲子、乙丑海中金；丙寅、丁卯炉中火；

戊辰、己巳大林木；庚午、辛未路旁土；

壬申、癸酉剑锋金；甲戌、乙亥山头火；

丙子、丁丑涧下水；戊寅、己卯城头土；

庚辰、辛巳白腊金；壬午、癸未杨柳木；

甲申、乙酉泉中水；丙戌、丁亥屋上土；

戊子、己丑霹雳火；庚寅、辛卯松柏木；

壬辰、癸巳长流水；甲午、乙未沙中金；

丙申、丁酉山下火；戊戌、己亥平地木；

庚子、辛丑壁上土；壬寅、癸卯金箔金；

甲辰、乙巳佛灯火；丙午、丁未天河水；

戊申、己酉大驿土；庚戌、辛亥钗钏金；

壬子、癸丑桑柘木；甲寅、乙卯大溪水；

丙辰、丁巳沙中土；戊午、己未天上火；

庚申、辛酉石榴木；壬戌、癸亥大海水。

三合风水的用法，以纳音五行代表仙命五行与坐向分金五行，依据两者的生、旺、克、泄的关系，判断立定坐向的吉凶。分金生仙命为生局吉，仙命比分金为旺局吉，仙命克分金为财局吉，仙命生分金为泄局凶，分金克仙命为煞局凶。

二、五行的生、克、制、化的性质

生我者为父母（生局），我生者为子女（泄局），克我者为官煞（煞局），我克者为妻财（财局），同我者为兄弟（旺局）。

在风水上，五行的生、克、制、化表现为生我、同我和我克者，为吉局；表现为我生、克我者，为凶局。

三、十二长生宫与九星的对应关系

长生即贪狼，沐浴即文曲，冠带即文曲，临官即武曲，帝旺即武曲，衰即巨门，病即廉贞，死即廉贞，墓即破军，绝即禄存，胎即禄存，养即贪狼。

用法：在三合风水上，分龙、水、向，配十二生旺定吉凶。

四、八卦与二十四山

坎卦含壬子癸三山，艮卦含丑艮寅三山，震卦含甲卯乙三山，巽卦含辰巽巳三山，离卦含丙午丁三山，坤卦含未坤申三山，兑卦含庚酉辛三山，乾卦含戌乾亥三山。

地理上，坎卦为北方，艮卦为东北方，震卦为东方，巽卦为东南方，离卦为南方，坤卦为西南方，兑卦为西方，乾卦为西北方。

五、二十四山阴阳性质

壬、子、癸、寅、甲、乙、辰、午、坤、申、戌、乾十二山属阳。

丑、艮、卯、巽、巳、丙、丁、未、庚、酉、辛、亥十二山属阴。

第二节 九宫水法

九宫水法，是指十二长生宫中，每一个宫位上的来去水吉凶。十二长生宫即是长生、沐浴、冠带、临官、帝旺、衰、病、死、墓、绝、胎、养。

三合风水将长生与养二宫作同一个宫论，因为生和养二宫都属贪狼星管局；病、死二宫均属廉贞星管局，故病死二宫亦作同一个宫论；绝、胎二宫均属禄存星管局，故绝、胎二宫亦为一个宫论。十二个宫位中，有六个宫位合并为三个宫，故称为九宫。

一、养生水（贪狼星管）

第一养生水到堂，
贪狼星照显文章。
长房儿孙多富贵，
人丁昌炽性忠良。
水曲大朝官职重，
水小弯环福寿长。
养生流破终须绝，
少年寡妇守空房。

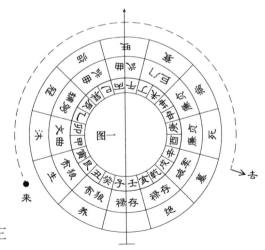

图一

立丙午火局帝旺向，必须左水倒右，若水由艮寅或癸丑两个宫位中其中之一个宫流来，均称为养或生水到堂，主大吉。相反，若水从此两个宫位去则大凶。如上图。

二、沐浴水（文曲星管局）

沐浴水来犯桃花，

女子淫乱不由她。

投河自缢随人走，

血病官灾破败家。

子午方来田产尽，

卯酉方来好赌奢。

立乙辰水局养向，右水倒

左。但若水从沐浴方的午山流

来，则犯了桃花水，后人淫乱败

家；若水从丙山流来，则作别论，也就是说若水从沐浴方的天乾位上

流来则作别论。如右上图。

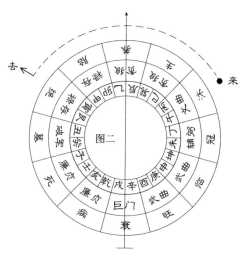

三、冠带水（辅弼星管）

冠带水来人聪慧，

也主风流好赌奢。

七岁孩儿能作赋，

文章博士万人夸。

水神流去最为凶，

髫龄儿子死不差。

更损深闺娇态女，

此方停蓄乃为佳。

立壬子水局帝旺向左水倒

右，水若由冠带方之辛戌而来过

堂即主学堂水，主文学出众，但水由此方而去则损年幼聪明之子。如

右图。

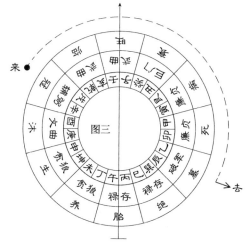

四、临官水（武曲星管局）

临官位下水积聚，

禄马朝元喜气新。

少年早入青云路，

贵相筹谋助圣君。

最怕此方山水去，

成材之子早归阴。

家中寡妇常啼哭，

财谷空虚彻骨贫。

立巽巳金局长生向右水倒

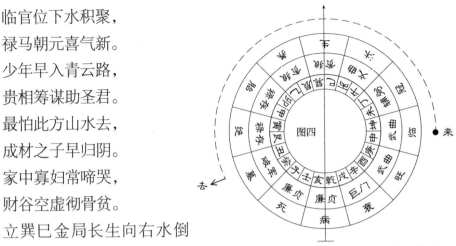

左，水若由临官方之坤申而来过堂即是禄马朝元，出将相公侯做大官，反之水若由此方而去则损成材之子。如上图。

五、帝旺水（武曲星管局）

帝旺水来聚面前，

一堂旺气癸庄田。

官高爵重威名显，

金谷丰盈有利钱。

最怕休囚来激散，

石崇富贵不多年。

立乙辰水局墓向左水倒右为横财水主大富，水若由帝旺方之壬子而来则大吉，反之由此方而去则大凶。如右图。

六、衰水（巨门星管局）

衰方管局巨门星，

336

学堂水到发聪明。

少年及第文章富，

长寿星高金谷盈。

出入起居乘驷马，

宴邀歌舞玉壶春。

旺极总宜来去吉，

也须弯曲更留情。

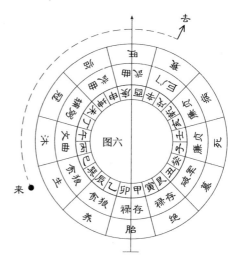

图六

立庚酉金局帝旺向左水倒右，水若由辛戌之衰方而去为巨门水，又叫禄马贵人上御街，主发富贵出聪明，又这方也可以来水。如上图。

七、病死水（廉贞星局）

病死二方水莫来，

乾门巽户不为乖。

更有科名官爵重，

水若斜飞起大灾。

换妻毒药刀兵祸，

脚软疯瘫女堕胎。

必主其家遭此祸，

瘠痨蒸损瘦形骸。

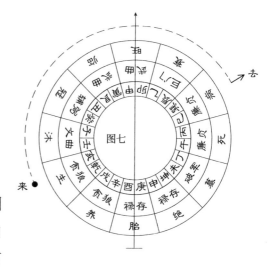

图七

立甲卯木局帝旺向左水倒右，水若由长生方之乾亥来而由病方之巽巳而去即大凶。如右图。

周易·家居环境入门

八、墓水（破军星管局）

墓库之方怕水来，
破军流去反为祯。
阵上扬名反武贵，
池湖停蓄富春申。
荡然直去家资薄，
欠债终年不了人。
水来充军千里外，
三男二女总凋零。
立乾亥为木局长生向右水倒

左，水若由墓方之丁未而去集富

贵于祯祥，可以扬名天下，但若由未方来水则大凶。如上图。

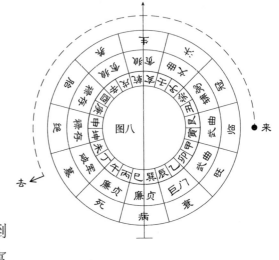

九、绝胎水（禄存星管局）

绝胎水到不生儿，
孕死休囚绝后嗣。
纵然有儿难养育，
父子生情夫妇离。
水大女人淫乱走，
水小私情暗会期。
此方只宜为水口，
禄存流尽配金鱼。
立癸丑为金局墓向左水倒

右，水若由绝方之艮寅而去则为

"指向首：癸（向）归艮位显文章"，主富贵，若水由此方而来大

凶。如右上图。

第三节　三合风水寻龙法

一、寻龙要诀

1. 龙的形态必须气壮，入首必须活跃

屈曲活动为之气壮，即气势雄壮；入首起伏如虎伏龙卧、翻飞奔腾为之活跃。这样才是龙的形态得生得旺。

若龙的形态硬直、蠢粗或如剑脊般，即是龙的形态死绝或龙身带煞。凡死绝、带煞之龙，是没有结地可说的。

2. 格龙理气要得生旺，即龙入首之际是在生旺之方

寻龙点穴必须沿着主干龙逐节寻去，见山峦曲折，变换环抱有情，即龙已到头结穴，这龙的形态已是生旺。

然后再用罗盘的外盘（杨公天盘）看贴身近水或者有流动之活水，或者山地干流水，看其左右两旁水口在哪一个字上交会。若在辛戌、乾亥、壬子这六个字上，皆是乙丙交而趋戌为火局乙龙；若在癸丑、艮寅、甲卯这六个字上，皆是斗牛纳丁庚之气为金局丁龙；若在乙辰、巽巳、丙午这六个字上，皆是辛壬会聚于辰水局辛龙；若在丁未、坤申、庚酉这六个字上，皆是金羊收癸甲之灵为木局癸龙。

再用罗经内盘（地盘正针）格龙，看其入首处是哪一个字上，以决定龙的生旺死绝。若来龙的形态已是生旺，再配以理气又得生旺，即使砂水不大全美，此地亦必定大发；若龙的形态已得生旺，但格龙的理气却是死绝，则此地定然不发。

二、十二龙理气诀

乾坤艮巽旺龙行，甲庚丙壬龙四生，乙辛癸丁冠带位，十二来龙要认真。水配真龙为理气，得生得旺是奇迹，来龙去水能成局，富贵绵长奕奕新。

三、四格生旺龙水

1. 火局生旺龙水四格

丙龙艮向水流辛，巽起文峰得路云；艮龙巽山辛水去，向朝丙午福峥嵘；墓逢辛向乙龙结，水出乾方福寿增；癸向丙龙多富贵，皆缘巽水出乾门。

2. 水局生旺龙水四格

水归乙地子龙来，坤向乾山位棘槐；峰从乾宫乙水生，坤龙壬向福多财；辛龙壬水归巽位，乙向逢之官禄佳；丁向壬龙贵极品，乾山乾水巽位归。

3. 木局生旺龙水四格

乾龙逢艮向朝流，水放丁方出状元；艮峰申向有乾龙，左水出丁福绵绵；癸龙巽水向坤流，丁向为尊位王侯；辛向甲龙生鼎甲，艮山艮水面坤流。

4. 金局生旺龙水四格

庚龙癸库巽朝宗，坤位高峰宰相公；龙巽峰坤庚向立，癸方放水福无穷；丁龙艮库从庚到，癸向立莹位大卿；庚龙乙向坤山水，归艮由来福寿增。

四、论龙、砂、水、向四局

三合风水的龙、砂、水、向论法，分为下面四局：

1. 火局：乙丙交而趋戌

乙属东方而丙属南方，此言是说龙从东南来，以来水从戌亥子而出，即龙向之墓绝胎出水处也。然龙与向当以寅上起长生以定十二宫为龙向取用，如乙木长生在午，午寅戌，如丙火长生在寅，寅午戌。又如右旋甲卯为乙木当配丙火，出戌口为正配，夫从妇随之义也。

2. 水局：辛壬会聚于辰

辛属西方而壬属北方，此言是说龙从西北来，以来水从辰巳午而出，即龙向之墓绝胎出水处也。然龙与向当以申上起长生以定十二宫为龙向取用，如辛金长生在子，子申辰，如壬水长生在申，申子辰。又如右旋庚酉为辛金当配壬水，出辰口为正配，夫从妇随之义也。

3. 金局：斗牛纳丁庚之气

丁属南方面庚属西方，此言是说龙从西南来，以来水从丑寅卯而出，即龙向之墓绝胎出水处也。然龙与向当以巳上起长生以定十二宫为龙向取用，如丁火长生在酉，酉巳丑，如庚金长生在巳，巳酉丑。又如右旋丙午为丁火当配庚金，出丑口为正配，夫从妇随之义也。

4. 木局：金羊收癸甲之灵

癸属北方而甲属东方，以言是说龙从东北来，以来水从未申酉而出，即龙向之墓绝胎出水处也。然龙向当以亥上起长生以定十二宫为龙与向取用，如癸水长生在卯，卯亥未，如甲木长生在亥，亥卯未。又如右旋壬子为癸水当配甲木，出未口为正配，夫从妇随之义也。

用法：三合风水分龙、水之四大格局，定长生、沐浴、冠带，十二生旺右旋逆起论龙，配左旋顺起论水，以分吉凶。

五、来龙吉凶图解

为使读者易于理解，现在用图解的方法加以说明三合风水的四大局，即火、水、金、木局的来龙吉凶。在每一局中，将生、旺、冠带吉龙，以及病、绝、死凶龙分别绘出，共计二十八图。

初学者只需了解四大局的吉龙与凶龙的入首及水口出向的概念即可，待对三合风水的龙、砂、水、向等概念全部弄清楚后，再进一步深入研究。

1. "乙丙交而趋戌火局乙龙"生旺死绝图解

（1）凡看地至龙到头结穴处，用罗经外盘看水口。若水口在辛戌、乾亥、壬子这六个字上交会，皆谓之"乙丙交而趋戌火局乙龙"。用罗经内盘格，乙龙长生在丙午逆行，旺在艮寅，墓在辛戌。若龙从丙午二字入首，是生龙；若龙从乙辰二字入首，是冠带龙；若龙从甲卯二字入首，是临官龙；若从艮寅入首，是旺龙。以双山论，共八字，皆谓之理气得生旺，若再配龙的形象得生旺、束气清真，必然大发。

生旺死绝图

若龙从壬子二字入首，是病龙；若龙从乾亥二字入首，是死龙；若龙从庚酉二字入首，是绝龙。以双山论，共六个字，皆谓之理气犯死绝，虽得龙的形态生旺也不发。如右图。

（2）火局生龙入首图（吉）　　　（3）火局旺龙入首图（吉）

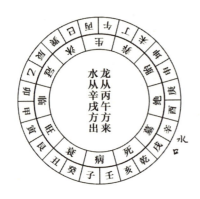

龙从丙午方来，水从辛戌方出

龙从艮寅方来，水从辛戌方出

（4）火局冠带龙入首图（吉）

龙从乙辰方来，水从辛戌方出

以上三火局生、旺、冠带龙入首图解，为龙通窍（水口），只要向合，就会大地大发，小地小发，断无不发者。即使立向稍差，也发二三十年。过三十年后，行至外堂水运方主败绝，大概是龙属阴无常胜之理也。

（5）火局病龙入首图（凶）　　　　（6）火局绝龙入首图（凶）

（7）火局死龙入首图（凶）

以上三图，是火局病、死、绝龙入首。因龙的入首不得生旺之气，即使龙的形态美好，也不能发。断无一家不发凶者，盖龙已死绝，而向再不好，则凶上加凶。

2. "辛壬会聚于辰水局辛龙"生旺死绝之图解

（1）凡看地至龙到头结穴处，用罗经外盘看水口。若在乙辰巽巳丙午这六个字上交会，皆谓之辛壬会而聚辰是水局辛龙。用罗经内盘格，龙辛长生在壬子，逆行旺在坤申，墓在乙辰。若龙从壬子二字上入首，是生龙。从辛戌二字上入首，是冠带龙。从庚酉二字上入首是临官龙。坐坤申上入首是旺龙。以双山论共八个字，

生旺死绝图

皆谓之理气，得生旺再配上龙之形象又生旺，束气清真必然大发。若从丙午二字入首是病龙。从巽巳二字入首是死龙。从甲卯二字入首是绝龙。以双山论，共六个字皆谓之理气。犯死绝虽得龙之形象美好，生旺亦不发。

（2）水局旺龙入首图（吉）

（3）水局旺龙入首图（吉）

（4）水局死龙入首图（凶）

以上三图，是生旺冠带龙入首。为龙通窍，只要合向，大地大发，小地小发，即向稍差，亦发二三十年，过三十年后，行至外堂水运，方主败绝。

（5）水局病龙入首图（凶）

（6）水局死龙入首图（凶）

以上两图是水局病死绝龙入首，龙虽好不发，因不得生旺之气故也，若立向又差断无一家不发凶者。盖龙已死绝向又不好，凶上加凶故不发。

3. "斗牛纳丁庚之气金局丁龙"生旺死绝图解

（1）凡看地至龙到头结穴处，用罗经外盘看水口。若在癸丑艮寅甲卯这六个字上交会。皆谓斗牛纳丁、庚之气是金局丁龙，用罗经内盘格龙，丁长生庚之气是金局丁龙，用罗经内盘格龙，丁长生在庚西。逆行旺在巽巳，墓在癸丑，若从庚西二字上入首，是生龙从丁未二字上入首是旺龙。以双山论共八个字，皆

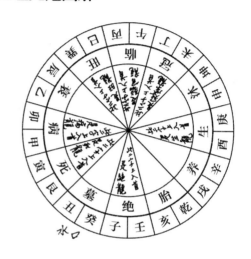

谓之理气得生旺，再配上龙之形象，又生旺束气清真，必然大发，若从甲卯二字入首，是病龙，从艮寅字入首，是绝龙，以双山论共六个字皆谓之理气犯死绝虽得龙之形象生旺亦不发。

（2）金局生龙入首图（吉）　　　（3）金局旺龙入首图（吉）

（4）金局冠带龙入首图（吉）

以上三图，是金局生旺冠带龙入首，为龙通窍，只要向合，大地大发，小地小发，断无不发者，即向稍差，亦发二三十年，过三十年后，行至外堂水运，方主败绝。

（5）金局死龙入首图（凶）

（6）金局死龙入首图（图）

（7）金局绝龙入首图（凶）

以上三图，是金局病死绝龙入首，龙虽好不发，因不得生旺这气故也，若立向又差，断无一家不发凶者，盖以龙已死绝，向又不合，凶上加凶故耳。

4. "金羊收癸甲之灵木局癸龙" 生旺死绝图解

（1）凡看地至到头结穴处，有罗经外盘看水口，若在丁未坤申庚酉这六个字上交会，皆谓之金羊收癸甲之灵，是木局，癸龙用罗经内盘格龙，癸长生在甲卯逆行，旺在乾亥，墓在丁未，若龙从甲卯二字上入首，是生龙。从癸丑二字上入首，是冠带龙。从壬子二字上入首，是临官龙。坐乾亥二字上入首，是

旺龙。以双山论共八个字，皆谓之理气得生旺，再配上龙之形象，又生旺束气清真，必然大发，若从庚酉二字入首，是病龙。从坤申二字入首，是龙龙。从丙午二字入首，是绝龙。以双山论，共六个字，皆谓之理气犯死绝，虽得龙之形象生旺，亦不发。

（2）木局生旺入首图（吉）　　　（3）木局旺龙入首图（吉）

（4）木局冠带龙入首图（吉）

龙从癸丑方来
水从丁未方出

以上三图，是木局生旺冠带龙入首，为龙，只要向合大地大发，小地小发断无不发，即向稍差，亦发二三十年，过三十年后，外堂水运，方主败绝，阴无常胜之理故也。

（5）木局病龙入首图（凶）

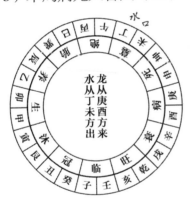

龙从庚酉方来
水从丁未方出

（6）木局死龙入首图（凶）

龙从坤申方来
水从丁未方出

（7）木局绝龙入首图（凶）

龙从丙午方来
水从丁未方出

以上三图，是木局病死绝龙入首，龙虽好，但不发，因不得生旺之气故也，若立向又差，断无一家不发凶者，盖以龙已死绝向又不合，则凶上加凶。

第四节　三合风水砂法

一、八方天马位

东方震宫为青聪马。南方离宫为赤兔胭脂马，胭脂马又为天马。西方兑宫为金马，又称白马。北方坎宫为乌骓马。西北乾宫为御吏马，又为天马。东北艮宫为状元马。西南坤宫为宰相马。东南巽宫为抚按马。

二、借马与借禄

丙借巽为禄马场，壬借乾为禄马乡，

甲借艮为禄马位，庚借坤为禄马当。

注：自生与自旺借正局之马，主发富贵迅速。

三、论四局马

申子辰马居寅，亥卯未马在巳，

寅午戌马居申，巳酉丑马在亥。

注：生旺墓养并自生自旺，先看本局是否有马，若有马山，则主迅速发富发贵，名曰催宫马。若本局无马，即借马亦主迅速大发富贵，其中最准验者，是乾宫与离宫二马，催贵最速。

四、天乙贵人

甲戊庚牛羊，乙己鼠猴乡，

丙丁猪鸡位，庚辛逢虎马，

壬癸兔蛇藏，此是贵人方。

五、贵人方位（催官贵人）

甲山丑未为贵人，乙山子申为贵人。丙丁山亥酉为贵人，壬癸山卯巳为贵人。庚辛山寅午为贵人。论命理有戊己，论坐山立向则没有戊己方位。

乾山丑未卯巳为贵人。坤山子申卯巳为贵人。艮山酉亥为贵人。巽山寅午为贵人。子山卯巳为贵人。丑山午寅卯巳为贵人。寅山丑未酉亥为贵人。卯山子申为贵人。辰山子申卯巳为贵人。巳山午寅亥酉为贵人。午山亥酉为贵人。未山子申亥酉为贵人。申山午寅巳卯为贵人。酉山午寅为贵人。戌山亥酉午寅为贵人。亥山丑未卯为贵人。

催官贵人，禄马山起峰，主发福如雷。譬如，立壬山丙向，丙禄在巳，临官也在巳。寅午戌马居申，丙丁猪鸡位，若得亥酉巳申四山起峰，为贵人禄马山现，谓之催官局。若是壬癸龙入首，壬癸兔蛇藏，卯巳为贵人，或再合化命之贵人禄马山，名为真福贵人，主速发科甲。再得艮丙峰交应，又为天禄贵人峰，又名生旺官禄文峰，为六秀荐元峰，能向照此取用贵人，则发福无疑。其余依此向类推。

六、正禄贵人

正禄贵人，即十二长生的临官位，甲禄在寅，乙禄在卯，丙禄在巳，丁禄在午，庚禄在申，辛禄在酉，壬禄在亥，癸禄在子。

禄山丰满或尖圆、方正，主发横财，又主食禄万钟。

七、三吉六秀并催官贵人

亥、震、庚为三吉方；

艮、丙、巽、辛、兑、丁为六秀；

辛、丙、丁、庚四山秀丽为阳催官贵人；

巽、兑、艮、震四山秀丽为阴催官贵人。

用法：在风水的运用上，马天位、禄马位、借马位、借禄位、贵人位均为吉位，八方对应位置上有高大尖峰者大吉。

八、配砂（峰）图解

三合配砂（峰）法，每一山向中，可配合的吉砂有禄贵、马贵、人贵、水星贵及三吉六秀。笔者经过整理都填入图内，共计72图，430个例子，由壬山及丙山顺时针方向排图，读者可根据图中二十四山的顺序找出所需要的方位山。由于篇幅限制，下面只绘10个图解，以供大家学习参考。

壬兼亥山

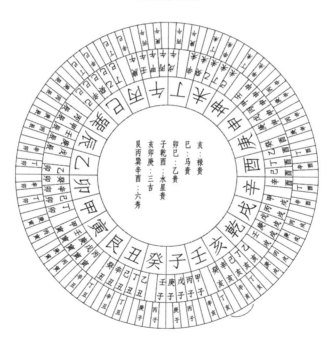

亥：禄贵
巳：马贵
卯巳：乙贵
子乾酉：水星贵
亥卯庚：三吉
艮丙巽辛酉：六秀

周易·家居环境入门

壬兼子山

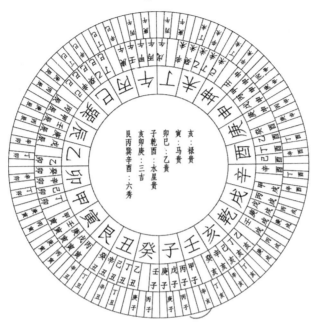

亥：禄贵
寅：马贵
卯巳：乙贵
子乾酉：水星贵
亥卯庚：三吉
艮丙巽辛酉：六秀

丙兼巳向

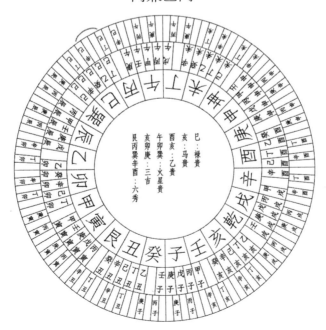

巳：禄贵
亥：马贵
酉亥：乙贵
午卯巽：火星贵
亥卯庚：三吉
艮丙巽辛酉：六秀

丙兼午向

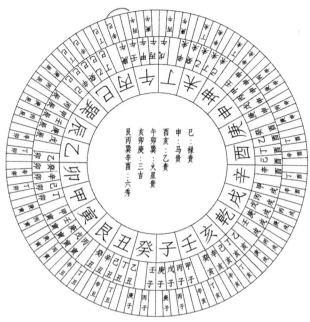

巳：禄贵
申：马贵
酉亥：乙贵
午卯巽：火星贵
亥卯庚：三吉
艮丙巽辛酉：六秀

子山

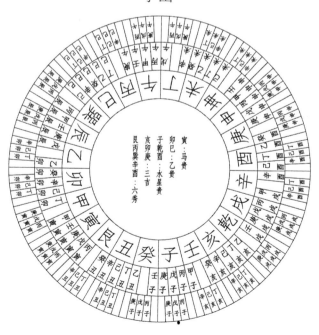

寅：马贵
卯巳：乙贵
子乾酉：水星贵
亥卯庚：三吉
艮丙巽辛酉：六秀

周易·家居环境入门

癸兼子山

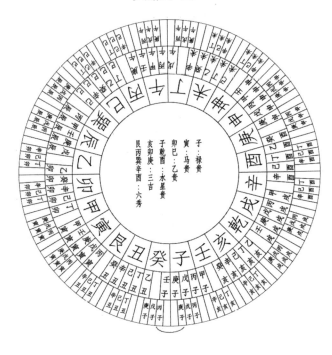

子：禄贵
寅：马贵
卯巳：乙贵
子乾酉：永星贵
亥卯庚：三吉
艮丙巽辛酉：六秀

午向

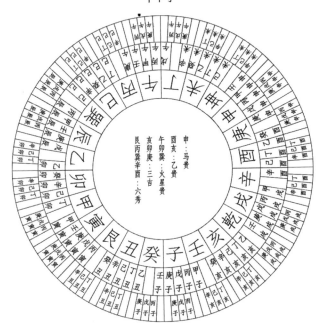

申：马贵
酉亥：乙贵
午卯巽：火星贵
亥卯庚：三吉
艮丙巽辛酉：六秀

丁兼午向

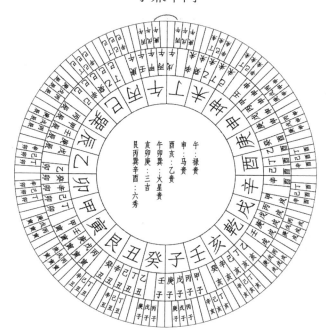

午：禄贵
申、亥：马贵
酉、亥：乙贵
午卯巽：火星贵
亥卯庚：三吉
艮丙巽辛酉：六秀

癸兼丑山

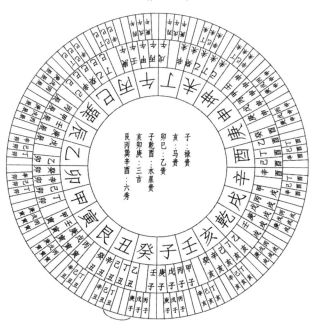

子：禄贵
亥：马贵
卯、巳：乙贵
子乾酉：水星贵
亥卯庚：三吉
艮丙巽辛酉：六秀

周易·家居环境入门

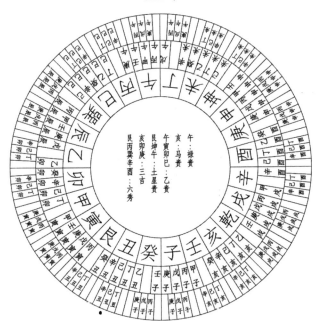

丑山

午：禄贵
亥：马贵
午寅卯巳：乙贵
艮坤午：土星贵
亥卯庚：三吉
艮丙巽辛酉：六秀

第五节　三合水法图解

一、十二生旺水

　　水是山家的血脉精，龙穴砂水有真假，利人害人速如神。

　　三合家对水口的论法是：

1. 生养（贪狼）水

　　　　第一养生水到堂，贪狼星照显文章。

　　　　长房儿孙多富贵，人丁昌炽性忠良。

　　　　水曲大朝官职重，水小湾环福寿长。

　　　　养生流破终须绝，少年寡妇守空房。

2. 沐浴（文曲）水

　　　　沐浴水来犯桃花，女子淫乱不由她。

投河自缢随人走，血病官灾破败家。

子午水来田产尽，卯酉流来好赌奢。

3. 冠带（辅弼）水

冠带水来人聪慧，也主风流好赌奢。

七岁儿童能作赋，文章博士万人夸。

水神流去最为凶，髫龄儿童死不差。

更损深闺娇态女，此方停蓄乃为佳。

4. 临官（武曲）水

临官位上水聚积，禄马朝元喜气新。

少年早入青云路，贤相筹谋佐圣君。

最忌此方山水去，成材之子早归阴。

家中寡妇常啼哭，财谷空虚彻骨塞。

5. 帝旺（武曲）水

帝旺朝来聚面前，一堂旺气发庄田。

官高爵重威名显，金谷丰盈有剩钱。

最怕休囚来激散，石崇富贵不多年。

6. 衰（巨门）水

衰方观局巨门星，学堂水到发聪明。

少年及第文章富，长寿星高金谷盈。

出入起居乘骊马，宴游歌舞玉壶春。

旺极总宜来去吉，也须弯曲更留情。

7. 病、死（廉贞）水

病死二方水莫来，天门巽户不为乖，

更有科名官爵重，水若斜飞起大尖。

换妻毒药刀兵祸，脚软疯瘫女堕胎，

必主其家遭此害，瘠痨蒸捐瘦形骸。

8. 墓（破军）水

　　　　　墓库之方怕水来，破军流去反为祯。

　　　　　阵上扬名反武贵，池湖停蓄富春申。

　　　　　荡然真去家资薄，久债终年不了人。

　　　　　水来充军千里外，三男二女总凋零。

9. 绝、胎（禄存）水

　　　　　绝胎水到不生儿，孕死休囚绝后嗣。

　　　　　纵使有儿难养育，父子生情夫妇离。

　　　　　水大女人淫乱走，水小私情暗会期。

　　　　　此方只宜为水口，禄存流尽佩金鱼。

　　用法：三合风水，分为水、龙四大格局，定长生、沐浴、冠带，十二生旺以左旋顺起论水，以右旋逆起论龙，分辨吉凶。

二、配水图解

　　十二生旺水法与坐山立向的各种组合配法，就有一百五十六个图，平均每一坐向有十三种变化，只要找出坐向，就能查出与风水形局的出水口吉凶。下面例举一坐向的十三种变化图解，以供读者参考。

1. 壬山丙向，子山午向

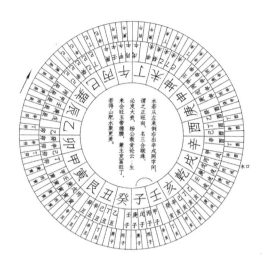

水若从左来倒右出辛戌两字间，谓之正旺向，名三合联珠，必发大贵，杨公救贫论云：生来会旺五带缠腰，兼主发富旺丁。若得山肥水黄更美。

2. 壬山丙向，子山午向

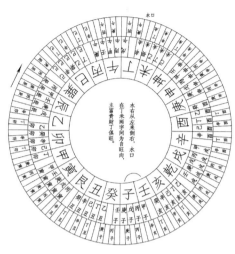

水右从左来倒右，水口在丁未两字间为自旺向，主富贵财丁俱旺。

3. 壬山丙向，子山午向

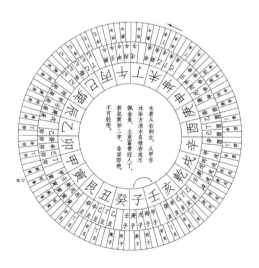

水若从右倒左，从甲卯沐浴方消水名操存流尽俱金鱼，主发富贵旺人丁。若犯寅卯二字，非淫即绝，不可轻用。

4. 壬山丙向，子山午向

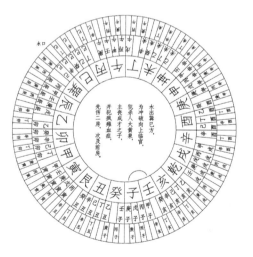

水出巽已方，为冲破向上临官，犯杀人大黄泉，主丧成才之子，并犯瘟癀血症，先伤二房，次及前房。

5. 壬山丙向，子山午向

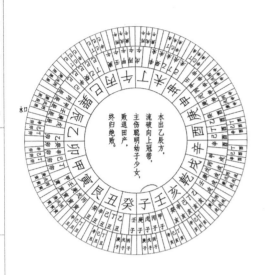

水出乙辰方，流破向上冠带，主伤聪明幼子少女，败退田产，终归绝败。

6. 壬山丙向，子山午向

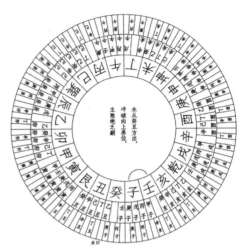

水从癸丑方出，冲破向上养位，主败绝之翻。

7. 壬山丙向，子山午向

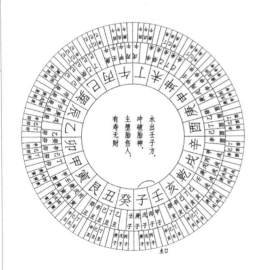

水出壬子方，冲破胎神，主堕胎伤人，有寿无财。

8. 壬山丙向，子山午向

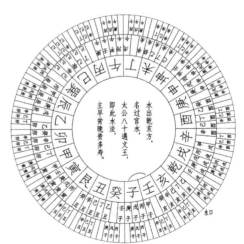

水出乾亥方，名过官水，太公八十遇文王，即此水法，主早贫晚贵多寿。

9. 壬山丙向，子山午向

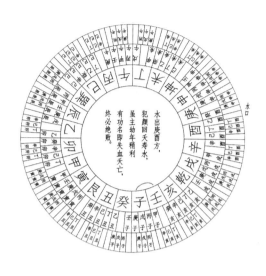

水出庚酉方，犯顏回夭寿水，虽主幼年稍利，有功名即失血夭亡，终必绝败。

10. 壬山丙向，子山午向

水出坤申明方，主男人短寿，犯短命寡宿水，并发痨症，必出寡婦五六人。凡病死二方消水者，先败三房，次及别房。发山相似，不宜立向。

11. 壬山丙向，子山午向

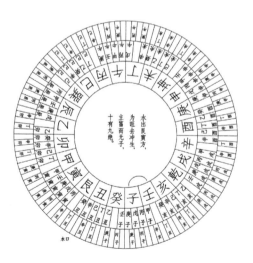

水出艮寅方，为旺去冲生，主富而无子，十有九绝。

12. 壬山丙向，子山午向

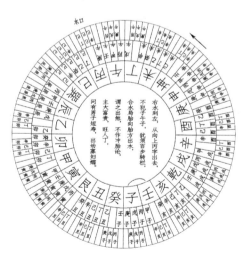

右水到左，从向上丙字出去，不犯子午字，合水局胎向胎方出水，谓之出煞，不作冲胎论，主大富贵，旺丁。同有男子短寿，出幼寡妇孀。

13. 壬山丙向，子山午向

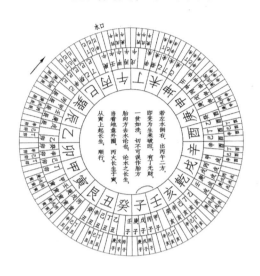

中心文字：
若左水倒有，即要为生来破旺，有丁无财，一贫如洗，切不可误作胎方胎向方去水论也。论水之长生，当看地盘外圈，丙火长生寅，从寅上起长生，顺行。出西午二方，

第六节　三合风水坐向

在风水学上，坐山立向是根据龙、穴、砂、水的组合关系来决定的，是龙、穴、砂、水的大都会，因此坐向是一个非常重要的名词概念。

如何使龙、穴、砂、水四大风水要素达到大都会的效果。以龙论，坐向能使龙生旺死绝；以穴论，坐向能使穴有气或无气；以砂论，坐向能使砂得位或不得位；以水论，坐向能使水救贫或杀人。龙、穴、砂、水四者有形而无名无用，只有立定坐向后才有名有用，故坐向是龙、穴、砂、水之大都会也。坐向是风水操作中极为重要的一环，凡为人造福者，不能随便立向。

三合风水注重人的生肖配坐山。十二生肖，即是鼠（子）、牛（丑）、虎（寅）、兔（卯）、龙（辰）、蛇（巳）、马（午）、羊（未）、猴（申）、鸡（酉）、狗（戌）、猪（亥）。寅午戌（虎马

狗），煞在北方亥子丑，故寅午戌生肖之人，忌北方坐山；亥卯未（猪兔羊），煞在西方申酉戌，故亥卯未生肖之人，忌西方坐山；申子辰（猴鼠龙），煞在南方巳午未，故申子辰生肖之人，忌南方坐山；巳酉丑（蛇鸡牛），煞在东方寅卯辰，故巳酉丑生肖之人，忌东方坐山。

坐向用法：三合风水的火、水、金、木四大格局以长生、沐浴、冠带……等十二生旺左旋顺起论水，右旋逆起论龙，配合定向分吉凶。若用于阴宅，又以参考仙命生肖配合坐向同用。

现将四大格局龙水配合图解如下：

1. 乙丙交而趋戌火局　　　　2. 辛壬会聚于辰水局

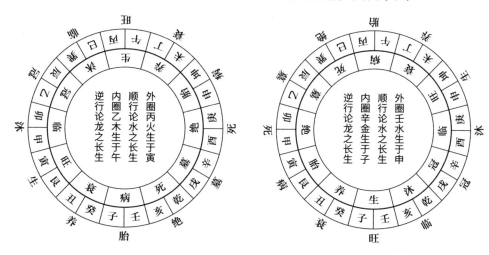

3.斗牛纳丁庚之气金局

外圈庚金生于巳
顺行论水之长生
内圈丁火生于酉
逆行论龙之长生

4.金羊收癸甲之灵木局

外圈甲木生于亥
顺行论水之长生
内圈癸水生于卯
逆行论龙之长生

第七节　三合风水分金法

一、三合罗盘使用说明

罗盘也叫罗庚。罗庚正中谓之天池，天池中的磁针两端分为尖头和孔头（叉头），尖头为红色指向午字即南方，孔头（叉头）为黑色或无色指向子字即北方。在三合风水中，罗庚的用法只有如下的重要几层：第一层，是文王后天八卦，分四阴四阳；第四层，是地盘二十四山，定坐山立向使用；第七层，是人盘二十四山，配砂（峰）使用；第十层，是缝针分金层，以纳音五行为主，配仙命定吉凶。第十一层，是天盘二十四山，配水使用。这里所说的罗庚，是指三合罗盘。

用法：罗庚中心（天池）起第四层为地盘（内盘）；中间第七层为人盘；人盘外面的第十层为坐向分金线，定坐山立向之用；外面第十一层为天盘（外盘）。

二、罗庚分金层（如下图）

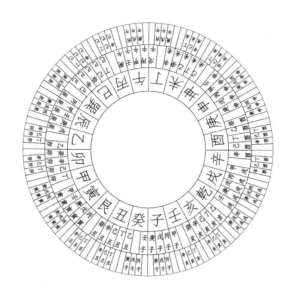

三、分金使用方法说明

　　三合风水最重要的是以分金纳音五行配仙命纳音五行为主。分金生仙命者，为生局，主吉；分金比仙命者，为旺局，主吉；仙命克分金者，为财局，主吉；分金克仙命者，为煞局，主凶；仙命生分金者，为泄局，主凶。

　　用法：风水上，以生局、旺局与财局为吉局，以煞局、泄局为凶局。

四、分金配仙命吉凶图解

　　仙命共有 60 个，现以甲子仙命配分金的吉凶情况为例，说明分金配合仙命的使用方法，以供读者学习参考。

　　甲子仙命配分金图解如下：

1. 壬山丙向，子山午向

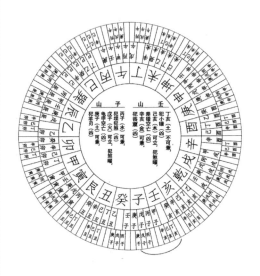

2. 癸山丁向，丑山未向

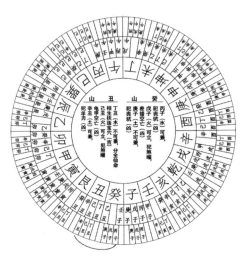

3. 艮山坤向，寅山申向

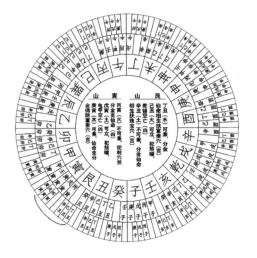

4. 甲山庚向，卯山酉向

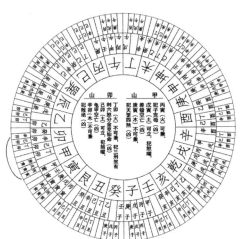

5. 乙山辛向，辰山戌向

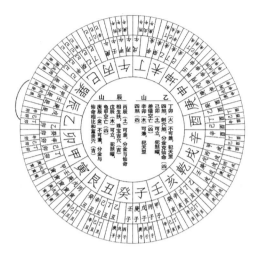

6. 巽山乾向，巳山亥向

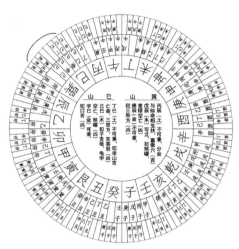

7. 丙山壬向，午山子向

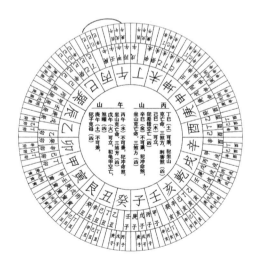

8. 丁山癸向，未山丑向

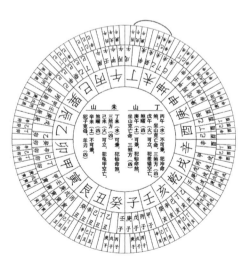

周易·家居环境入门

9. 坤山艮向，申山寅向

10. 庚山甲向，酉山卯向

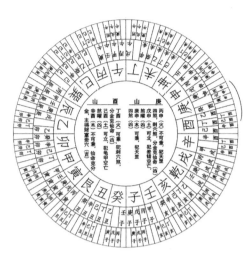

11. 辛山乙向，戌山辰向

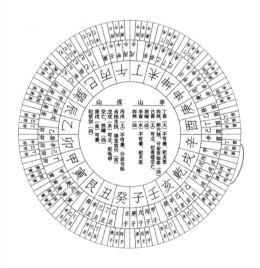

12. 乾山巽向，亥山巳向

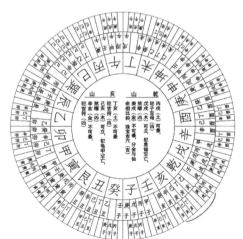

第八节　四大局双山十二向

三合四大局就是将二十四个方向水之来去分成四大局，即寅午戌艮丙辛火局，亥卯未乾甲丁木局，巳酉丑巽庚癸金局，申子辰坤壬乙水局。在运用四大局时，首先要选择好宅墓基地，观察水的来去是属于左水倒右或是右水倒左，还是汇聚于明堂前面。

如果水流从左倒右，就立帝旺向。壬子、丙午、甲卯、庚酉这四个双山方位皆属帝旺向，宜收长生、沐浴、冠带、临官、帝旺方位来水，从病、死、墓、绝方位流去。

如果水流从右倒左，就立长生向。坤申、巽巳、艮寅、乾亥这四个双山方位皆属长生向，宜收帝旺、临官、沐浴方来水，从胎、绝、墓方位流去。

如果左右两边一齐来水，而且二水合并汇聚于明堂内，就立墓向。乙辰、癸丑、辛戌、丁未这四个双山方位皆属墓向。这种方法是，让右边长生水和左边帝旺水会合后，再由墓库出水。

三合水法主要论长生、帝旺、墓库三种方向，都是通过立向定来水吉凶的。如果左水到右，就立壬子、庚酉、丙午、甲卯四组帝旺向，以收长生、沐浴、帝旺水到堂，从病、死、绝方向出水；如果右水到左，就立巽巳、坤申、艮寅、乾亥四组长生向，以收帝旺、临官、冠带、沐浴方水来朝堂，从绝、胎、墓方向出水；如果宅墓左后方与右后方两边来水都在明堂前面聚会，就立丁未、乙辰、癸丑、辛戌四组墓向，以右边长生水和左边帝旺水，同出前方的墓库位。

一、壬山丙向、子山午向

1. 壬山丙向、子山午向。左水倒右，出辛戌，为正旺向。名曰：三合联珠贵无价。合杨公救贫水法，进神生来会旺。玉带缠腰，为金城水法，大富大贵，人丁昌炽，忠孝贤良，男女高寿，房房无异，发福绵远。若得旺山肥满，旺水朝聚，则富比石崇。

2. 壬山向、子山午向。左水倒右，出丁未，为自旺向。名惟有衰方可去来。发富发贵，寿高丁旺。

3. 壬山丙向、子山午向。右水倒左，从甲字沐浴方消水，名禄存流尽佩金鱼。富贵双全，人丁兴旺。若犯寅卯二字，则非淫即绝，不可轻用。

4. 壬山丙向、子山午向。水出巽巳方，为冲破向上临官，犯杀人大黄泉，伤成才子孙，立主败绝。并犯软脚瘫痪疾吐血等症。先伤二门，次及别房。

5. 壬向丙向、子山午向。水出乙辰方，流破向上冠带，主伤年幼聪明之子，并中幼妇少女。退败田产，久则败绝。

6. 壬山丙向、子山午向。水出癸丑方，冲破向上养位，主伤儿败财之嗣。犯退神沐浴不立向。

7. 壬山丙向、子山午向。水出壬子方。冲破胎神，坠胎伤人。初年丁财稍利，久则败绝。此名过宫水，有寿无财。

8. 壬山丙向、子山午向。水出乾亥方，名过宫水，情过而亢。太公八十遇交王，即此水法。初年有丁有寿无财，水不归库故也。

9. 壬山丙向、子山午向。水出庚酉方，为交如不及，犯颜加大寿水，败产乏嗣。初年亦有稍利者，先伤三门。有丁无财，有财无丁。有功名。即失血人亡。福禄寿不齐，全死方消水故也。

10. 壬山丙向、子山午向。水出坤申病方，犯短寡宿水。男人寿短，必出寡居五六人。败产绝嗣，并犯咳嗽、吐痰、痨疾等症。先败三门，次及别门。凡病死二方。消水发凶相似。

11. 壬山丙向、子山午向。水出艮寅方，为旺去冲生，犯虽有财。而何为小儿难养，富而无子，十有九绝。先败长房，次及别门。

12. 壬山丙向、子山午向。右水倒左，从向上丙字出去，不犯午字。犹须百步转栏，合水局胎向胎方出水，谓之出煞。不作冲胎论，主大富大贵，人丁兴旺。但有寿短者，出幼归寡居。若非龙真穴的，则立后不败即绝，不可轻扦。

二、癸山丁向、丑山未向

1. 癸山丁向、丑山未向。右水倒左，出巽巳方，为正养向。名曰：贵人禄马上御街。丁财两旺，功名显达，发福绵远，忠孝贤良。男女高寿，房房皆发。三门九盛，并发女秀。此为地理之中第一吉向。

2. 癸山丁向、丑山未向。左水倒右，出坤方，为木局墓向。书云：丁坤终是万斯箱。发富发贵，人丁大旺，福寿双全。

3. 癸山丁向、丑山未向。水出丙午方，冲破向上禄位，名曰冲禄小黄泉。主穷乏天亡，出寡居。此项曾验过无数坟，有寿高者，有五六弟兄者，有乏嗣者。亦有乞丐者。总之，穷困者居多，发富者甚少。若未字上再有枪刀恶石，出人横暴，争斗好勇。

4. 癸山丁向、丑山未向。水出乙辰方，犯退神。初年发丁不发财，亦无大凶。

5. 癸山丁向、丑山未向。水出甲卯方，初年发丁，久则寿短绝嗣，退败田产。

6. 癸山丁向、丑山未向。水出艮寅方，主退财，小儿难养，男女天亡乏嗣。先败长房，次及别房。

7. 癸山丁向、丑山未向。水出癸丑方，犯退神冠带，不可立向。天亡败绝。

8. 癸山丁向、丑山未向。水出乾亥方，丁财渐衰，日久则绝嗣。

9. 癸山丁向、丑山未向。水出辛戌犯衰，丁财不发。不立向。

10. 癸山丁向、丑山未向。水出庚酉方，为情过而亡。验过旧坟，有初年发富发贵者，亦有不发者。或寿高、或寿短。吉凶相半。久则不利，有丁无财。

11. 癸山丁向、丑山未向。若右水倒左，从向上正丁字流去。名曰：绝水倒冲墓库，或当面直去牵动土牛，又不能百步转栏，立主败绝。书云："丁庚坤上是黄泉。"即指此也。

12. 癸山丁向、丑山未向。丁水来朝左倒右，从穴后壬字天干而去，不犯子字。名曰：禄存流尽佩金鱼。发富发贵，福寿双全。此向此水，平洋多发，山地多败。何也？平洋要坐空朝实，穴后必是低陷，水出壬字。合平洋穴后一尺低，个个儿孙会读书。若丁水来朝，则穴前必是高耸。合平洋明堂高又高，金银积库米陈廒（áo）。山地要坐实朝空，穴后最忌仰瓦地形。若是丁水朝堂，转壬字而出，必是前高后低，合臂风吹透子孙稀。故曰平洋多发，山地多败。凡乙辛丁癸四局向，水出甲庚丙壬者同推。

三、艮山坤向、寅山申向

1. 艮山坤向、寅山申向。右水倒左，出乙辰方，符合三合吊照正生向。旺去迎生，玉带缠腰，金城水法。书云："十四进神家业兴。"主妻贤子孝，五福满门，富贵双全。

2. 艮山坤向、寅山申向。右水倒左，出丁未方，为借库消水自生向。合杨公进神水法，不作冲破养位论。主富贵高寿，人丁大旺，先发小房。

3. 艮山坤向、寅山申向。左水倒右，出庚酉方，为借库消水。合杨公进神水法。书云："禄存流尽佩金鱼。"即此是也。主发富贵，福寿双全。稍差即绝，不可轻用。龙真穴的无妨。

4. 艮山坤向、寅山申向。水出丙午，为冲破胎神。初年有发丁、旺财、高寿者。久则坠胎乏嗣，家道穷苦。

5. 艮山坤向、寅山申向。水出巽巳，名曰过宫水。情过而亢，故主初年有丁有寿。日久不发，穷苦清廉。

6. 艮山坤向、寅山申向。水出甲卯方，为交如不及，短寿败财，不会发旺。

7. 艮山坤向、寅山申向。水出艮寅方，亦为交如不及，主多病败绝。不发。

8. 艮山坤向、寅山申向。水出癸丑方，犯退神临官，不立向。立则非败即绝。

9. 艮山坤向、寅山申向。水出壬子方，犯生来破旺，家贫如洗。初年发丁，久则夭寿不吉。

10. 艮山坤向、寅山申向。水出辛戌方，犯病不立向，退神水法。以向论，又犯冲破冠带。必伤年幼聪明之子，败绝不吉。

11. 艮山坤向、寅山申向。水出乾亥方，冲破向上临官，伤成才之子。乏嗣、夭寿、败财、失血、痨疾，大凶。

12. 艮山坤向、寅山申向。右水长大倒左出坤，不犯申字百步栏，可大富大贵、人丁兴旺。若龙穴稍差既犯败绝，不可轻用。

四、甲山庚向、卯山酉向

1. 甲山庚向、卯山酉向。左水倒右出癸丑为正旺向。名曰：三合联珠贵无价。合杨公救贫进神生来会旺水法。玉带缠腰，金城水法，大富大贵，人丁大旺，忠孝贤良，男女高寿。房房均一，发福绵远。

2. 甲山庚向、卯山酉向。左水倒右出辛戌方，为自旺向。合惟有衰方可去来的杨公救贫进神水法。发富发贵，寿高丁旺，男聪女秀，大吉大利。

3. 甲山庚向、卯山酉向。右水倒左，从丙字沐浴方消水。合禄存流尽佩金鱼。富贵双全，人丁兴旺。虽右边病死，衰水过堂，流至向上。已会合庚酉旺水，归库而去，无妨以水局而论。又有壬子旺水，乾亥临官水，辛戌冠带水，上堂均系合局，故主大发。若稍犯午字巳字，非淫即绝，不可轻扦。

4. 甲山庚向、卯山酉向。水出庚申方，为冲破向上临官，犯杀人大黄泉，必丧成才之子。立主败绝，官司卖产。并犯软脚、风瘫、痨疾、吐血杂症。先伤二门，次及别门。无一家不败者。

5. 甲山庚向、卯山酉向。水出丁未方，冲破向上冠带，主伤年幼聪明之子。并损闺中幼妇，退败产业，久则绝嗣。

6. 甲山庚向、卯山酉向。水出乙辰方，为冲破向上养位，主伤小儿。败产绝嗣。犯退神沐浴。不立向。

7. 甲山庚向、卯山酉向。水出甲卯方。为冲破胎神。主坠胎伤人。初年间，有丁财稍利和寿高者，久则无不败绝。

8. 甲山庚向、卯山酉向。水出艮寅名曰过宫水。情过而亢。初年有丁、有寿无财，此为水不归库故也。

9. 甲山庚向、卯山酉向。水出壬子方，为交如不及，犯颜回短命水。天亡败产绝嗣，红血痨疾，多出寡妇。先伤三门。初年间有稍利者，然有丁无财或有财无丁。发功名即天寿，福禄寿不能齐全。

10. 甲山庚向、卯山酉向。水出乾亥病方，犯短命寡宿水，男人寿短，必出寡妇五六人。败产绝嗣，并犯咳嗽、吐痰、失血痨疾等症。先败三门，次及别房。与兑方消水发凶相似。

11. 甲山庚向、卯山酉向。水出巽巳方，犯旺去冲生。虽有财而何为小儿难养。当面无丁，十有九绝。先败长房，次及别门。

12. 甲山庚向、卯山酉向。右水倒左，从向上正庚字出，不犯酉字，百步转栏。又须左水细小，合本局胎向，胎方放水谓之出煞。不作冲胎论，主大富大贵。人丁兴旺但内中间有寿短者，出幼妇寡居。若非龙穴的，葬后不败即绝。不可轻用。

五、乙山辛向、辰山戌向

1. 乙山辛向、辰山戌向。右水倒左，出坤申方，系正养向。名曰贵人禄马上御街。丁财大旺，功名显达，发福绵远，忠孝贤良，男女寿高，房房皆发。三门尤盛，并发女秀。

2. 乙山辛向、辰山戌向。左水倒右，出乾亥方，为火局墓向。书云：辛入乾宫百万庄。即此是也。发福发贵，人丁大旺，福寿双全。

3. 乙山辛向、辰山戌向。水出庚酉方，冲破向上禄位。名曰冲禄小黄泉，主穷乏天亡，出寡居。验过旧坟，间有寿高者，有五六弟兄者，有乏嗣者，亦有为乞丐者。总之，穷困者多，发富者少。若戌字上再有枪刀恶石，出性暴人，习拳棒行凶争斗。

4. 乙山辛向、辰山戌向。水出丁未方，犯退神。初年稍利，发丁不发财，亦不发凶。

5. 乙山辛向、辰山戌向。水出丙午方，初年间有发丁高寿者，久则天亡绝嗣。退败田产，穷苦不终。

6. 乙山辛向、辰山戌向。水出巽巳方，主退财，小儿难养。男女天亡，乏嗣。先败长房，次及别门。

7. 乙山辛向、辰山戌向。水出乙辰方，犯退神冠带。不立向。主天亡败绝，不发。

8. 乙山辛向、辰山戌向。水出艮寅方，丁财日衰，甚则绝嗣。

9. 乙山辛向、辰山戌向。水出丑癸方，犯衰不立向。退神水法，丁财均不旺。

10. 乙山辛向、辰山戌向。水出壬子方，为情退而亡。验过旧坟，间有初年发富发贵者，亦有不发者，或寿高，或寿短，或乏嗣。吉凶参半。

11. 乙山辛向、辰山戌向。左水倒右，出向上正辛字。不犯戌字，又须百步转栏，有发大富大贵者。稍差即绝，不可轻用。

12. 乙山辛向、辰山戌向。须有辛水朝堂，左水倒右。从穴后甲字天干而去，不犯卯字，名曰禄存流尽佩金鱼。大富大贵，福寿双全，人丁亦旺。平洋地发者多，但山地多败绝，不可用。

六、巽山乾向、巳山亥向

1. 巽山乾向、巳山亥向。右水倒左，出丁未方，名三方吊照。正生向合杨公救贫进神水法，旺去迎生，富贵之期骤至。书云："十四进神家业兴。"主妻贤子孝，五福临门，富贵双全，房分均匀。

2. 巽山乾向、巳山亥向。右水倒左，出辛戌方为借库消水。自生向合杨公救贫进神水法，不作冲破养位论。主富贵寿高，人丁大旺，发福悠久。

3. 巽山乾向、巳山亥向。左水倒右，出壬子方，合文库消水，又合杨公救贫进神水法。书云：禄存流尽佩金鱼。主发富贵，福寿双全。

4. 巽山乾向、巳山亥向。水出庚酉方，为冲破胎神。初年间有旺丁、寿高发财者，久则乏嗣、贫苦。有寿必穷，此水不归库故也。

5. 巽山乾向、巳山亥向。水出坤申绝位，为情过而亢。初年发丁，有寿不发财，功名不利。贫而有寿不绝。

6. 巽山乾向、巳山亥向。水出丙午方，为交如不及，短寿、败财，不发。

7. 巽山乾向、巳山亥向。水出巽巳方，名曰生向。交如不及，年久败绝。

8. 巽山乾向、巳山亥向。水出乙辰方，犯十个退神，如鬼灵临官。不立向，立则非败即绝。

9. 巽山乾向、巳山亥向。水出甲卯方，为生来破旺，贫穷。初年发财，久则败绝不利。

10. 巽山乾向、巳山亥向。水出癸丑方，犯病不立向。退神水法。又犯冲破冠带。必伤年幼聪明之子和娇态之妇。

11. 巽山乾向、巳山亥向。水出艮寅方，冲破向上临官，犯黄泉大煞。伤成才之子，乏嗣、夭寿、穷苦，大凶。

12. 巽山乾向、巳山亥向。右水长大倒左，出向上正乾字，不犯亥字，百步转栏。大富大贵，人丁亦旺。若龙穴稍差，即见败绝。不可轻用。

七、丙山壬向、午山子向

1. 丙山壬向、午山子向。左水倒右，出乙辰方，为正旺向。名曰：三合联珠贵无价。杨公救贫进神生来会旺水法。玉带缠腰，金城水法。大富大贵，忠孝贤良，男聪女秀，夫妇齐眉。房房相似，发福绵远。"申子辰坤壬乙，文曲从头出"，即此是也。

2. 丙山壬向、午山子向。左水倒右，出癸丑方，为自旺向。惟有衰方可去求，合杨公救贫进神水法。发富发贵，寿高丁旺。

3. 丙山壬向、午山子向。右水倒左，从庚字沐浴方消水，合禄存流尽佩金鱼。富贵双全，人丁兴旺。若稍犯酉申二字即凶，不可轻用。

4. 丙山壬向、午山子向。水出乾亥方，为冲破向上临官，犯杀人大黄泉，必丧成才之子。立主败绝。官司卖产，并犯软脚、风瘫、痨疾、吐血等症。先伤二门，次及别门，无一不败绝者。

5. 丙山壬向、午山子向。水出辛戌方，犯退神，主伤幼年聪明之子。并损妇少女，退败产业，久则绝嗣，此为冲破向上冠带故也。

6. 丙山壬向、午山子向。水出丁未方，为冲破向上养位。主伤小口，败产绝嗣。犯退神沐浴，不立向。

7. 丙山壬向、午山子向。水出丙午方，为冲破胎神，主坠胎伤人。初年间有丁财稍利寿高者。久则败绝，此名过宫水，有寿必穷。

8. 丙山壬向、午山子向。水出巽巳方，为情退而亢不利功名。太公八十岁遇文王即此局也。初年发丁，有寿不发财。此为水不归库故也。

9. 丙山壬向、午山子向。水出甲卯方，为交如不及，犯颜回短命水。天亡绝嗣，退败产财，多出寡居。先伤三门，内中亦有稍利者，然纵有丁无财。有财无丁，发功名即夭寿。福寿不能相兼，多因吐血痨疾而死。

10. 丙山壬向、午山子向。水出艮寅病方，犯孤辰寡宿水。男人寿短，必出寡妇五六人。败产乏嗣。并犯咳嗽、吐痰、痨疾等症。先伤三门，次及别房。此与死方消水发凶相似。

11. 丙山壬向、午山子向。水出坤申方，犯旺去冲生大煞。虽有财而何为。小儿难养。富而无丁。十有九绝。先败长房。次及别门。

12. 丙山壬向、午山子向。右水倒左，从向上正壬字流出，不犯子字。百步转栏，又须左水细小，合火局胎向胎方去水谓之出煞，不作冲胎而论，主大富大贵，人丁兴旺。内中间有寿短寡居者。若非龙真穴的，则不绝即败。万不可轻用。

八、丁山癸向、未山丑向

1. 丁山癸向、未山丑向。右水倒左，出乾亥方，系正养向，名曰贵人禄马上御街。合进神救贫水法。丁财大旺，功名显达，发福绵远，忠孝贤良，男女寿高。房房皆发，三门尤盛，并发女秀。

2. 丁山癸向、未山丑向。左水倒右，出艮寅方，为金局墓向。书云：癸归艮位发文章。发富发贵，人丁大旺，福寿双全。惟年久，主生风疾。

3. 丁山癸向、未山丑向。水出壬子方，冲破向上禄位。名冲禄小黄泉。主穷乏夭亡，出寡居。验过无数旧坟，间有寿高者有五六弟兄者，有乏嗣者，亦有为乞丐者。总之，穷困者多，发富者少，若丑字上有枪刀恶石，主出性暴恶人，好习拳棒。发丁不发财。

4. 丁山癸向、未山丑向。水出辛戌方，犯退神。初年旺丁不发财，亦不发凶。功名不利，平安有寿。

5. 丁山癸向、未山丑向。水出庚酉方，初年间，有发财发丁寿高者。久则寿短。小产乏嗣。退产败财。

6. 丁山癸向、未山丑向。水出坤申方，主退财不发，小儿难养。男女夭亡乏嗣。先败长房，次及别房。

7. 丁山癸向、未山丑向。水出丁未方，犯退神冠带。不立向。主夭亡败绝。

8. 丁山癸向、未山丑向。水出巽巳方，丁财日衰，甚则绝嗣。

9. 丁山癸向、未山丑向。水出乙辰方，犯衰不立向。退神水法。财丁俱不旺。

10. 丁山癸向、未山丑向。水出甲卯方，为情过而亡。验过无数旧坟，初年间有发富贵者，亦有不发者，或寿高，或寿短乏嗣。吉凶参半。

11. 丁山癸向、未山丑向。左水倒右，出向上正癸字而去。又须百步转栏，有发大富大贵者。但有稍差即绝，不可轻用。

12. 丁山癸向、未山丑向。癸山朝堂，左水倒右，从穴后丙字天干而去，不犯午字。名曰禄存流尽佩金鱼。大富大贵，福寿双全。验过无数旧坟，平洋地准发，山地败绝。不可轻用。

九、坤山艮向、申山寅向

1. 坤山艮向、申山寅向。右水倒左，出辛戌方，为正生向。合旺去迎生救贫水法，玉带缠腰，金城水法。书云："十四进神家业兴。"主妻贤子孝，五福满堂，福寿双全，门门皆发。

2. 坤山艮向、申山寅向。右水倒左，出癸丑方，为借库消水自生向。合杨公救贫进神水法，不作冲破养位论。主富贵寿高，人丁大旺。先发小房，若龙砂好，亦有先后发长房者。

3. 坤山艮向、申山寅向。左水倒右，出甲卯方，合文库消水，杨公救贫进神水法。书云："禄存流尽佩金鱼。"主发富贵，福寿双全。

4. 坤山艮向、申山寅向。水出壬子方，为冲破胎神，初年间有丁旺发财寿高者，久则坠胎。乏嗣贫苦，有寿必穷水不归库故也。

5. 坤山艮向、申山寅向。水出乾亥方，为情过而亢。初年发丁不发财，寿高贫苦，功名不利。

6. 坤山艮向、申山寅向。水出庚酉方，为交如不及，短寿败财不吉。

7. 坤山艮向、申山寅向。水出坤申方，犯生向交加如不及，多主败绝。

8. 坤山艮向、申山寅向。水出丁未方，犯十个退神。如鬼灵临官。不立向，非败即绝。

9. 坤山艮向、申山寅向。水出丙午方，为生有破旺，主穷乏。初年发丁，久则败绝。

10. 坤山艮向、申山寅向。水出乙辰方，犯病不立向。退神水法，又犯冲冠破带。必伤年幼聪明之子和贞节之女。

11. 坤山艮向、申山寅向。水出巽巳方，为冲破向上临官，伤成才之子。夭寿乏嗣。

12. 坤山艮向、申山寅向。右水长大倒左，出艮不犯寅字。百步转栏，大富大贵，人丁亦旺。若龙穴稍差，即见败绝。不可轻用。

十、庚山甲向、酉山卯向

1. 庚山甲向、酉山卯向。左水倒右，出丁未方，为正旺向，名三合联珠贵无价。合杨公救贫进神生来会旺水法。玉带缠腰金城水法，大富大贵，忠孝贤良，男女高寿，房房相似，发福绵远。书云："亥卯未乾甲丁，贪狼一路行。"即此向也。

2. 庚山甲向、酉山卯向。左水倒右，出乙辰方，为自旺向。合惟有衰方可去来。杨公救贫进神水法。发富发贵，寿高丁旺。若艮水来朝，合三吉六秀向水法。

3. 庚山甲向、酉山卯向。右水倒左，从壬字沐浴方消水，合禄存流尽佩金鱼，富贵双全，人丁兴旺。若稍犯子字亥字大凶，不可乱用。

4. 庚山甲向、酉山卯向。水出艮寅方，为冲破向上临官，犯杀人大黄泉。必丧成才之子。立主败绝，官司卖产。并犯软脚、风瘫、痨疾、吐血等症。先伤三门，次及别房，大凶。

5. 庚山甲向、酉山卯向。水出癸丑方，冲破向上冠带，犯退神。主伤年幼聪明之子，并闺中幼妇少女。退败产业，久则绝嗣。

6. 庚山甲向、酉山卯向。水出辛戌方，为冲破向上养位。主伤小口，败产绝嗣。犯退神沐浴。不立向。

7. 庚山甲向、酉山卯向。水出庚酉方，为冲破胎神。主坠胎伤人，初年间有丁财稍利者。久别败绝。此过宫水，有寿无财，小房更不利。

8. 庚山甲向、酉山卯向。水出坤申方，为情过而亢。功名不利，人多有寿，发丁无财。水不归库故也。

9. 庚山甲向、酉山卯向。水出丙午方，为交如不及，犯颜回短命水，天亡绝嗣。退财产业，多出寡居。先伤三门。此向有丁无财，有财无丁。发功名即天亡，福禄寿不能相兼，年久败绝。

10. 庚山甲向、酉山卯向。水出巽巳方，犯短命寡宿水。男人短寿，多出寡妇。败产乏嗣，并犯咳嗽、吐痰、痨疾等症。先伤三门，次及别房。

11. 庚山甲向、酉山卯向。水出乾亥方，为旺去冲生。虽有财而何为，小儿难养，富而无丁，十有九绝。先败长房，次及别房。

12. 庚山甲向、酉山卯向。右水长大倒左，从向上正申字出。不犯卯字流去。百步转栏。合金局胎向胎方去水。谓之出煞，不作冲胎论。主大富大贵。人丁兴旺。但丙中间有寿短寡居。若非龙真穴的。不败即绝。不可轻用。

十一、辛山乙向、戌山辰向

1. 辛山乙向、戌山辰向。右水倒左，出艮寅方，系正养向。名曰贵人禄马上御街。丁财大旺，功名显达，发福绵远，忠孝贤良，男女寿高。房房皆发，三门尤盛，并发女秀。

2. 辛山乙向、戌山辰向。左水倒右，出巽巳方，为水局墓向。书云："乙向巽流清富贵。"是也。发富发贵，人丁大旺，福寿双全。

3. 辛山乙向、戌山辰向。水出甲卯方，冲破向上禄位，名为冲禄小黄泉，主穷乏夭亡，出寡居。验过无数旧坟，有寿高者有五六弟兄者，有乏嗣者，亦有为乞丐者。总之，穷困者多，发富者少。若辰字上有枪刀恶石，出横暴之人，好争斗行凶。

4. 辛山乙向、戌山辰向。水出癸丑方，犯退神。初年发丁有寿，不发财亦不发凶。

5. 辛山乙向、戌山辰向。水出壬子方，初年间有发丁，久则寿短。小产乏嗣，败产不吉。

6. 辛山乙向、戌山辰向。水出乾亥方，主退财不发。小儿难养，男女夭亡乏嗣。先败长房，次及别房。

7. 辛山乙向、戌山辰向。水出辛戌方，犯退冠带不立向。主夭亡败嗣，凶。

8. 辛山乙向、戌山辰向。水出坤申方，丁败日衰，甚而绝嗣。

9. 辛山乙向、戌山辰向。水出丁未方，犯衰不立向，财丁不利。

10. 辛山乙向、戌山辰向。水出丙午方，为情过而亡。验过旧坟，间有初年发富者，或寿高，或短寿，或乏嗣，吉凶参半.

11. 辛山乙向、戌山辰向。左水倒右，从向上乙字出去不犯辰字，又须百步转栏，主发富贵。但稍差即绝，不可轻用。

12. 辛山乙向、戌山辰向。乙水朝堂，左水倒右，从穴后庚字天干而去，不犯酉字。名曰禄存流尽佩金鱼。大富大贵，福寿双全。此向用于平洋发福，山地则败绝。

十二、乾山巽向、亥山巳向

1. 乾山巽向、亥山巳向。右水倒左，出癸丑方，为正生向。合旺去迎生的救贫水法。玉带缠腰，金城水法。书云："十四进神家业兴。"主妻贤子孝，五福满堂，富贵双全，门门皆发。

2. 乾山巽向、亥山巳向。右水倒左，出乙辰方，为借库消水自生向。合杨公救贫进神水法，不作冲破养位论。主富贵寿高，人丁大旺。先发小房，若龙砂好，亦有先发长房者。

3. 乾山巽向、亥山巳向。左水倒右，出丙午方，合文库消水。杨公救贫进神水法。书云："禄存流尽佩金鱼。"主发富贵，福寿双全。少差即绝，不可轻用。

4. 乾山巽向、亥山巳向。水出甲卯方，为冲破胎神。初年间有丁财稍利寿高者，久则坠胎乏嗣。贫苦。水不归库故也。

5. 乾山巽向、亥山巳向。水出艮寅方，为情过而亢。初年发丁，有寿不发财，功名不利。

6. 乾山巽向、亥山巳向。水出壬子方，为交如不及。短寿败财。

7. 乾山巽向、亥山巳向。水出乾亥方，亦为交如不及。多主败绝。

8. 乾山巽向、亥山巳向。水出辛戌方，犯十个退神。如鬼灵临官，不立向。非败即绝。

9. 乾山巽向、亥山巳向。水出庚酉方，为生来破旺主穷苦。初年发丁，久则败绝。

10. 乾山巽向、亥山巳向。水出丁未方，犯病不立向，退神水法。又犯冠带，必伤年幼聪明之子和娇态妇女。

11. 乾山巽向、亥山巳向。水出坤申方，为冲破向上临官，伤成才之子。夭寿乏嗣，贫苦不利。

12. 乾山巽向、亥山巳向。右水长大倒左，出巽不犯巳字又百步转栏，大富大贵，人丁大旺，男女寿高。倘龙穴稍差，即犯败绝。不可轻用。

第九节　黄泉煞水的断法

黄泉也称九泉，是指死者灵魂寄居的地方，一般是指坟墓。命归黄泉是指人死了以后，其灵魂归宿于黄泉之下。在人们的心目中，黄泉是个凶名词，三合家就借此把水法中的精华部分比喻为"黄泉水"，并十分重视黄泉水法，将黄泉水标示在三合风水罗盘的最前面，以方便风水师为人家造葬时容易识黄泉水路。黄泉盘如下：

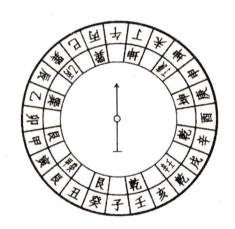

一般来说，黄泉水即指不合生、旺、墓之局的水，对人的利害关系很大。从种类上来分，黄泉水分为四路黄泉、八煞黄泉等；从利害上来分，黄泉水分为救贫黄泉和杀人黄泉。如立甲庚丙壬向和子午卯酉向，水神从向上禄位乾坤艮巽方到堂，为救贫黄泉，主少年登科。但，如水神从向上禄位乾坤艮巽方流去，为流破向上官禄位，即称为杀人黄泉，主损人口。救贫黄泉和杀人黄泉所应验的吉凶祸福差距很大，凡立坟宅，都应慎而又慎。

立向，要把水拨在乙辛丁癸上。

下面分析黄泉水的杀人和救贫性质。

一、杀人黄泉

1. 口诀：

庚丁坤上是黄泉；乙丙须防巽水先；

甲癸向上休见艮；辛壬水路怕当乾；

坤向庚丁切莫言；巽向忌行乙丙上；

艮逢甲癸祸连连；乾向辛壬祸亦然。

2. 运用法则与注解：

（1）法则：

①凡立旺向，最忌水自临官位流出。

②凡立衰向，最忌水自帝旺位流出。

（2）注解：

①庚、丁二向见坤水为黄泉煞水

立庚向，庚酉合为双山，为巳酉丑金局旺向：庚金长生在巳，顺行。立庚旺向，坤水来是临官水到堂。经云："庚向水朝流入坤，管教此地出英贤。"如果水从坤上流去，就是流破官禄位，主少亡、败绝，故为黄泉煞，大凶。

立丁向，丁未合为双山，为亥卯未木局墓向：丁火长生在酉，逆行。立丁墓向，坤水来是沐浴水到堂。沐浴水来为桃花水，沐浴水流去为桃花煞水，故为黄泉煞，大凶。

从罗盘上看，立庚向或丁向，坤位有水流去，即为黄泉煞；同理，立坤向，而庚、丁二方有水流去也为黄泉煞。因坤向见丁水犯破军，见庚水犯廉贞。破军星主赌博、官司、刀伤、车祸；廉贞主火灾、偷盗、体弱多病，两者相遇，灾祸光临。

②乙、丙二向见巽水为黄泉煞水

立丙向，丙午合为双山，为寅午戌火局旺向：丙火长生在寅，顺行。立丙旺向，巽水来是临官水到堂。经云："丙向水朝流入巽，儿孙世代有官禄。"如果水从巽位流去，是为流破官禄位，主少亡败绝，故为黄泉煞，大凶。

立乙向，乙辰合为双山，为申子辰水局墓向：乙木长生在午，逆行。立乙墓向，巽水来是沐浴水到堂。沐浴水来为桃花水，沐浴水流去为桃花煞，故为黄泉煞，大凶。

立乙向或丙向，巽位上见去水即为黄泉水；同理，立巽向见乙、丙二方有水流去也是黄泉煞水。乙向见巽水犯禄存，禄存为祸害星，主败家、官非、仇杀。

③甲、癸二向见艮水为黄泉煞水

立甲向，甲卯合为双山，为亥卯未木局旺向：甲木长生在亥，顺行。立甲旺向，艮水来是临官水到堂，为吉。经云："甲向朝来入艮流，管教此地出公侯。"如果水从艮位流去，就是流破官禄位，主少亡、败绝，故为黄泉煞，大凶。

立癸向，癸丑合为双山，为巳酉丑金局墓向：癸水长生在卯，逆行。立癸墓向，忌穴前左水倒右出艮位。艮水来是沐浴水到堂，沐浴水来为桃花水，沐浴水流去为桃花煞，故为黄泉煞，大凶。

立甲向或癸向，艮位上见去水，即为黄泉煞水；同理，立艮向，见甲、癸二方有水流去，也为黄泉煞。因艮向见癸水犯禄存，主败家、官司、懒惰。

④辛、壬二向见乾水为黄泉煞水

立壬向，壬子合为双山，为申子辰水局旺向：壬水长生在申，顺行。乾水来是临官水到堂，为吉。经云："壬向水朝流入乾，儿孙金榜姓名传。"如果水在乾上流去，为流破官禄位，主少亡、败绝，故为黄泉煞，大凶。

立辛向，辛戌合为双山，为寅午戌火局墓向：辛金长生在子，逆行。立辛墓向，忌穴前左水倒右出乾位。乾水来是沐浴水到堂，沐浴水来为桃花水，沐浴水流去为桃花煞，故为黄泉煞，大凶。

立辛向或壬向，乾位上见出水，即为黄泉煞；同理，立乾向，见辛、壬二方有水流去，也为黄泉煞。因乾向见辛水犯廉贞，廉贞星主瘟血而死，又主吐血而亡。

以上几句是以向上看水的来去定黄泉。黄泉方的水宜来不宜去，来水则吉，去水则凶。例如，"庚丁坤上是黄泉"，是说明庚向或丁向的阴阳宅，见坤方有水朝来是吉水，如坤方的水直流而去，则犯了黄泉大煞。无论是阴宅还是阳宅，只要立庚向的，黄泉方不宜有水流出。因为，庚金是阳，庚金长生在巳，从巳上起长生、沐浴在午、冠带在未、临官在申。申与坤同宫，见坤位有水直去就是黄泉水。黄泉煞方不仅不宜有水流出，也忌有墙角、破山头、高压电杆等冲射之物，否则逢太岁飞临、冲合或五黄飞到之年必见凶祸，年轻男子受害严重。如果是立丁向，丁火属阴，丁火长生在酉，从酉位上起长生逆数，沐浴在申，申与坤同宫，故坤方有水流出就是黄泉水。此黄泉方不宜有水流出，也忌有墙角、破山头、电台、电视塔、高压电杆等冲射之物，否则逢太岁飞临、冲合或五黄飞临之年必见凶祸。因为现代科学已经证明：高压电塔（高压电杆）、电台、电视塔旁边都有较强的电磁波。如果人长期居住在这些事物临近的地方，就会使人的神经系统和免疫功能受到电磁波的破坏，容易引发多种严重的疾病。因此最好不要居住在这种地方。"乙丙须防巽水先"，是说明乙向或丙向的阴阳宅，见巽方有水流出，为犯黄泉大煞。后面两句"甲癸向中休见艮""辛壬水路怕当乾"说明的意思相同。黄泉方忌流出、流破，不只用于论水，也论门路，宜来不宜出。

坤向见庚、丁二水为黄泉煞水；巽向见乙、丙二水为黄泉煞水；

艮向见甲、癸二水为黄泉煞水；乾向见辛、壬二水为黄泉煞水。

　　黄泉水法的学理来自长生、沐浴、冠带、临官、帝旺、衰、病、死、墓、绝、胎、养十二长生宫，即以阳干的"临官"和阴干的"沐浴"为黄泉水。运算方法不是以坐山来确定的，而是从向上起长生，遇到临官或沐浴方有去水，即是黄泉水。但在操作中要注意：阳向顺起长生，阴向则逆起长生；二十四山中，八干（甲乙丙丁庚辛壬癸）和四维（乾坤艮巽），十二位上有黄泉，十二地支（子丑寅卯辰巳午未申酉戌亥）向上没有黄泉。

二、救贫黄泉

1. 口诀：

> 辛入乾宫百万庄，癸归艮位焕文章；
> 乙向巽流清富贵，丁坤终是万斯箱。

2. 注解：

　　辛向见乾水，财源滚滚，家积钱财百万贯。经云："辛入乾宫百万庄。"如立辛向，右水倒左，水从乾方流入明堂而出未坤方为吉断，螽斯千古、富贵双全。

　　癸向见艮水，家中文昌大旺，子女头脑灵活，读书聪明。"癸归艮位发文章"，立癸墓向，如有水从艮位流入明堂，后代儿孙读书聪明，金榜题名。如果水出癸位而错立癸向，为艮水来犯，金局墓绝水上堂，故为黄泉，大凶。

　　乙向见巽水去，家中富贵显达，后代会富贵双全。

　　丁向见坤水去，家庭有余粮，节俭可以致富，小康转大康。

第十节　三合理气在阴宅风水上的运用

　　阳宅是指人们居住的房屋；阴宅是指埋葬死者的坟墓。阳宅以屋后为坐山，以宅前门户为朝向；阴宅是以死者头颅一端为坐山，以脚部所指一端为朝向，且用墓碑作为朝向的标记。

　　从风水基本原理的应用上来看，阴阳宅的运用法则是大致相同的，两者都是以坐山朝向作为中轴线来划分左右和阴阳，又为收山出煞的重要依据。

　　中国人很重视阴阳宅风水，认为只要在聚山川灵气的地方建造住宅和安葬祖先的骸骨，就能吸纳大自然的生气，使子孙兴旺，世世代代升官发财；若在山头破碎，水质污浊，死气漫延的地方居住或安葬祖先的骸骨，则会使子孙后代贫穷而败绝。

　　在长期的阴宅风水实践中，已经得到证明，把先人的骸骨安葬在一个聚集山川灵气的地方，可以使骸骨乘以生气，荫及有骨肉血脉关系的子孙后代。人死了以后，骸骨是否能够得山川之灵气，这是风水学中一个极为抽象的问题，但是对死者遗体的处理是一个实际而具体的问题。由于世界各地方的民情风俗不同，安葬死者的仪式也各不相同。据有关资料记载，自人类进入石器时代起，安葬祖先（死者）的方式归纳起来就有水葬、土葬、火葬、林葬等，现代又出现水火并葬的方式。水葬，是把死者的遗体放在江河上面任其漂流；土葬，是把死者的遗体埋藏于土壤里；火葬，是把死者的遗体用火烧化；林葬，是把死者的遗体吊在山林中的大树上作为鸟兽的食物；水火并葬，是先把死者的遗体用火烧化，然后用飞机把骨灰运到大海上空撒于海水里。

　　虽然世界各地安葬祖先的方法不同，但是由于风水思潮的影响，从古代起我国就存在"死者入土为安"的思想观念。中华人民共和国成立后，党和政府实行破旧立新、移风易俗的政策，号召广大人民群众不可占用大面积耕地来建造坟墓，指导人们使用火葬的方式，将死者尸体焚化后装入骨灰盒存放于殡仪馆里，或将骨灰盒深埋入土壤里，不要培土添坟。这是一种利国利民、有益无害的好办法，已在我国民间使用了几十年了。现在，我国已普遍实行火葬的方式，人们对于火葬已经形成了习惯，但是从风水学的角度来看，无论尸体葬还是骨灰葬，凡是埋入土壤里，都要注意穴地的选择。只有选择吉利地穴安葬死者尸体或骨灰，才能收到地灵人杰之效果。

勘察阴宅，主要是寻找龙脉和察看明堂是否聚气、龙虎护卫是否周密、朝案是否呼应、穴地的生气是否凝聚。只要掌握这四个大方面，阴宅风水的奥秘就可迎刃而解。无论是立新坟墓还是勘查旧坟墓的吉凶，应于未定朝向之前，站在穴位上放眼向前后左右的形势，前面要有案山、朝山，后面要有靠山，左边有青龙砂，右边有白虎砂，而且龙虎砂要相抱有情。

下面，对建造阴宅风水的重要性分几个步骤进行论述：

一、寻龙与点穴

在风水学的理论结构中，有许多地方都附会着儒家的伦理观念。比如在寻龙脉时，要由远到近、由高到低，依次寻找太祖山、少祖山、父母山、一直寻到结正穴处。

1. 寻龙点穴的四个原则

阴宅风水很讲究择地安葬。《葬经》曰："葬者，乘生气也。"就是说，要立坟安葬死者遗骸，必须选择在有生气的土地上。

选地四个准则：一要龙真，二要穴的，三要砂环，四要水抱。

中国风水学是以这四个原则来论定大地中生气凝聚之处的，无论是山地还是平原地区，只要依着这四大准则，就可寻找到生气凝聚的风水佳穴。若在山区寻龙选穴，凡见山脉蜿蜒起伏的形态，即可判定山脉中必定有气流凝聚的地点；若在平洋地区寻龙选穴，因平洋地区属于没有山龙又没有河川的平原地形，不能与山区寻龙的做法相提并论，要以"高一寸为山，低一寸为水"的原则，把寻龙与寻找河流一样看待，同样可以寻找到真龙真穴。

龙真，就是蕴藏着生气的龙脉，有生气的龙脉是蜿蜒起伏的形态，这种蜿蜒起伏的形态是生气在运行流动而形成的。穴的本源是龙脉，是生气的凝聚地点，只有循着生气流动而形成的山脉，才能找到生气凝聚地点——穴位。真龙易寻，真穴难求。来龙去脉很容易确定，但在茫茫的龙山中准确地测出一块真穴地，是一件比较困难的事情。

穴的，是指生气凝聚于龙脉上的正确位置。"的"是指目标，也就是指生气的汇集点。只有准确地测出生气凝结的穴位，才能称为穴的。若要做到穴的，就必须有龙真，没有龙真就不存在穴的。因此，虽然看见山脉气势磅礴秀美，但不一定有生气凝聚的吉穴，这就要靠观察山脉的形势了。如果山脉气势磅礴秀美，而且结穴之处山环水抱，使生气聚而不散，那么结出的穴肯定是吉穴；如果山脉气势磅礴秀美，但结穴的地方砂飞水走，使生气遗散不聚，那么这样的穴地不能用。如果来龙在某地结穴，要看穴地四周附近的砂水形势，是砂环水抱还是砂飞水走。若是砂环水抱，则此地可用；若是砂飞水走，则此地不可用。

砂环，就是指穴地周围（穴地前后左右）近处的砂山或高大建筑物，呈现有情环抱的姿态，使凝聚的生气不被风吹散。《葬经》曰："气乘风则散。"也就是说吉穴必须有情环抱，才能藏风聚气，使生气不被大风吹走。说明人居住的地方必须有砂环，才能使居住者受生气的荫泽，所以砂环是人类居住环境的首要条件。

水抱，是指穴地周围（穴地前后左右）近处的河流、小溪或沟渠等，在穴地前面呈现弯环曲抱的态势流过，像玉带似的抱住穴地，或是弯曲的流水在穴前聚集，形成弯环抱穴，使穴前凝聚的生气不至于被外风吹散。这样的地理形势，称为水抱。《葬经》曰："风水之法，得水者为上。"也就是说吉穴必须有情环抱，才能藏风聚气，使生气聚集于穴地前面。

总而言之，要寻找一块吉利的穴地，首先要入山寻找龙脉，用几天或几个月时间，在茫茫群山之中找出生气旺盛的山脉。然后，再顺着这条有生气的山脉走势去寻找山脉止息的地点，最后确定生气凝结的穴位，因为山脉的止息处往往就是生气凝聚的地点。当找到山脉的止息地点后，还要察看一番附近砂水分布的形势如何，是砂环水抱，还是砂飞水走。若是砂环水抱，那么该地附近必有佳穴可用；若是砂飞水走，那么该地附近没有生气凝聚的穴位，不必要在这块地上动脑筋了。如果山脉止息处是砂环水抱的形势，那么这里必是生气凝聚的龙脉结穴之地，即可将罗盘放在穴地的中央位置，运用三合水法的原理来分析周围砂水的吉凶情况，然后确定墓穴的正确山向，这就是寻龙点穴的初步阶段。

俗话说"千里来龙一向间""没有绝人之山水，但有绝人之向"，立向是风水操作中最为重要的事情。风水师点穴立向绝对不能有丝毫的马虎大意，一旦出了毫厘之差错，就会谬之万里，弄不好将会使前功尽弃。

2. 寻龙点穴的步骤与方法

在寻龙时，应寻根溯源，先从太祖山起源处看起，逐次寻其少祖山、又从少祖山寻至父母山，再从父母山直至龙脉入首之处。若想寻找一块吉利的风水穴地，就要从山脉源头开始寻根求源，因为龙有真假之分，穴位既有真龙结穴，又有假龙结穴。若把先祖的遗体葬于真龙穴位，就能使子孙后代受福荫，家庭生活和事业均可称心如意。若把先祖的遗体葬于假龙穴位，就会使子孙后代蒙受贫贱和灾祸之苦。

（1）太祖山

太祖山，就是指龙脉初发的山势高大的山峰，其山形尖高，山体巍峨壮观，为群山之首。如果站在太祖山的山顶朝着四周观看，就会看到由此山衍生出许多不同走向的山脉。如果太祖山挺拔雄伟，山体丰漫圆润，从远处看去好像一座龙阁宝殿，而从此伸展出去的群山像护卫一样簇拥着，巍峨壮观，那么这座太祖山属于龙身昂贵、气势不凡的山脉。自古以来，大富大贵的人大多出生在山清水秀的地方，如果太祖山的龙身显赫，那么从此太祖山分化出去的龙脉肯定有贵气，在其生气凝聚之处安葬祖先遗骸，子孙后代必出达官贵人。

（2）少祖山

少祖山，就是从太祖山延伸出去的山脉中拱起的第一座山峰。少祖山以秀丽饱满、神志气足为吉，以低小孤单为凶。

若要判断龙脉真假，必须从太祖山看起，但太祖山自身内涵之气深藏于山体中，没有显现于外表，很难断定真伪。只有察看延伸出去的内涵之气已经显露的少祖山，才能判断出龙脉真伪。若少祖山的气势特别旺盛，那么山体附近定有吉穴。若是少祖山的山形枯瘦而无气，那么山体附近不仅没有吉穴，还有可能是凶地。

（3）父母山

父母山，就是指龙脉最终的山峰。通常地说，一条山脉从太祖山发起，婉转向前爬行延伸再起少祖山，少祖山向前爬行延伸再起父母山。千里来龙，生气的凝聚处就在父母山下。《葬经》曰："若问何为父母山，山脉尽处砂水环；但见前后相护卫，后代子孙列朝堂。"

父母山是太祖山向前延伸的气脉繁衍生息的最尽头的山岭，穴地是由父母山衍生出来的，所以父母山对穴星的影响特别大。从五行上来说，父母山与穴星相生为吉断，相克以凶断。

（4）穴星

穴星，就是指从太祖山延伸到少祖山，从少祖山又延伸到父母

周易·家居环境入门

山，父母山下生气凝聚之处便是穴星。实际上，穴星是一条山脉的止息之处，是龙脉生气形成的万钧力量的凝聚点，其中的形态千变万化，大致可分为"窝、钳、乳、突"四格。千里来龙结穴与百里来龙结穴是有区别的，来龙越长远，其生气就越强旺，其蕴藏的能量相当大。如果得到了真龙穴位，就可享受万钧力量的生气，使子孙后代发福。如果点错了穴位，就会对子孙后代造成不利的影响。前人说："三年寻龙，十年点穴。"即是说，寻龙并不难学，只需三年时间就可以学会行龙的本领，但点穴就不是那么容易的事了，就是花了十年八年的功夫还是学不好点穴的本领的。点穴的学问比寻龙的学问深奥得多。

其实，阴宅点穴并没有什么神秘的地方，点穴时只要根据穴后来龙的形势，用十二倒杖法即可推定。所谓十二倒杖，就是指顺杖、逆杖、缩杖、缀杖、开杖、穿杖、离杖、对杖、没杖、截杖、头杖及尾杖。例如，顺杖法是指开挖的棺穴（金井）与龙脉形成一条直线，顺着龙脉接纳正气。运用顺杖法可以迎接真龙气脉，子孙后代富贵必长久。开杖法是指龙脉气势非常急猛，往往带有煞气，不宜安葬，开挖的墓穴须稍微向旁边挪移一点。其他方法，当代人很少使用，这里不做介绍。

点穴不仅要重视分析来龙的气势，更要重视来龙所引来的生气停蓄地点。如果穴地附近砂环水抱，特别是穴地的左右有龙虎砂紧紧抱穴，使穴地的生气凝聚不散，那么这必然是最好的穴地。如果穴地附近砂飞水走，左右两边没有龙虎砂护卫，那么这种穴地的生气很容易被风吹散，根本不是吉穴。穴地附近的砂水对穴位的吉凶影响很大，据古籍记载："复宗绝嗣，均因山穷水尽；灭族亡家，多是砂飞水走。"说明山穷水尽与砂飞水走之地皆为凶绝的地方，绝对不可立穴葬坟。

砂飞水走是指穴位前面空旷或凹陷，门户大开，来龙所带来的生气随水流动而散去，这是大凶之地。砂环水抱是指穴位前面左右两边有龙虎砂紧紧抱住，来龙所带来的生气聚集于明堂里，既可藏风又可聚水，这是大吉之地。

二、砂峰

穴地的前后左右蜿蜒突起的，具有一定长度与走向的低矮山峰，称为砂。一般在龙脉结穴处的后面都会有稳固的靠山，左右两旁和前面还有一些低矮的小山拥簇和护卫。

说具体一点，砂是龙脉周围它隶属于龙脉山体，是龙脉的附生物。龙与砂的关系，相当于人世间君与臣的关系。龙为君，砂为臣；龙处君位必居上，臣为臣子必在下，且有垂头俯伏、罗列呈祥之象，远则为罗城砂，近则为案砂，横于水口则为水口砂。只有龙脉不能成为吉祥之地，龙脉周围必须有砂来拱卫、护送和充当屏障，保卫穴场和水口，才能使宅地聚纳生气。考察吉祥地点，除了分析龙脉外，还要注意察看穴地四周环绕的低矮砂山。因为穴地周围砂峰的位置、形态以及它们组成的格局，是风水信息质量好坏的重要标志，阴宅的砂峰对子孙后代的寿命、贫富、贵贱都能产生深远的影响。砂峰的形体一般要求端正、庄严、显赫，尖齐高耸，高圆秀丽，草木郁茂。

砂法中最典型的是"四神砂"。四神砂是位于吉祥穴地前后左右四个方向的小砂山，即位于穴地左边的青龙砂、位于穴地右边的白虎砂、位于穴地前方的朱雀砂（朱雀砂有远近之分，近者叫作案山，远者叫作朝山）、位于穴地后面的玄武砂（坐后主山下面的小山丘）。四神方位各有其吉祥特点：玄武要垂头，朱雀要翔舞，青龙要蜿蜒，白虎要训服（低头）。四个方位的砂组成的是一个吉祥模式，即玄武砂的靠山，象征稳如泰山；左边青龙砂向内弯曲蜿蜒相护；右边白虎砂低头向外蹲踞；前方朱雀砂秀丽翔舞，且有屈曲弯环的流水朝来照应。从外形上看，这样的宅地就像一把"太师椅"，后面有靠山，左右的龙虎砂作为扶手，四平八稳，充满生气。

三、明堂吉凶

有一句风水行话："入山观水口，登穴看明堂。"什么叫水口？什么叫明堂？水口是指水流进入和流山明堂的地方，也就是进水口和出水口；明堂是指穴前的一块空地，明堂有内明堂和外明堂之分。位于墓穴前面的空地称为内明堂，位于内明堂外面的空地称为外明堂。

内明堂前必须有关拦，才可以藏风聚气。倘若内明堂的前面没有关拦，那么生气无法凝聚，不能成为吉穴。内明堂不宜太宽太阔，否则旷荡而生气不聚。外明堂则要宽阔，且越宽越好，倘若外明堂狭窄，那么格局不大，一般只是小吉形局。无论是内明堂还是外明堂，都以平整、团聚为上吉。

判断穴地的吉凶，明堂是关键的一环。现将几种不同的明堂详列如下：

1. 交锁明堂：是指穴地前面明堂周围的低矮砂山，犹如交错的齿轮一样层层锁住，使明堂里凝聚的生气不至于被风吹散。

2. 融聚明堂：指穴地前面的明堂低凹，犹如掌心或锅底，使穴前众水聚于低凹之处。

3. 大会明堂：是指穴地前面的明堂有众水聚集，有八方前来进贡、朝拜的气势。

4. 冲射明堂：是指穴地前面，有飞砂或流水直接向着明堂冲来。

5. 倾斜明堂：是指穴地前面的明堂里有斜坡或斜砂，出现流水直冲和水面分布不均匀的情况。

6. 旷荡明堂：是指穴地前面一片空荡，全无关闭，关不住生气。

四、左青龙与右白虎

左青龙右白虎，是指墓穴朝向前方两边的砂山。左边的砂山称为青龙山，右边的砂山称为白虎山。青龙白虎是墓穴两边的护卫，保护凝聚在穴前的生气不被外风吹散。

龙虎山分为内龙虎山和外龙虎山两种：1. 内龙虎山，是指穴地本身的山脉两边伸展出去的低砂，像人的两只膀臂一样抱住墓穴；2. 外龙虎山，是指穴地本身的山脉没有左膀右臂伸展出去，而是由穴地外面左右的砂山伸展出来环抱墓穴。

内龙虎山与外龙虎山两者相比较，内龙虎山较好，外龙虎山不如内龙虎山力量大。因为内龙虎山接近穴位，抱穴有力，用之大吉。墓穴两边不一定都是龙虎山齐备的，有的墓穴只有右边白虎山，有的墓穴只有左边青龙山。若墓穴只有左边青龙山，则称为左单提。若墓穴只有右边白虎山，则称为右单提。无论是左单提还是右单提，都是墓穴存在的一种缺陷，使用这种穴地时要特别注意。若是右单提，那么局中的水必须从墓穴的左方流来，才能形成右边白虎抱住左边青龙流水的格局，这叫作抱水兜勒，这种格局不但不凶反而大吉。若是左单提，那么局中的水必须从墓穴的右方流来，才能形成左边青龙山关锁住右边来水的格局，这种格局也为大吉。

假若青龙砂已遭破坏，或白虎砂过于高大，都为凶象。青龙和白虎的相应要求是：宁可青龙高万丈，不让白虎抬寸头。若白虎砂过于高大或细长，压过青龙砂，称为虎欺龙或称为白虎探头。

青龙要高大且长条，白虎要低矮且细小，但是高低长短也要相适宜，龙虎过长或过短都不好。龙虎相抱要有情，不能抱得太过，若青龙过长抱虎太过，则称为青龙钻怀；若白虎过长抱龙太过，则称为白虎捶胸的大凶之象。

五、案山与朝山的区别

明堂前面较近穴场而低小的砂山称为案山，距离穴场较远而高大的砂山称为朝山。

案山的主要作用是兜住墓穴前面凝聚的生气，阻止墓穴的内气外流，而且可以挡住案前水流的冲射。案山，通常被称为门前护卫，无论墓穴前面有何种形状的砂水冲射，只要有案山护穴，都可保住墓穴风水平安无事。朝山与案山作用是呼应穴星。穴星是主，朝山是宾，有主有宾，宾客有情前来朝拜穴主，必为大吉之地。若有主无宾，穴星孤怜，格局不清，即使结穴也只为区区小地。

在山区择地造坟，由于山区的龙脉显露，案山与朝山都很容易识别。但是，若在平原地带择地造坟，由于平原地带为没有山龙之地，案山及朝山都很难取用。风水之道贵在变通，面对一片无山没水的平原，可以根据雨后地面积水的流向辨别地势的高低，依照古人所说的"高一寸为山，低一寸为水"作为勘察地势的基本原则，把穴地前面较高的地势或树木视为朝案，把略低一点的地势视为流水。

六、流水的吉局与凶局

1. 四大吉局

（1）环抱有情水：是指穴前有水环抱，使穴地的生气凝聚而不散泄。真龙结穴，前面必有环抱的水势，此为真穴。

（2）眷顾有情水：是指穴前的水湾环绕曲折，好像与穴地有恋恋不舍之情，不想离去。这种水，可使生气凝聚。若穴前弧形内抱的流水或弯曲迂回之水，则都为真穴地。

（3）聚堂水：是指穴前明堂聚集的水，此乃大吉之水。

（4）腰带水：是指穴前的水流好像玉带揽腰一样绕着穴地。穴前有腰带水，为大吉之水，此穴地为真龙结穴。

2. 四大凶局

（1）反背水——是指穴前直来直去的水。此水对穴地毫无留恋之情，若埋葬祖先遗骸，则后代必出背信忘义之人。

（2）冲心水——是指穴前直冲明堂的水。

（3）反跳水——是指穴前成弓背形状的水。这种水与腰带水恰好相反，腰带水抱穴有情，反跳水却反背无情。

（4）射胁水——是指穴位的两旁直射两胁的水。此水为大凶之水。

七、真龙与假龙的分辨法

鉴别龙脉的真假，主要从下面五个方面进行：

1. 分辨太祖山和少祖山的贵贱。若太祖山和少祖山上有红紫相间的云雾气象，此为贵气显，则为真龙；若太祖山和少祖山破碎不堪或歪斜或粗恶难看，则为假龙。

2. 察看龙脉剥换是有情还是无情。山脉向前延伸舒展时的高低起伏婉转曲折的形态，或山形秀丽，或山形丑恶，称为龙的剥换。若山形秀丽，则为真龙；若山形丑恶，则为假龙。

3. 察看山脉过峡的情况。过峡山脉是指龙脉运行中所形成蜂腰或鹤膝的形态，一般是指太祖山到少祖山或少祖山到父母山之间连接的山脉。经曰："过峡短小且周密，葬后定出栋梁材。"若过峡的山脉越短小、越紧束、越周密，后面结的穴位就越好。若龙脉的形态如蜂腰、鹤膝，生动活泼，则为真龙；若龙脉的形态粗大、僵直，则为假龙。

4. 行走中的真龙脉，两边都会有众多有条有理的砂山护送；假龙脉两边的砂山较为杂乱，或有头无尾，或象猪拱鼠窜。行龙两边有护从最好，护送砂越多福禄越绵长。

5. 站在较高的地方，从远处观看山脉的形态，若是龙脉婉转起伏有势且雄壮透气，此是真正的贵龙；若龙脉的形态萎靡不振，好像拖泥带水，此为贱龙。

要鉴别龙脉的真假，最好进入山地里亲身去体验一下，不能只从书本上去了解，否则到真正运用时心里就会糊涂。真正吉利的穴地，大多数结在山龙尽头气脉止息之处，或者在山岭的半山腰上结穴，但不会在山岭的巅峰之上结穴的。在山龙尽头接近平地处结穴，称为低穴；在山岭的半山腰上结穴，称为高穴。无论生气凝聚在山地或是平原，龙脉是结低穴还是结高穴，主要看生气凝聚处的高低来确定穴位的。比如在山地里有一块平坦地形，左边有青龙护卫，右边有白虎环抱，前面有明堂凝聚水气，穴位前面又有朝案相呼应，可以判断生气就聚集在这里，无论地势高低皆可作为穴位。在实践运用中发现，佳穴大多在山地尽头与平原地带的接脉处。

八、平原寻龙的特殊性

平原地带没有山脉，不用寻找山龙，以水为龙是玄机。《水龙经》云："平洋之地莫问宗，只看水绕是真龙。"

《水龙经》一书专门论述水与龙的辨别方法，强调水流要弯环忌直流。弯环曲折之水为上吉，直来直去之水为大凶。平洋之地以水为龙，真龙以玄武之水为龙身，大多数在聚水环绕之处结穴，水流直冲气散之处不结龙穴。意思是：真龙结穴大都落在水龙弯绕之处，无水环绕之处没有真穴。水龙环绕穴地，才是有情之地，在这样的地方埋葬祖先的遗骸，后代儿孙必定富贵。

平原的穴地最忌被水龙冲射。若犯之，容易使子孙后代出现杀伤、官司等凶灾，最后导致倾家荡产、人丁败绝。《水龙经》云："水势冲来最难当，射胁冲心似刀枪，此处葬坟为绝地，伤杀官灾出祸殃。"

平原的穴地最忌反弓水冲射。若犯之，主出凶事不断。《水龙经》云："水龙前来似反弓，出入逆行各西东，若遇此水凶事起，破尽家财一生穷。"

平原水龙与山龙的看法原理基本上是一样的，最主要是辨别龙的真假。龙真穴的之地，必须是水绕弯环、眷顾有情的地方，用之大吉；龙穴反背无情的地方龙穴不真，葬后必定凶事百出。

九、坐山朝向操作法

要给阴宅立定坐向，首先弄清楚阴宅的来龙去脉，定准穴星。虽然穴星分为"乳、钳、窝、突"四格，但其形态千变万化，而且穴星的面积大小不一，应用起来，问题非常复杂的。确定坐山朝向，是风水操作中的关键环节，其重要性古人已用"千里来龙一向间"做了概括，又说："没有绝人之地，没有绝人之水，但有绝人之向。"意思是说龙脉再好，若是将山向定错，前功尽弃。由此可见，立宅安坟，立向是非常重要的一项工作。

阴宅的坐山朝向，最好根据三合派风水理论来确定。因为，在古代一段相当长的历史时期，三合派风水已得到了广泛的运用，参透了前人积累的丰富经验，并且准确率相当高。只要按照上述的寻龙点穴方法，将真正的穴位确定后，把罗盘放在穴星的中间位置处，观察龙脉从什么方位入首，水从何方来，出水口在什么方位，就可以判断属于四大局中的哪一局。若水从癸丑、艮寅或甲卯三个双山方位的任何一方流出，即确定为金局；若水从丁未、坤申或庚酉三个双山方位的任何一方，即确定为木局；若水从辛戌、乾亥或壬子三个双山方位的任何一方流出，即确定为火局；若水从乙辰、巽巳或丙午三个双山方位的任何一方，即确定为水局；四大局水口确定后，接着按照十二长生水法和双山五行方位推算出水从何方来，六吉方来水可用，六凶方来水不可用。就是说，流水必须从长生、冠带、临官、帝旺等六吉方位上来，从病、死、墓、绝等六凶方位上流去。

立向是龙、穴、砂、水的大都会，是决定穴位吉凶的关键性因素，在峦头形势的基础上，用风水理气的具体方法，将山龙、砂峰或来水口都拨在吉位上，将去水口拨在凶位上。具体细微之处，要把握好"分金"，分金就像分配金子一样，不可有一丝一毫的偏差。

分金有正针和兼针之分，正针即正向，兼针即兼向。在罗盘二十四山向中，每一山向的分金线压左右 3° 以内的范围内为正向；如果超过左边 3° 或右边 3°，就以兼向论之。即坐向线压在中间 6° 内为正向，超出 6° 以外为兼向。若超出左边 6° 或右边 6° 以外的范围，就为空亡线。

二十四山方位中，有宜正针不怕空亡的山向，有可兼和不兼之分。可兼者用兼向则吉，不可兼者用兼向则凶，空亡线绝对不能用。在定向时，不同的山向要用不同的分金线度来确定。

1. 可兼之向

戌乾壬子子癸先，丑艮寅甲乙辰兼。

巳丙丁未坤申合，庚酉相兼是后天。

2. 不可兼之向

辛戌乾亥亥壬家，癸丑艮寅怕虎牙。

甲卯卯乙忧相见，辰巽巽巳莫相逢。

丙午午丁皆曜杀，未坤庚申误杀人。

酉方辛上不宜动，劫煞逢之祸事生。

3. 二十四山向中，宜立正向的有"巽、辛、亥、卯、午"

风水操作成功与否，关键在于立向。如果立向失误了，那么龙穴砂水全盘错位，即使是风水宝地，也不能使后人发福，甚至使后人凶事百出，人丁死绝。因此，古人留下一句警言："地不绝人水绝人，水不绝人向绝人。"这说明了立向的重要性。

十、桃花水与桃花煞

在命理上，可以用桃花来说明男女的异性缘；但在风水上，桃花却分为桃花水与桃花煞两种。

1. 桃花水

在通常的情况下，桃花水是指子、午、卯、酉四正方的水。

桃花水又有内、外桃花的分别。内桃花是指水囤积于穴位近处的桃花水，主应本族在家乡生活的人；外桃花是指水囤积于穴位远处的桃花水，主应本族远离家乡而在外地生活的人。

若是子、午、卯、酉四正方去水，则称为军贼水，必主男盗女娼，或窝藏盗贼。但阳来阳去立阳向，不属于破局之桃花。例如，坎卦子位有水来去，由于水从阳位来，立丙山壬向或丁山癸向，符合"阳来阳去立阳向"的法则，此为不破局之桃花，为辅星水法中的巨门富水，主发丁财贵。至于阴来阴去立阴向之局，虽是桃花水亦为好水，但下代子孙会有好色(非淫乱)现象。风水古籍载："见子午水即立阳向，见卯酉水即立阴向，皆不为桃花煞，而为帝旺水。苟不其然，则为咸池水，沐浴水无疑矣。"

实际上，桃花水是指没有带煞的、又没有破局的桃花位来去水。

2. 桃花煞

"亥卯未鼠子当头忌"。亥卯未为木局，木生在亥，败在子，故忌鼠。因此，凡立亥卯未向，有子水来，就称为桃花煞。

"巳酉丑跃马南方走"。巳酉丑为金局，金生在巳，败在午，故忌马。因此，凡立巳酉丑向，有午水来，就称为桃花煞。

"申子辰鸡叫乱人伦"。申子辰为水局，水生在申，败在酉，故忌鸡。因此，凡立申子辰向，有酉水来，就称为桃花煞。

"寅午戌兔从茅里出"。寅午戌为火局，火生在寅，败在卯，故忌兔。因此，凡立寅午戌向，有卯水来，就称为桃花煞。

每局阴阳都由中神来决定。卯酉为阴，故亥卯未局和巳酉丑局皆为净阴局；子午为阳，故申子辰局和寅午戌局皆为净阳局。亥卯未阴局被阳子水来破，巳酉丑阴局被阳午水来破，申子辰阳局被阴酉水来破，寅午戌阳局被阴卯水来破，故都为桃花煞的格局。但是，若卯酉合局、子午合局，则不忌。

凡子午卯酉四正有来水且又犯阴阳破局，皆称为犯桃花煞，主盗贼、淫乱、败财、官讼、流落街头或横死他乡等。